MW01641039

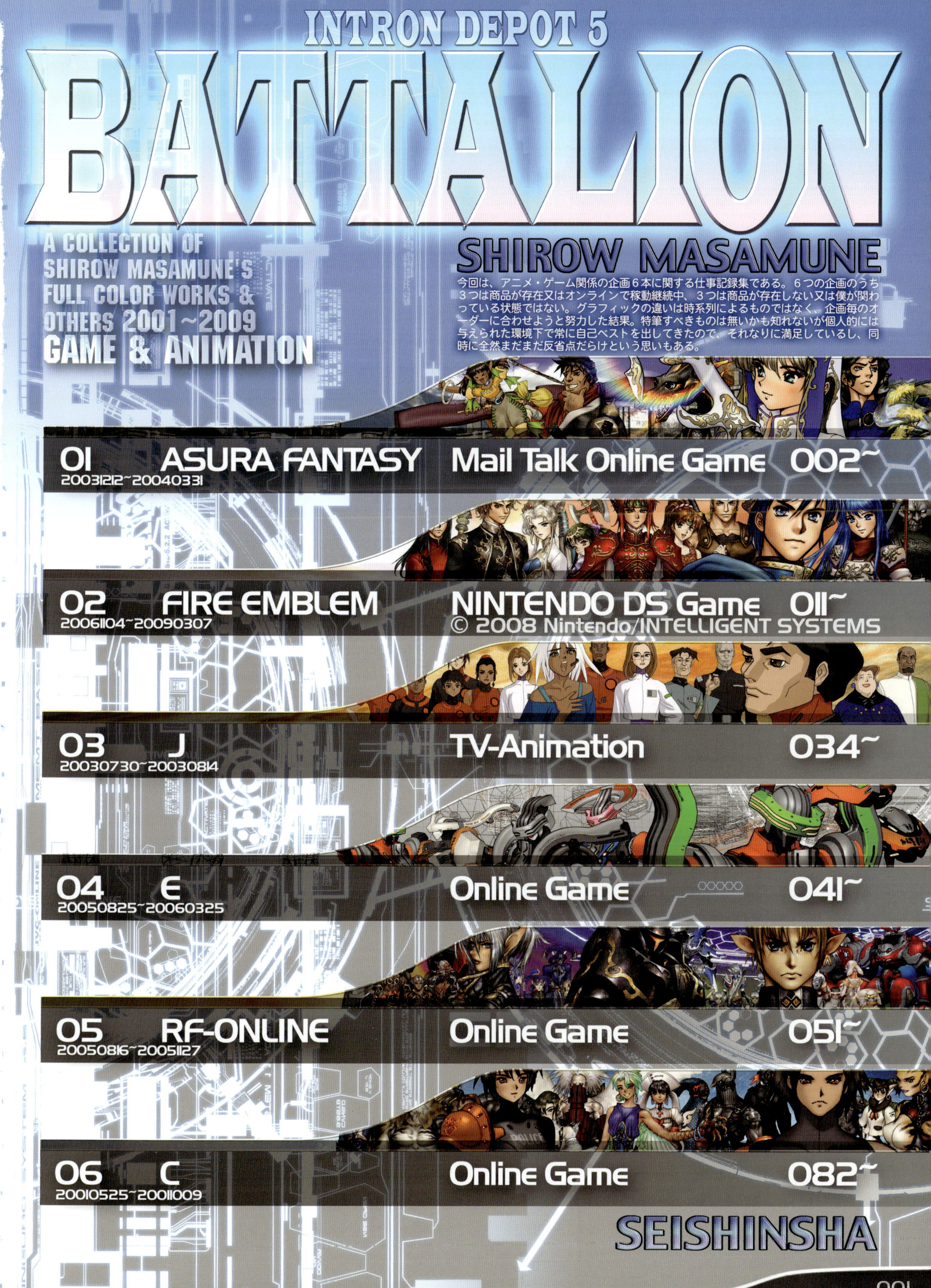

INTRON DEPOT 5

BATTALION

A COLLECTION OF SHIROW MASAMUNE'S FULL COLOR WORKS & OTHERS 2001~2009

GAME & ANIMATION

SHIROW MASAMUNE

今回は、アニメ・ゲーム関係の企画６本に関する仕事記録集である。６つの企画のうち３つは商品が存在又はオンラインで稼動継続中、３つは商品が存在しない又は僕が関わっている状態ではない。グラフィックの違いは時系列によるものではなく、企画毎のオーダーに合わせようと努力した結果。特筆すべきものは無いかも知れないが個人的には与えられた環境下で常に自己ベストを出してきたので、それなりに満足しているし、同時に全然まだまだ反省点だらけという思いもある。

SEISHINSHA

ASURA FANTASY Mail Talk ONLINE GAME

『アシュラファンタジー』はメイルトーク形式のオンラインゲームで、キャラクターや背景は依頼主の発注に準じた形になっている。条件を満たした上でかなり自由に描かせて頂き、僕個人としては良い印象が残っている仕事だ。制作した部材の最終入稿日付は２００４年3月３１日なのだが、２００９年の現時点、まだあまり時間が経過した気がしない。遠景はブライス、近景はシネマ４Ｄで作った。現時点ではブライスを使用した最後の仕事となっている。ブライスはテクスチャー編集ソフト的な使い方が主になっていたが、『伽姫草子』や島田荘司氏の小説挿し絵仕事以降は、デジカメで集めた２Ｄ写真を加工する機会が増えている（もうたいがい古いソフトだしね）。新しい景観ソフトの導入は2回試みて、作動不良が原因で現在、断念中。
色の扱いや塗り方にセルアニメ的なニュアンスが含まれているが、これは手抜きではなく、明るく自由な感じにしたかった為、意図的にしたもの（結果がそうなっているかどうかは皆さんの判断にお任せしますが）。構図が複数の矢印型を含んでいる。その名の通りメイルをやり取りして進めるオンラインゲームなので、実際に細部がどのようなゲームであったか僕には知る術が無いのが少し残念だが、「ゲームに参加して遊んでいる時間があるなら仕事しろ」とのお叱りの声がどこからか聞こえてきそうなので、仕事をしていたのだ。

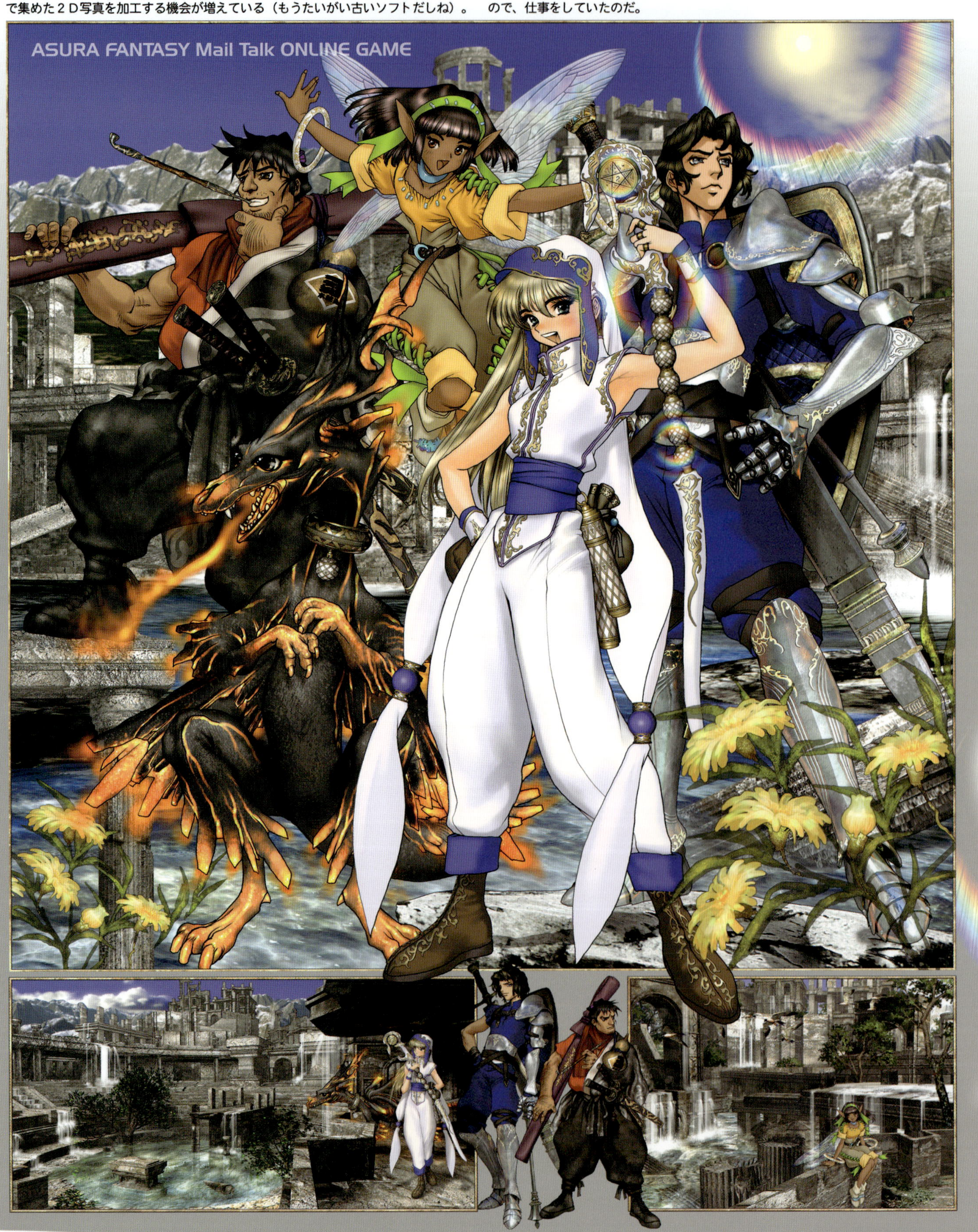

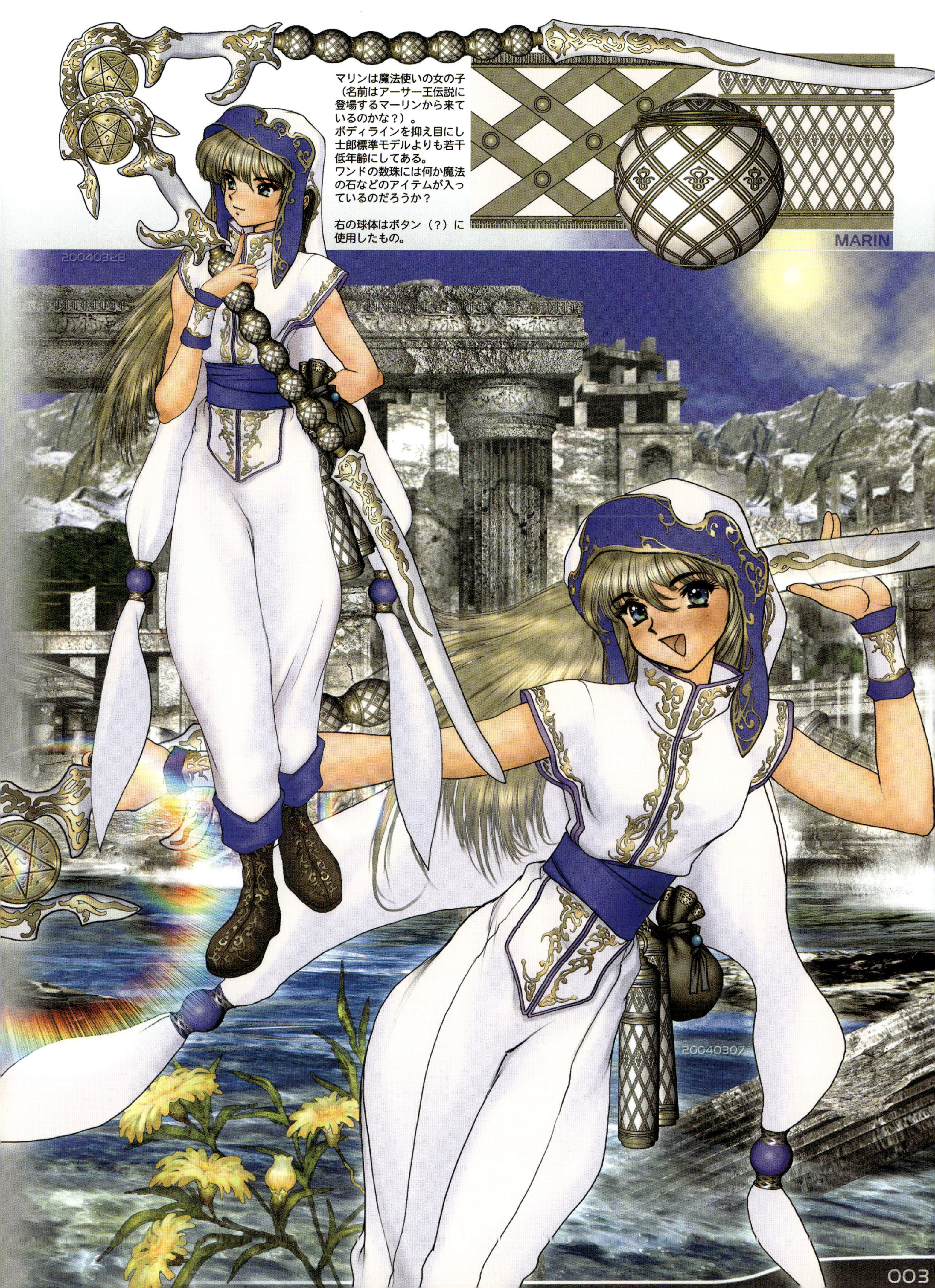
マリンは魔法使いの女の子（名前はアーサー王伝説に登場するマーリンから来ているのかな？）。
ボディラインを抑え目にし士郎標準モデルよりも若干低年齢にしてある。
ワンドの数珠には何か魔法の石などのアイテムが入っているのだろうか？

右の球体はボタン（？）に使用したもの。
MARIN
20040328
20040307

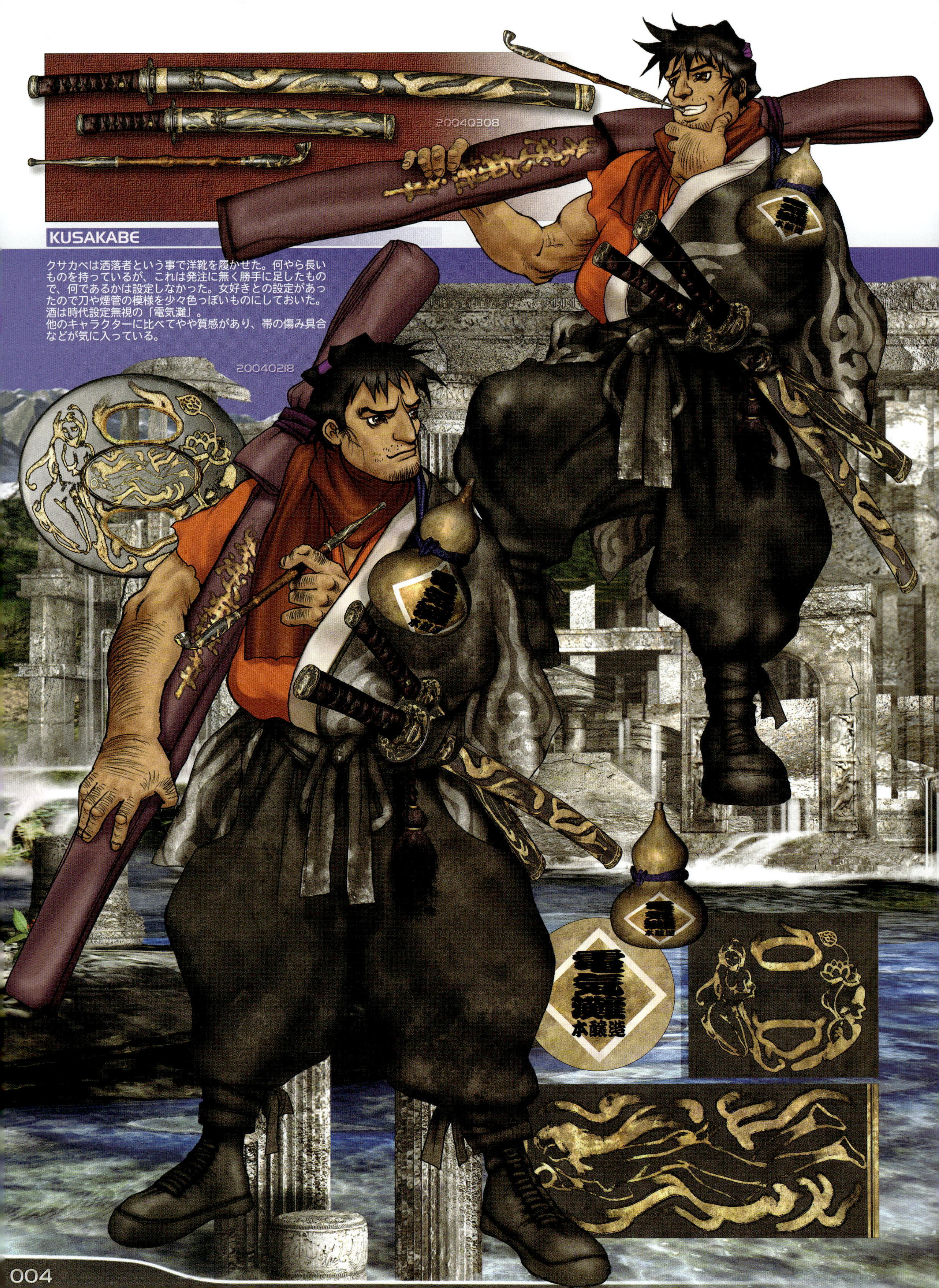

KUSAKABE

クサカベは洒落者という事で洋靴を履かせた。何やら長いものを持っているが、これは発注に無く勝手に足したもので、何であるかは設定しなかった。女好きとの設定があったので刀や煙管の模様を少々色っぽいものにしておいた。
酒は時代設定無視の「電気灘」。
他のキャラクターに比べてやや質感があり、帯の傷み具合などが気に入っている。

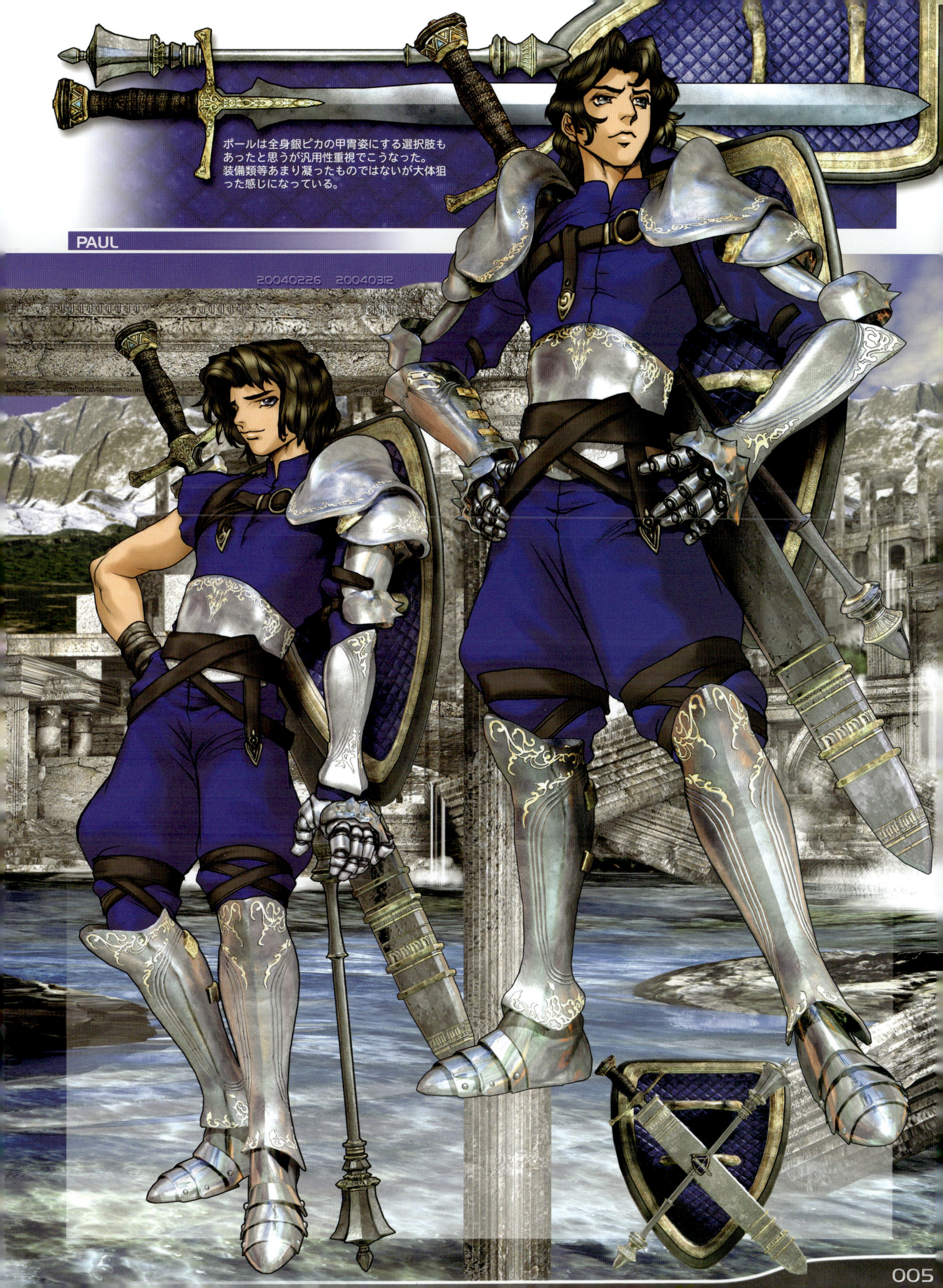
ポールは全身銀ピカの甲冑姿にする選択肢も
あったと思うが汎用性重視でこうなった。
装備類等あまり凝ったものではないが大体狙
った感じになっている。
PAUL
20040226 20040312

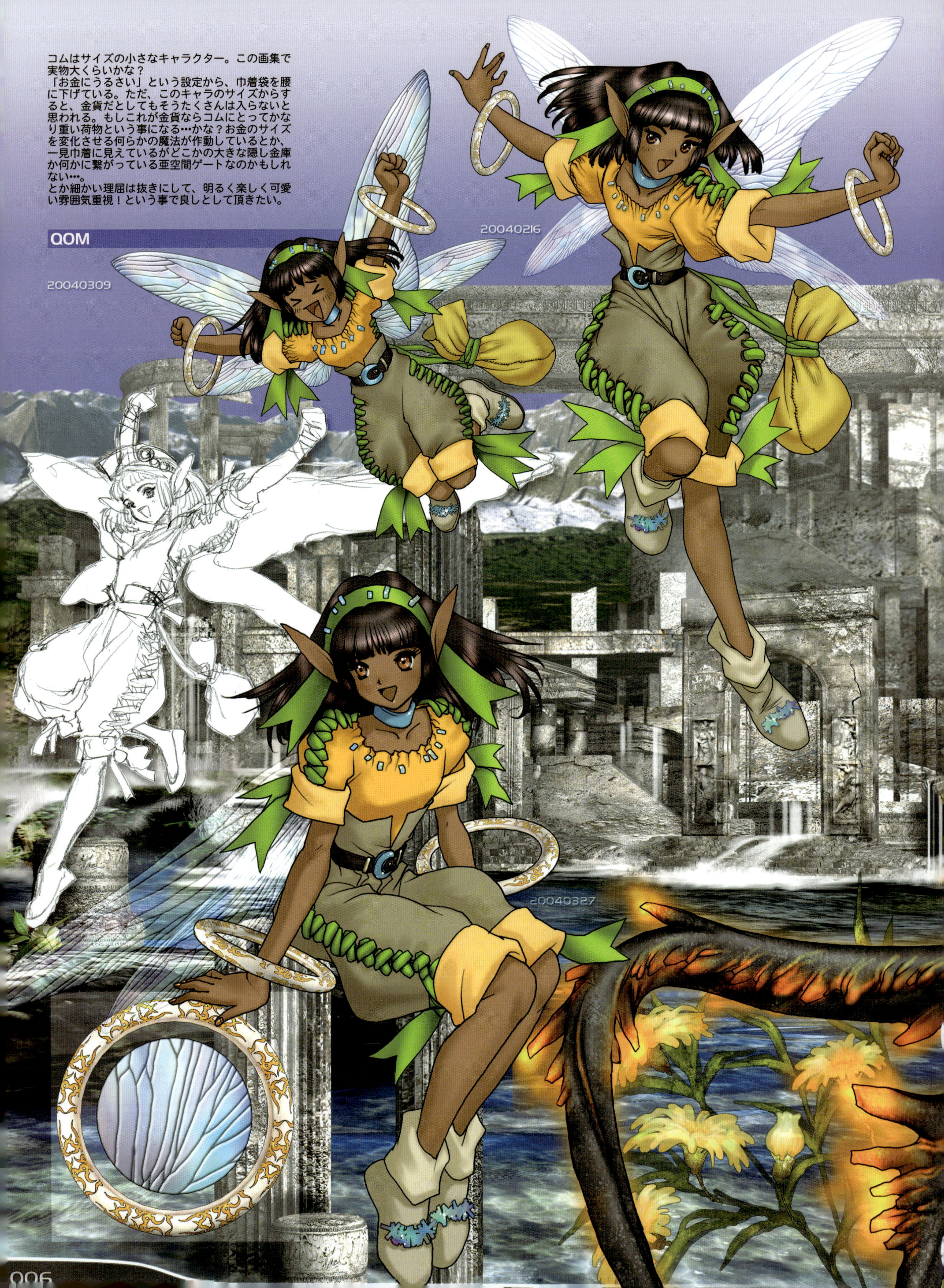

コムはサイズの小さなキャラクター。この画集で実物大くらいかな？
「お金にうるさい」という設定から、巾着袋を腰に下げている。ただ、このキャラのサイズからすると、金貨だとしてもそうたくさんは入らないと思われる。もしこれが金貨ならコムにとってかなり重い荷物という事になる…かな？お金のサイズを変化させる何らかの魔法が作動しているとか、一見巾着に見えているがどこかの大きな隠し金庫か何かに繋がっている亜空間ゲートなのかもしれない…。
とか細かい理屈は抜きにして、明るく楽しく可愛い雰囲気重視！という事で良しとして頂きたい。

QOM

20040309

20040216

20040327

FIRE DRAGON

これは溶岩性のドラゴンの幼生で、一行の（マリンの）ペット。なので首輪を付けている（魔法でガードされているのか溶けている様子は無い）。まだ子供という事で、目をそれらしくしたつもり。しかしこれ寒い地域に行く時は良いが、砂漠や熱帯などに同行したら暑苦しいだろうな…。
ヒフの質感は実際に溶けた鉄が地面にこぼれて固まったものから採取した。鉄鋼関係の企業を撮影に行った時のものではなく後に入手したもので、現在も色々役立っているアイテム。

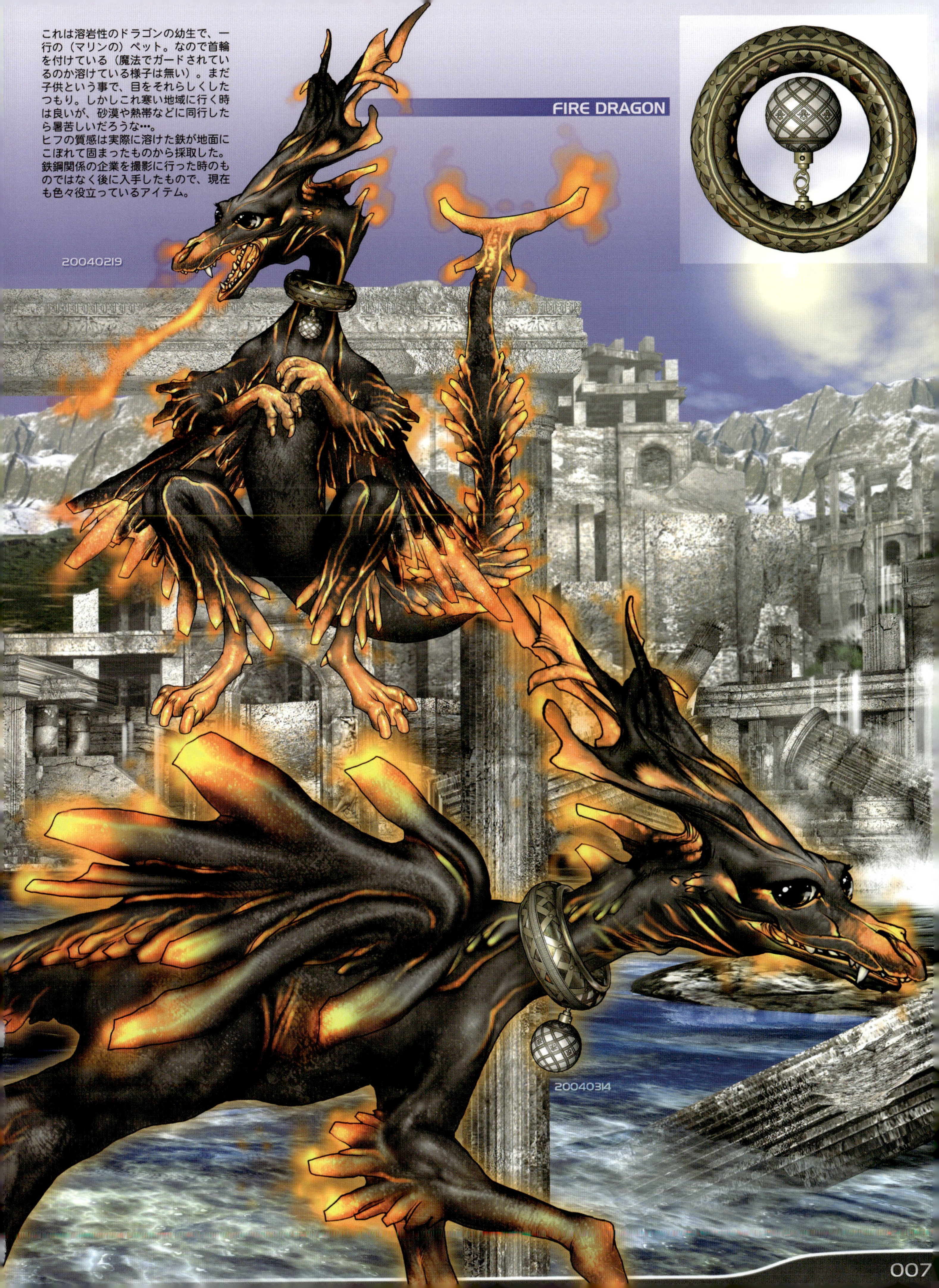

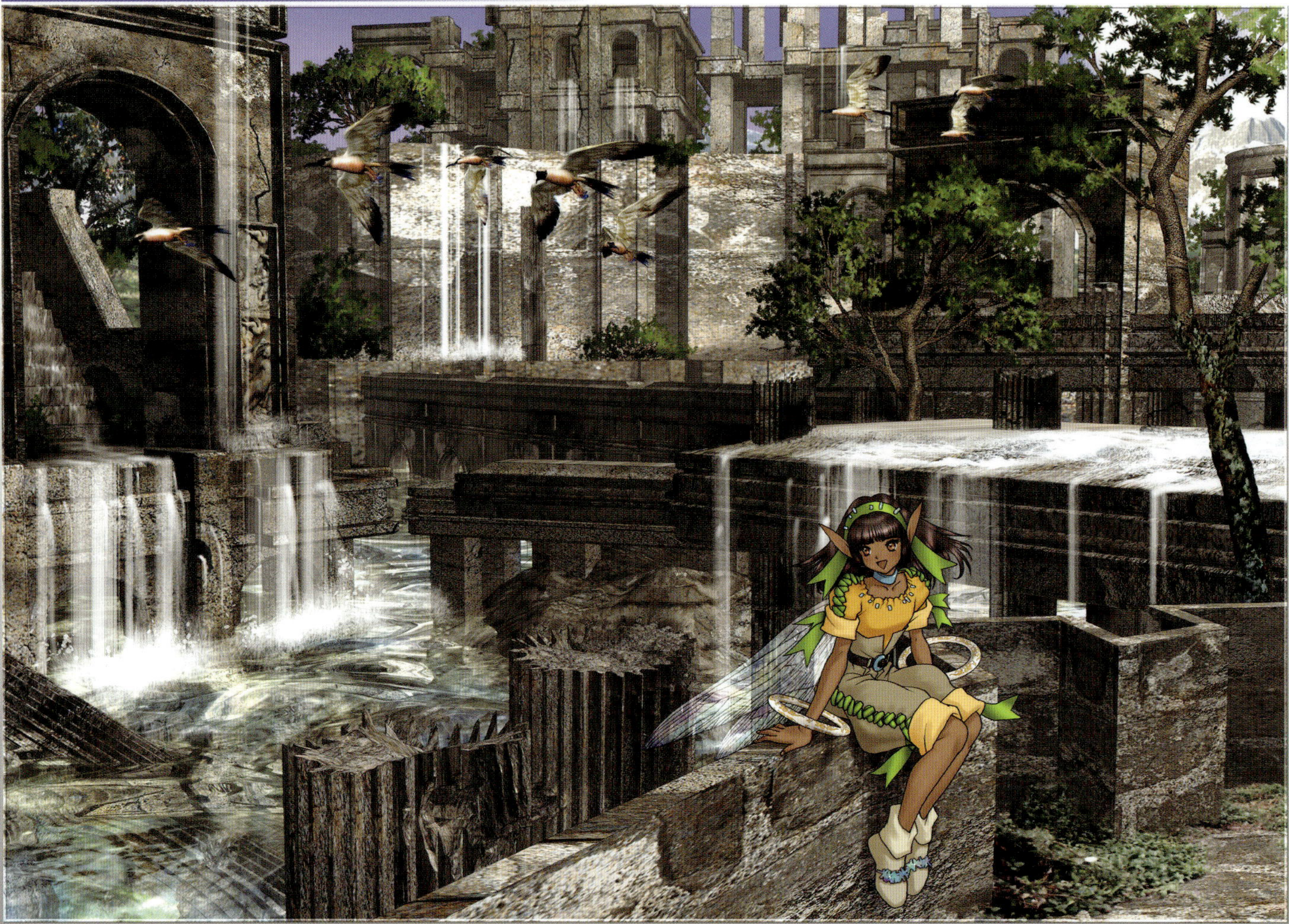

20040327

この仕事はキャラクターだけでなく、風景に関しても発注側のターゲットイメージが明確だったので作業がやりやすく有り難かった。豊富な雪解け水が至る所を流れる、古代文明の廃虚といった感じに出来たと思う。
もっと浸食が進み、崩れた部分などが多くても良かったかもしれないが、キャラクター達が明るくはっきりした印象の（僕にしては）絵なので、あまりゴチャゴチャしてもナンなので、これくらいが妥当かな。

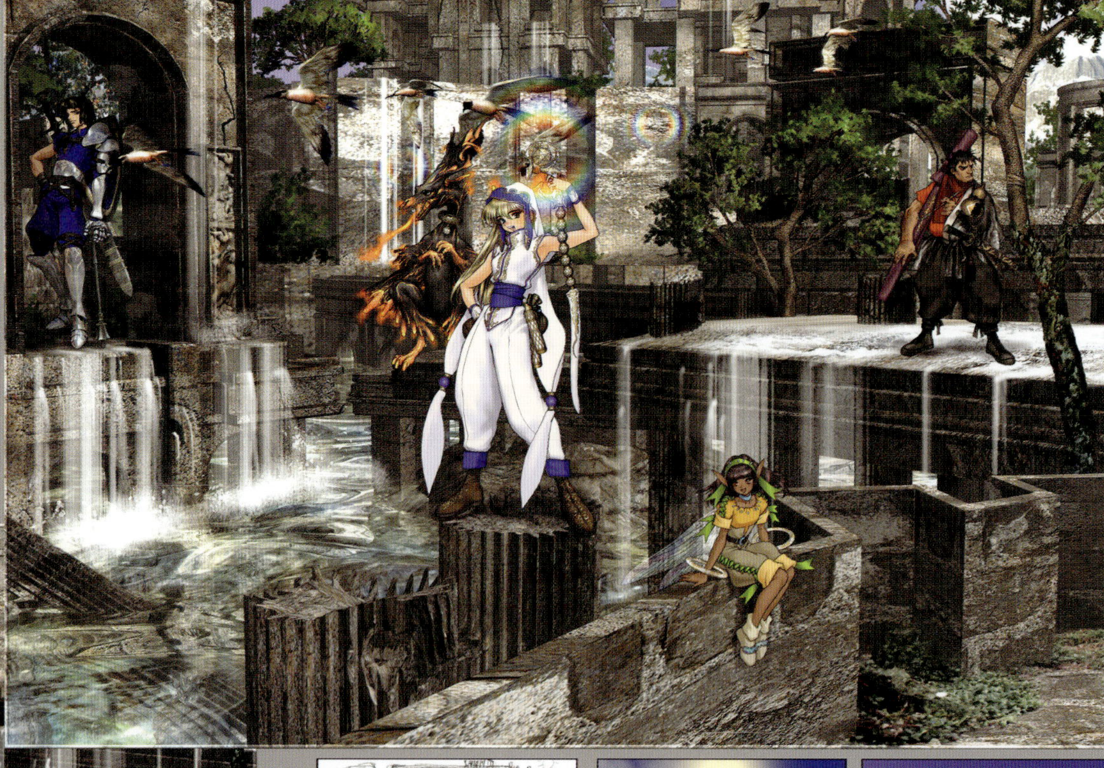

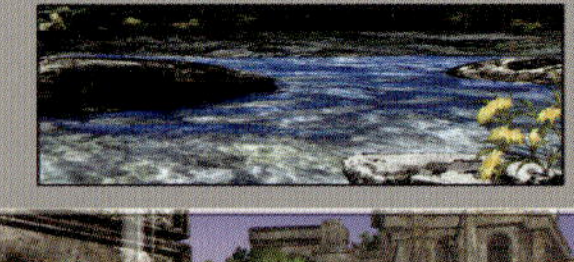

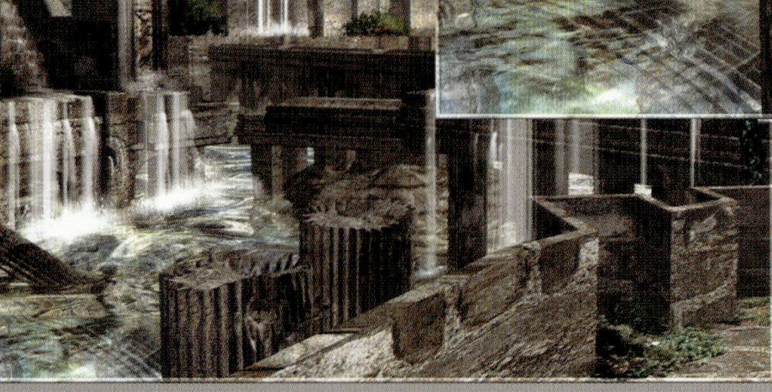

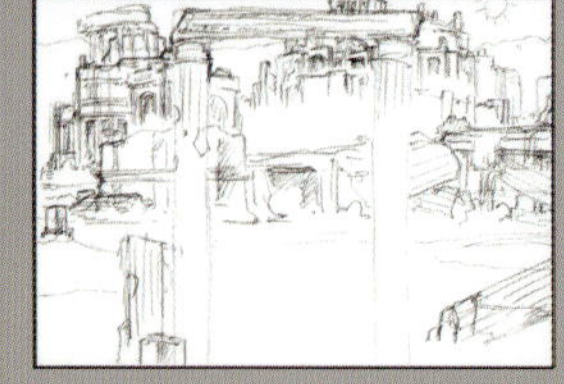

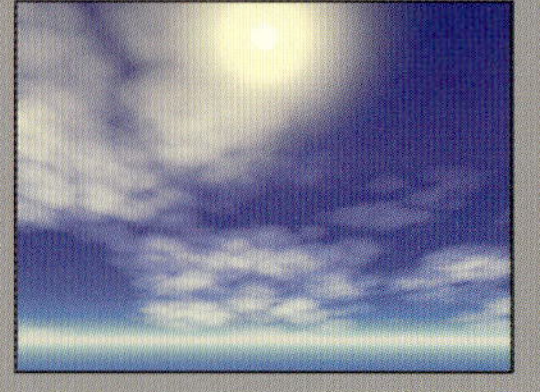

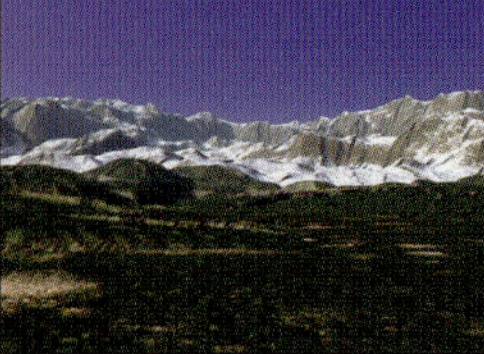

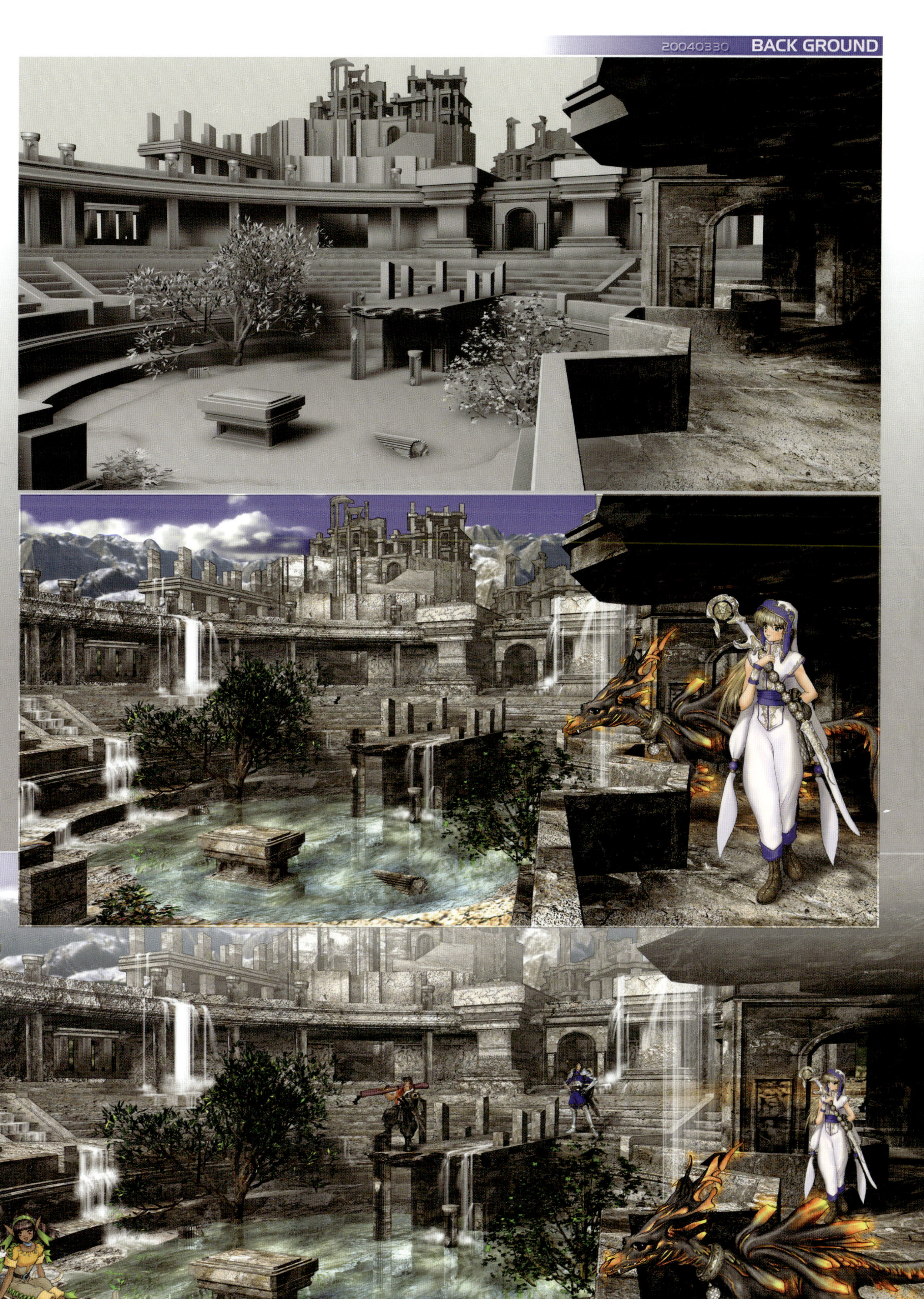

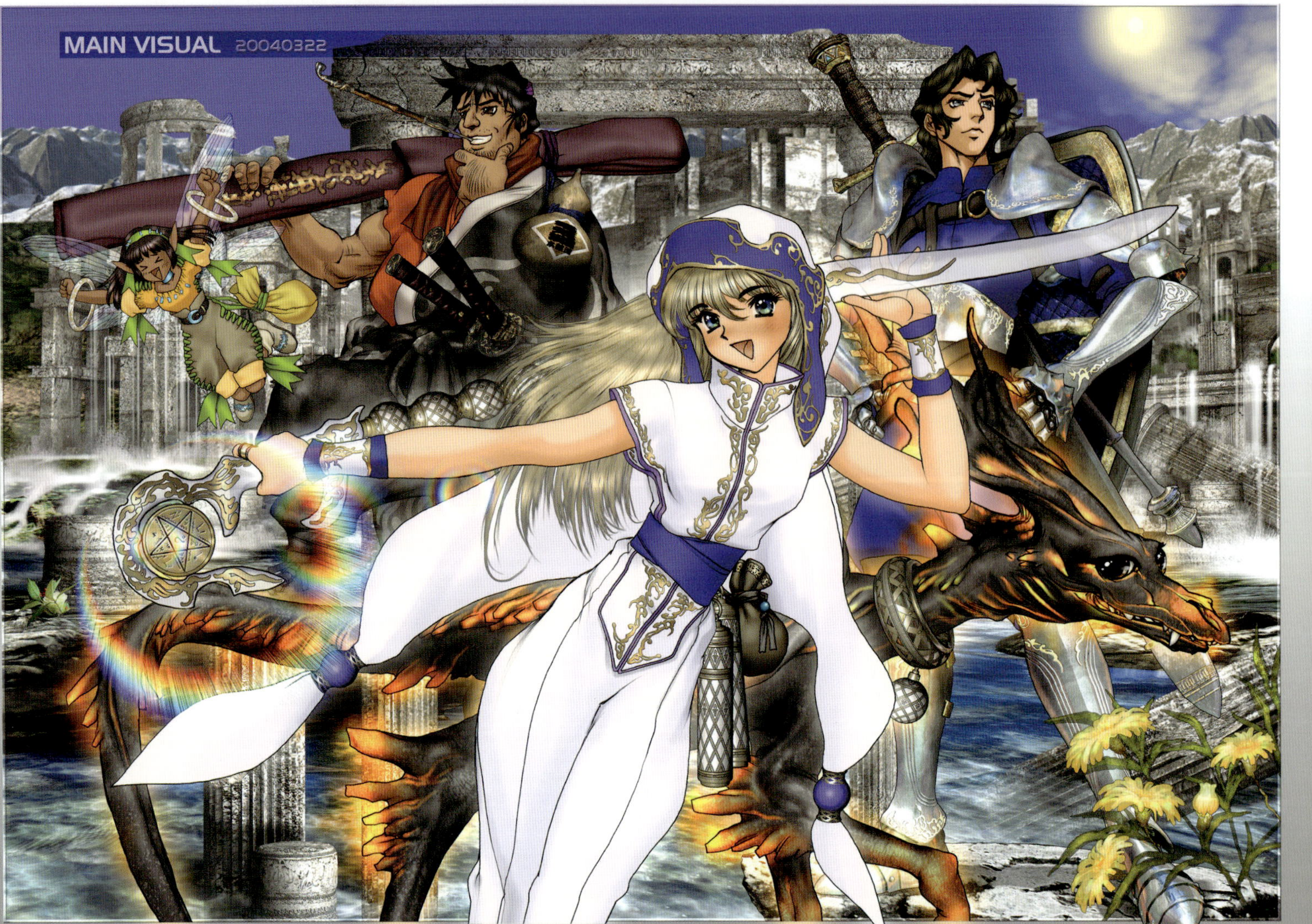

メインビジュアルは、文字スペースを確保する為にキャラクター達をもうひとまわり小さくしたバージョンがあるが、あまり差が無いのでここには収録していない。

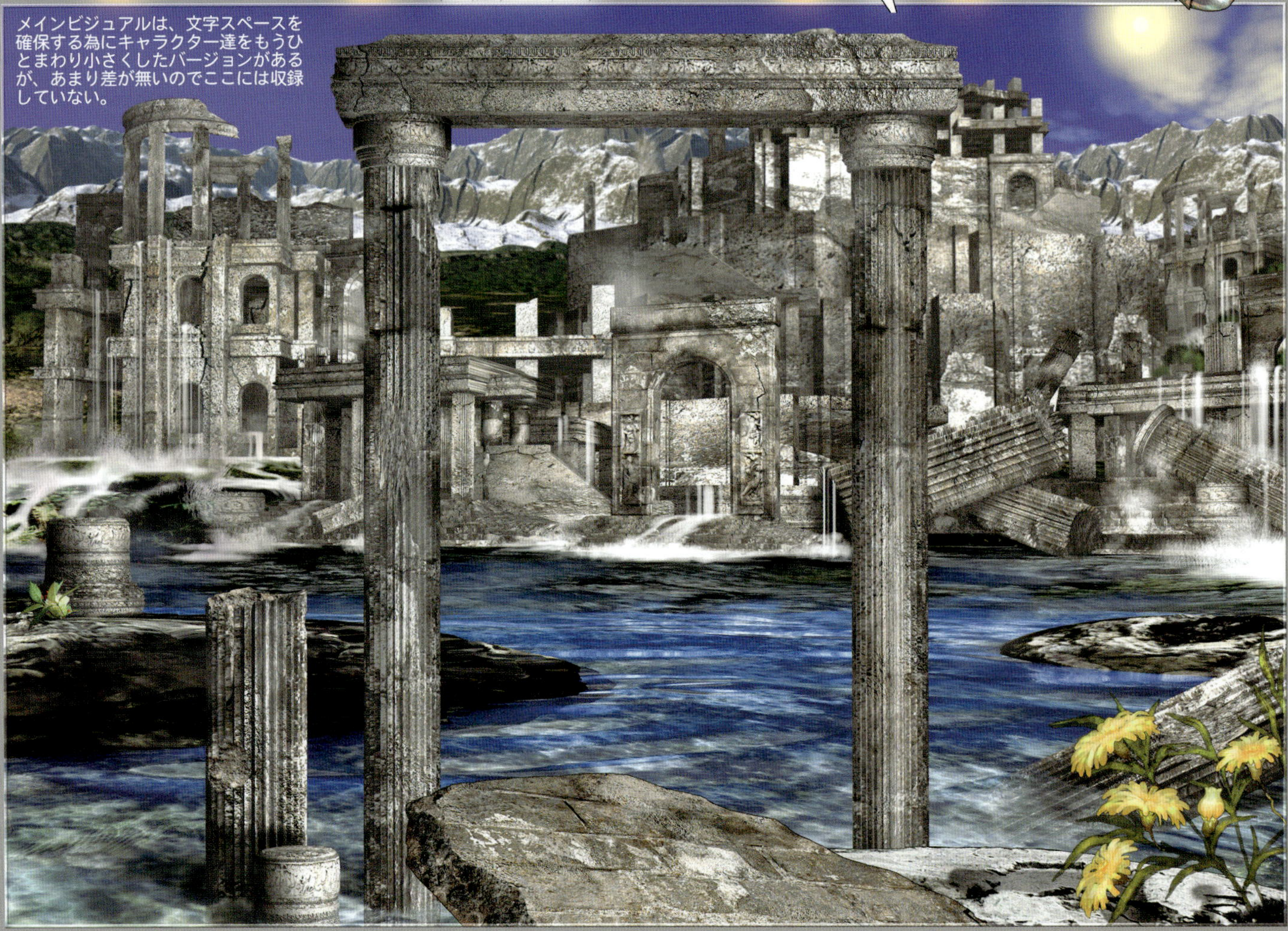

FIRE EMBLEM　NINTENDO DS GAME

『ファイアーエムブレム』は任天堂さんが既存の名作ゲームを新しいゲーム機ＤＳに移植する際に、販促ビジュアルを新しくしようという事で依頼のあった仕事。青心社で25年来僕の担当であるＯ氏がこのゲームの熱心なファンで、その事が強く影響した仕事だった。ご覧頂く絵自体はいつもとそう変わりないのだが、仕事としては非常に難易度の高いものであった。今回この画集に収録を許諾して頂いた事に、まず感謝しておかねばならないだろう。この作品に関しては時系列に沿ってご覧頂く事にする。

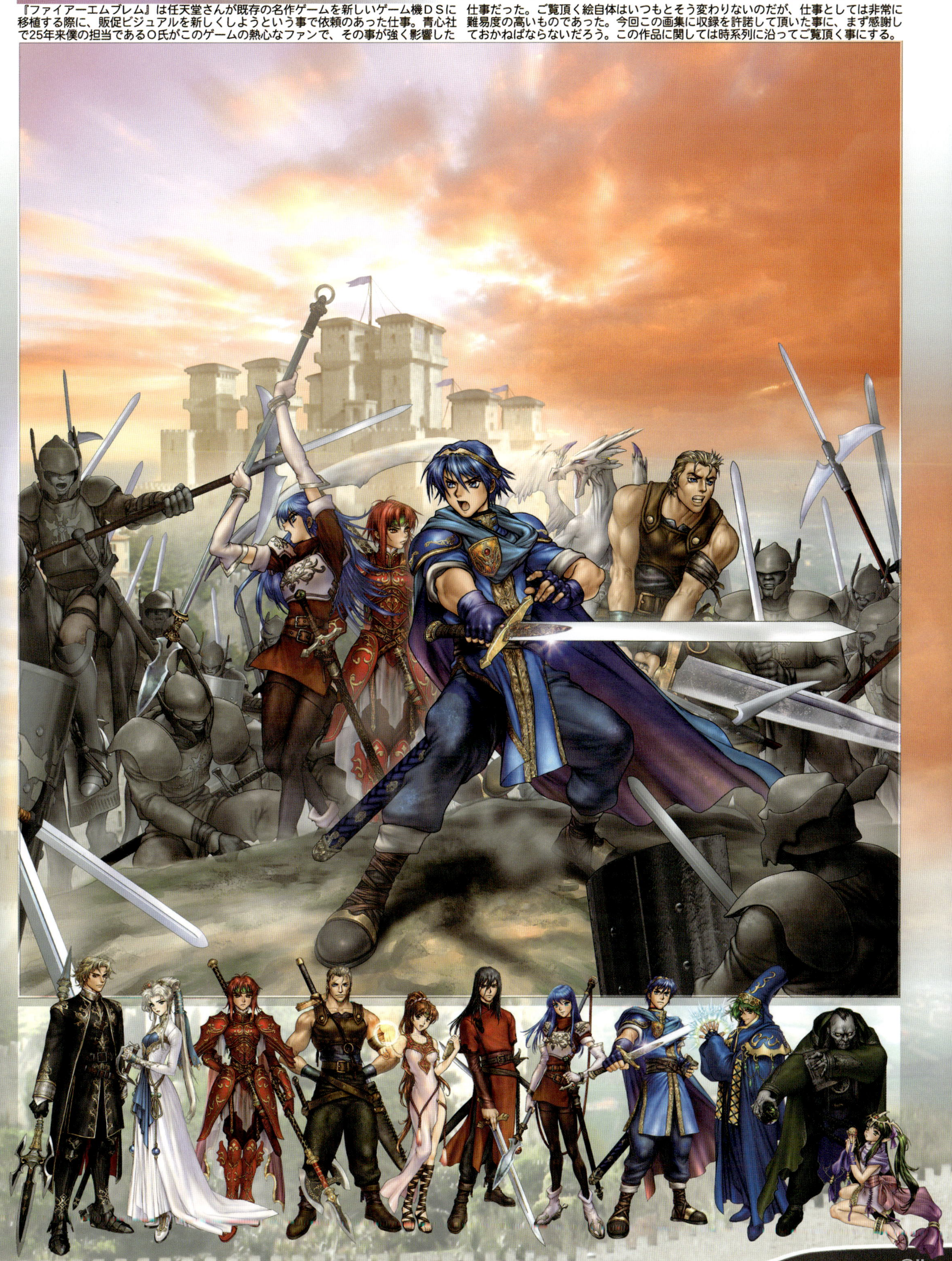

ROUGH

この種の仕事はほぼ全てそうだが、ある日アニメやゲームやＣＧ企業から青心社や講談社を経由して「こういう趣旨の企画があるがこの時期までにこの報酬でこういう仕事が出来るか？」という連絡が来る事から始まる。コネもヘッタクレも関係無く突然出会うわけだ。僕が様々な企業を訪ねて歩いているわけでも無いし、同人誌の様に勝手に絵を描いているわけでも無い。発注指示書の仕様に準じて作業が進む事になる。
パッケージはＣＤケースサイズなので絵は正方形になる。上３分の１はタイトル用のスペースとして空けておく必要がある。キャラクターを、どういう方向性の絵肌にするか発注者側に複数の考え方があり、既存のゲーム以外に未確定の要素しかない状況での初期ラフである。
旧作の資料はすぐ手元に揃い、どのようなゲームか、各キャラクターの性格・役回り・位置付け等、情報は豊富に（いささか過剰に）あった。このゲーム自体は３Ｄ空間で自由に乱戦アクションするタイプではなくグリッド＆チェス系で、本来はキャラゲーではない。にも関わらずドラマ部分のキャラ性や「死んだらそれっきり」なシステムがウケているという興味深い性質を持ったゲームである。主人公はチェスのキングであり、ゲームクリアするには他のキャラで守って育てる必要があり、個人的には「結構ヘナチョコ」な印象がある。男性的で格好良いヒーローという印象ではない。

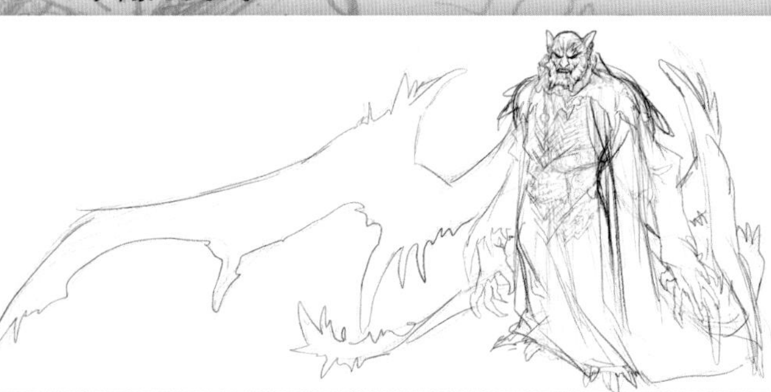

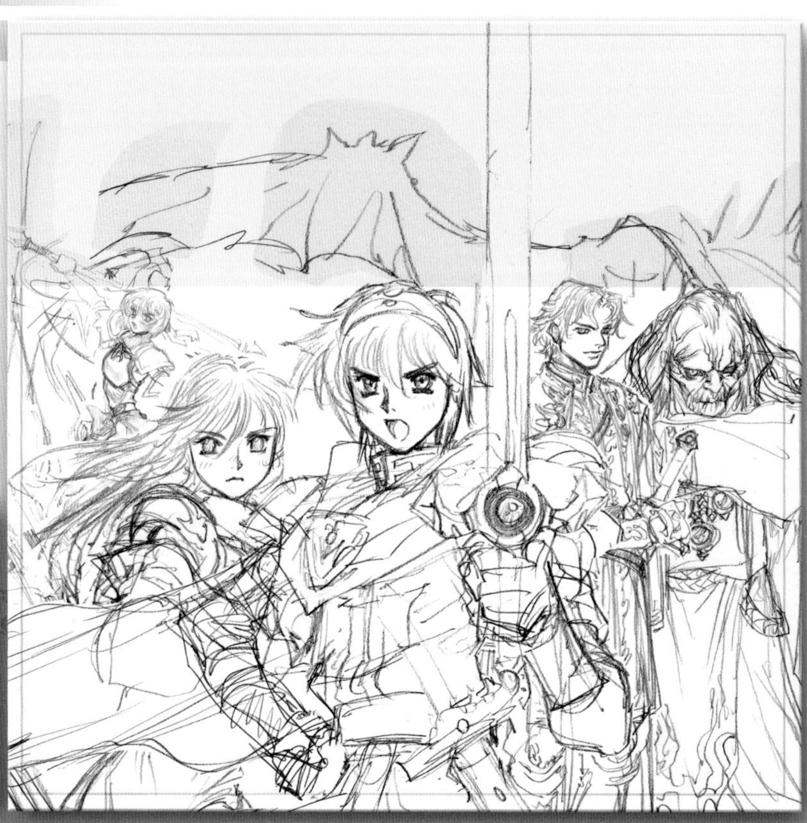

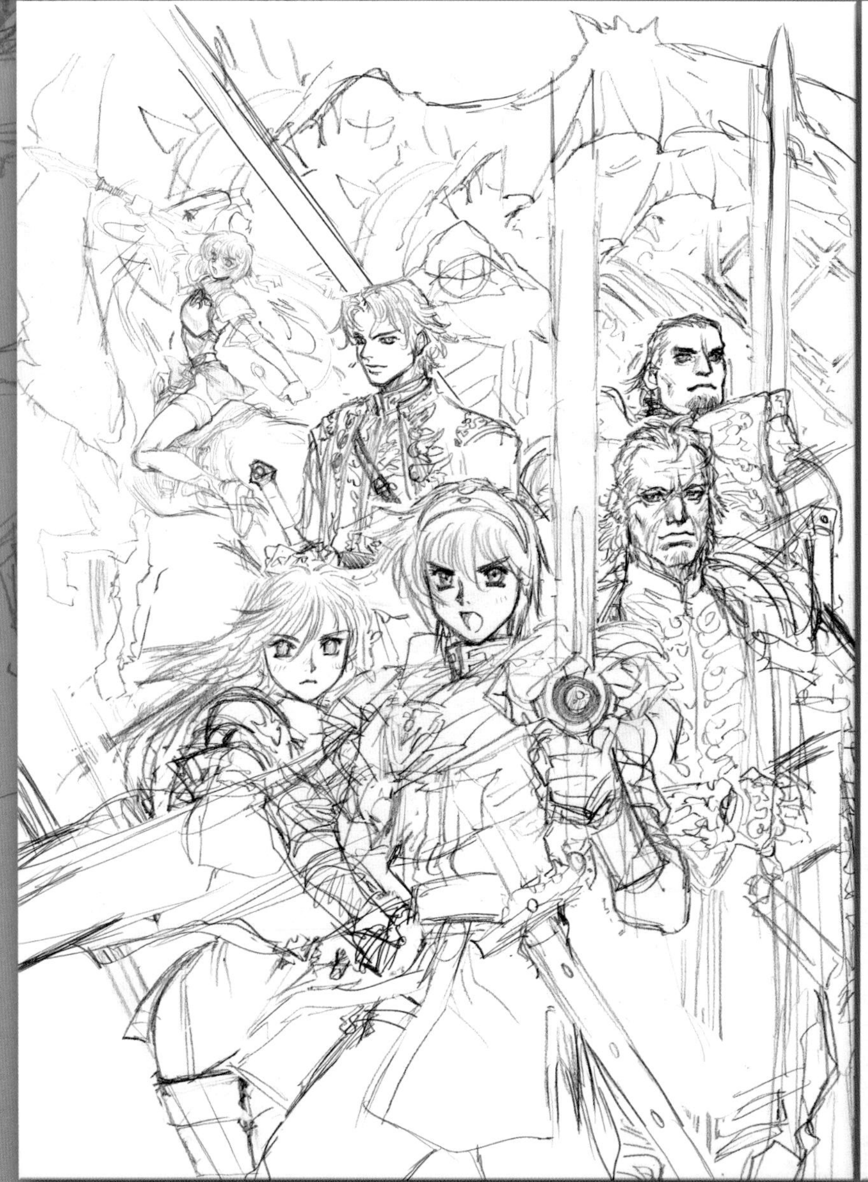

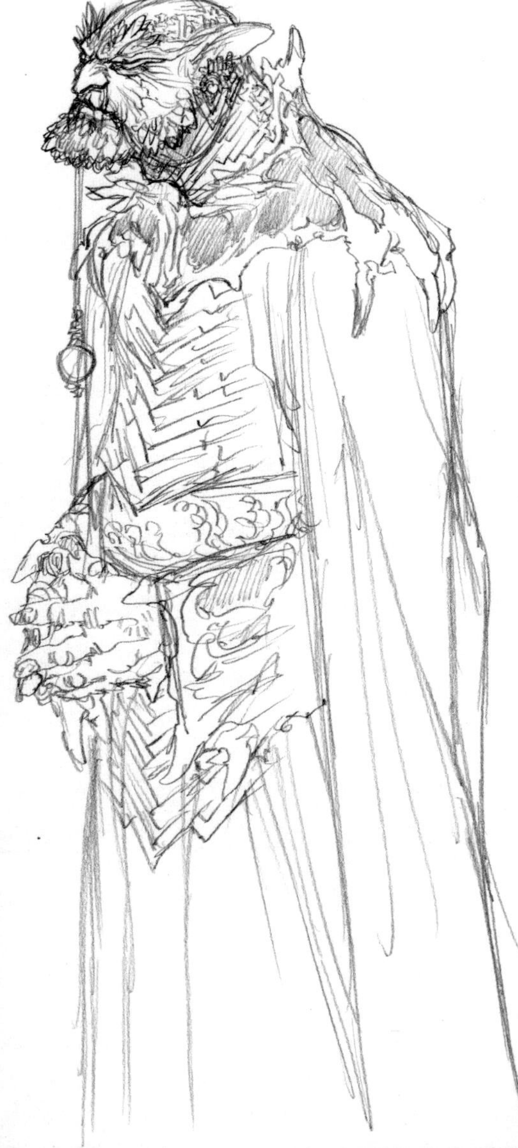

ROUGH

発注側から「主人公の年齢を若干上げて、もっと男性らしくする様に」との指示を受けて幾らか修正したラフ。『ファイアーエムブレム』シリーズの、「この作業をしていた時点での最新作品」と「その前の作品」の主人公のルックス（印象）に若干近づけた。同時期の他企画でも同様に「ややリアルな感じのビジュアルで広告を行う」流れがあった様だ。かつてのこの作品の印象からは離れると思うが、発注側がシリーズ全体をこういう方向にシフトさせたいという事だろうか。
絵全体も「よくあるタイプ」ではなく「戦場で入り乱れて戦っている様子の絵」で、との指示により方向修正した。
「チェス系のゲーム」で「群衆アクションゲームみたいなパッケージ」というのは、内容を正しく表していないので個人的にはいかがなものかとも思うが、僕は単なる絵描きに過ぎず、とやかく言える立場ではないので指示書通りに。
上段はオーソドックススタイルのラフ、中段・下段は指示された方向に沿って作った（つもりの）ラフ。

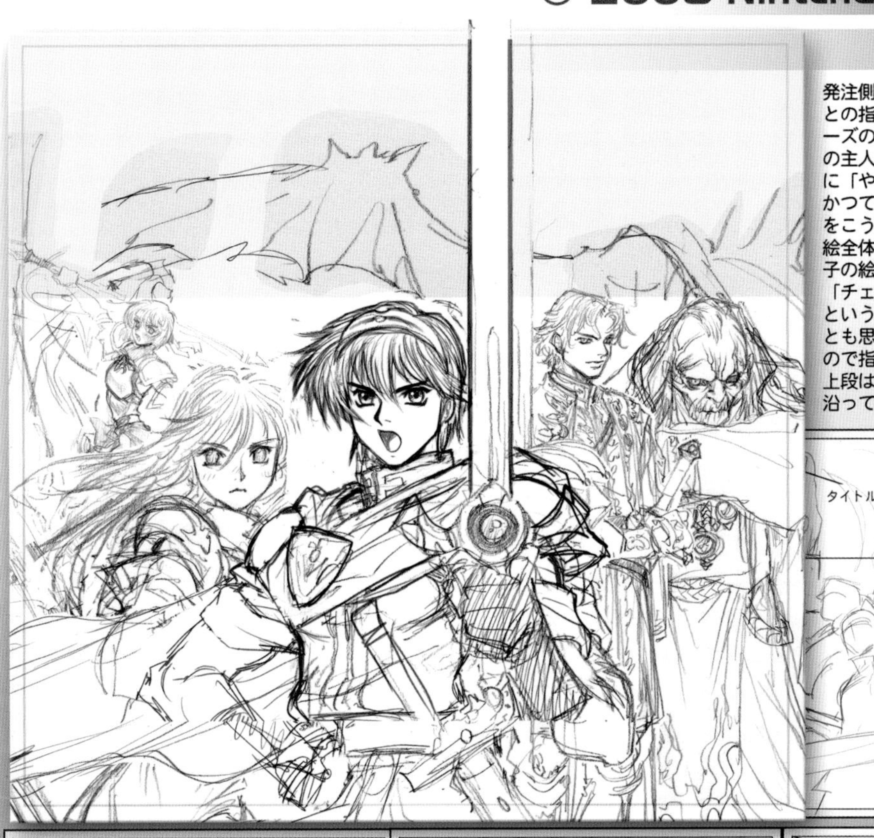

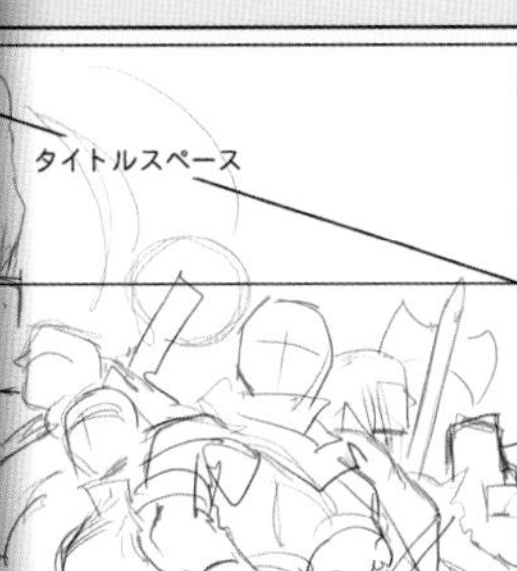

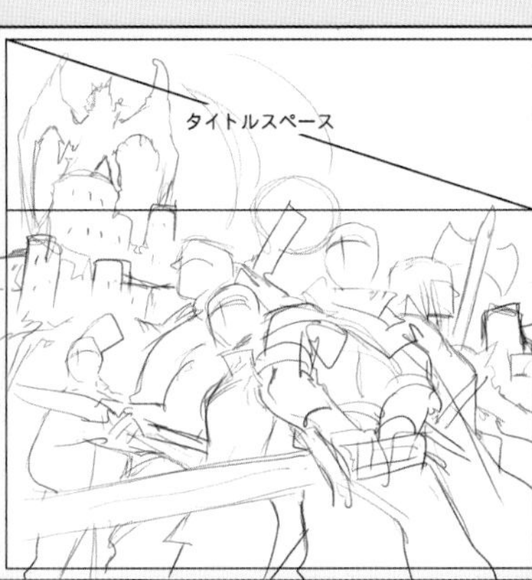

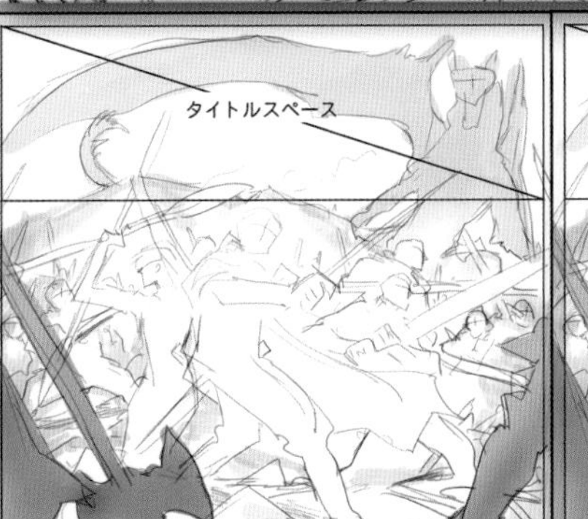

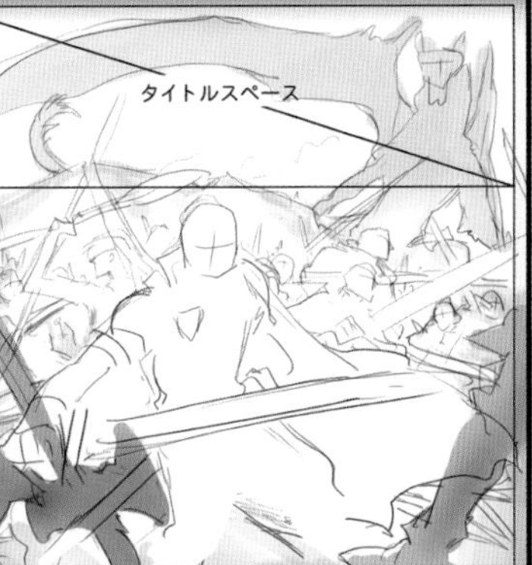

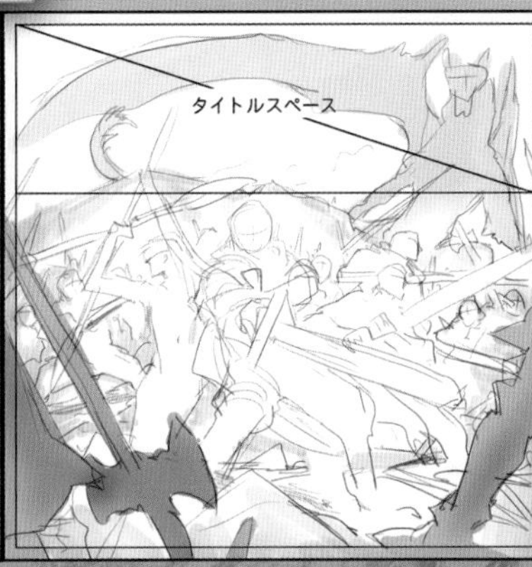

ファイアーエムブレム　パッケージイラスト　ラフ

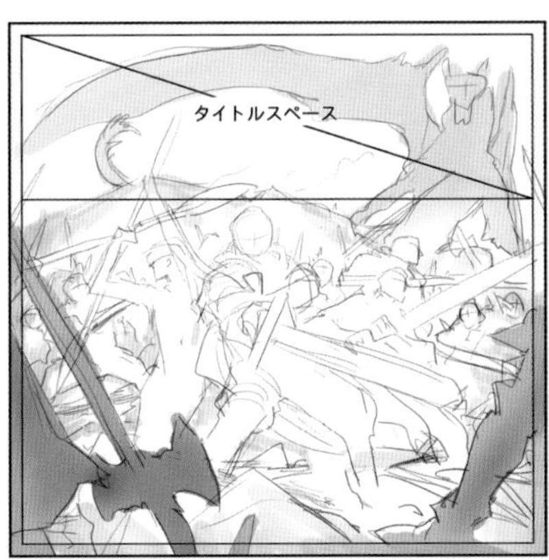

ラフ01

「戦場で戦っている感じ」「立姿っぽいものより動きがある方が良い」という事で、このサイズのゲームパッケージとしては絵の細かいものになりました。

このジャンルで一般的に多いのは、キャラ達をコラージュ的に配置し、カラーイメージでくくるタイプやメインキャラの単体インパクトを正面に押し出すタイプですが、今回は特定のキャラよりも全体の状況を中心に描くという御発注であろうかと思います。元々のキャラ設定が80年代アニメ風のルックスなので（任天堂さんで発売されるゲームという事もあり）あまり殺伐としないように、戦場ですが血や死体は描写しません。

タイトルスペースに隠れるドラゴンはほとんどシルエットのみの描写になり、ディテールはありません。同じく敵の兵士達の顔などもあまりはっきりと分からないようになります。画面左下手前のキャラは黒騎士カミュ＆グラディウスです（既にこのゲームを知っているお客様にしか分かりませんが）。

このシリーズのキーカラーは青だと思いますが、このパッケージのコンセプトカラーも青系でよろしいでしょうか？　昼夜その他、御指定はありますでしょうか？

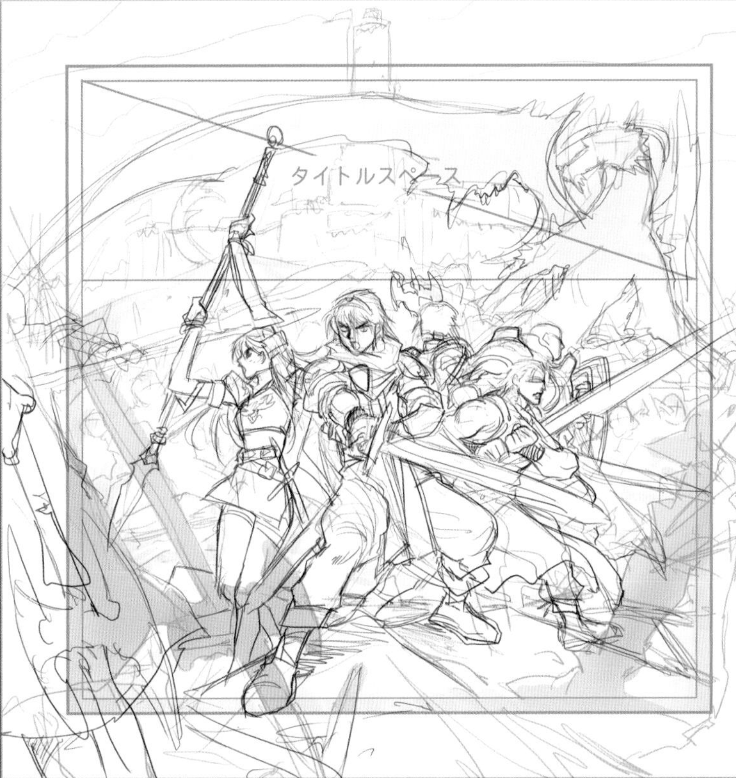

ROUGH

これは、仮に「キャラクター達の設定にオリジナル要素を足しても良い場合、どんな感じになるのか」サンプルとして制作したラフ。カミュ（次ページ右端）や、ナバール（同じく次ページの長髪の人物）はほぼそのまま採用された。このゲームには大勢のキャラクター達が登場するが、どのキャラを描くかこの時点では発注側の指示が出ていない。例えば左端の人物は年齢が理由で「成長しない」ゆえ「銀の槍」のみ重要視される「最序盤でのみ役立つキャラ」であり、作品全体の顔としては重要ではない。がこのページと次のページの谷間にあってちょっとご覧頂き難い全身甲冑の人物と、この高齢のキャラの二人がいると、同じ組織に所属する兵士である事が印象の段階で伝わるというメリットがある。傭兵や竜族など変わったキャラクターを並べがちになってしまうが、それだとどうしても「どういうキャラクター達なのか」分かりにくくなってしまう。装飾や色目など共通の要素を描く事により、この中に「もと同じ城にいたグループ」が含まれていると表す事が出来る。ここに描いたキャラクター達は、「敵として登場する黒騎士カミュ」と、「竜族の少女チキ」以外は、基本的に序盤で顔が揃うキャラクター達である。

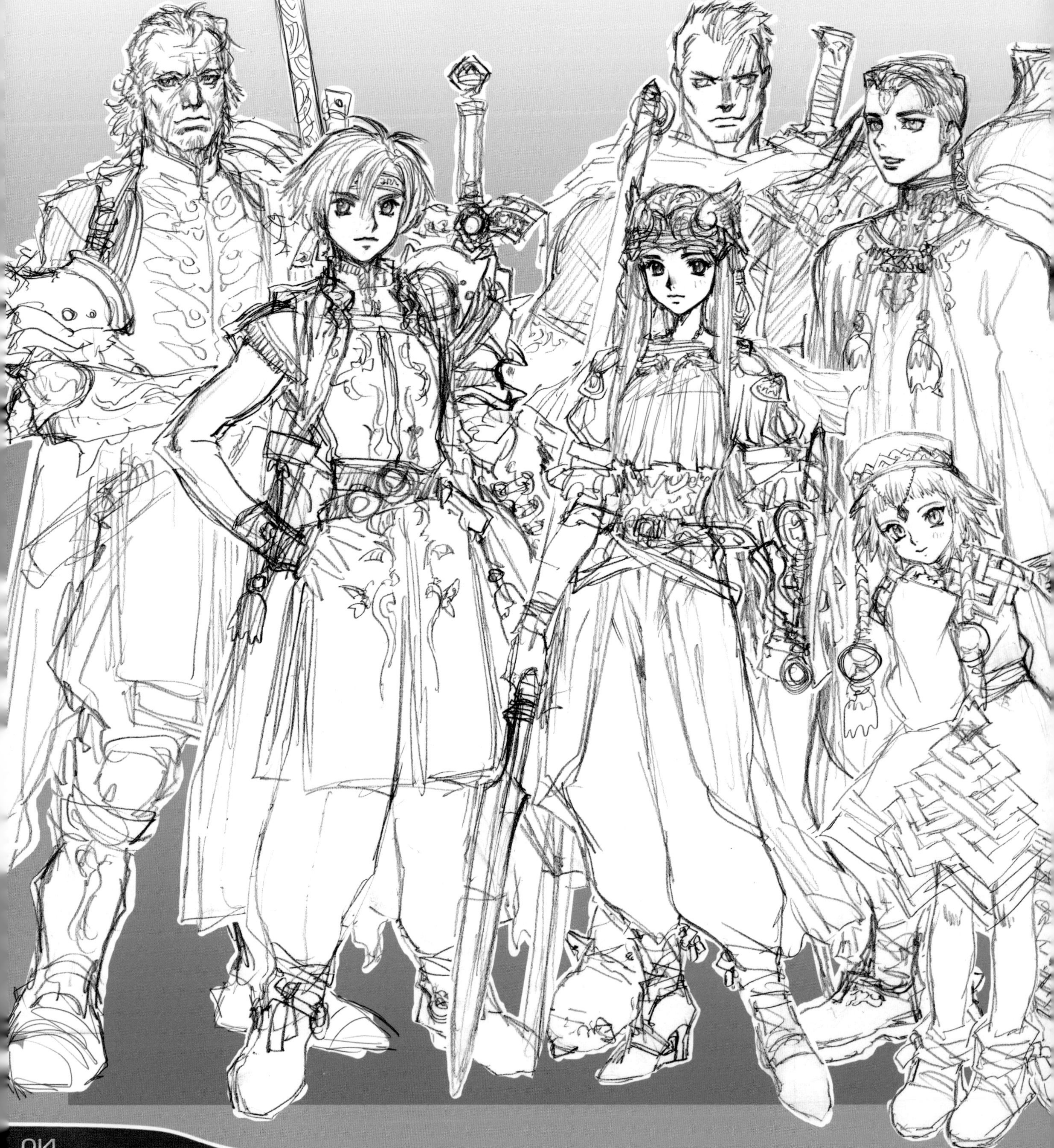

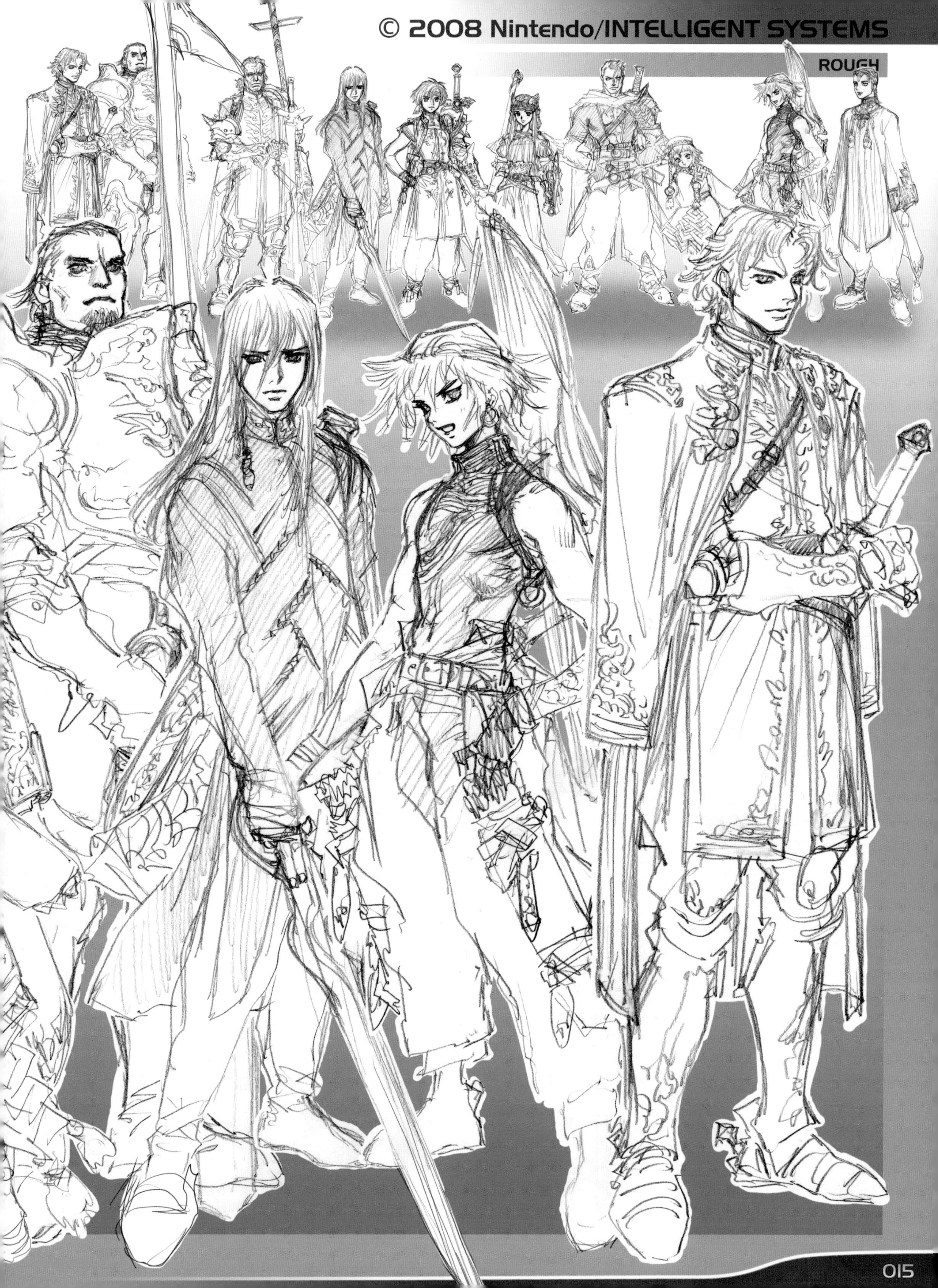
ROUGH

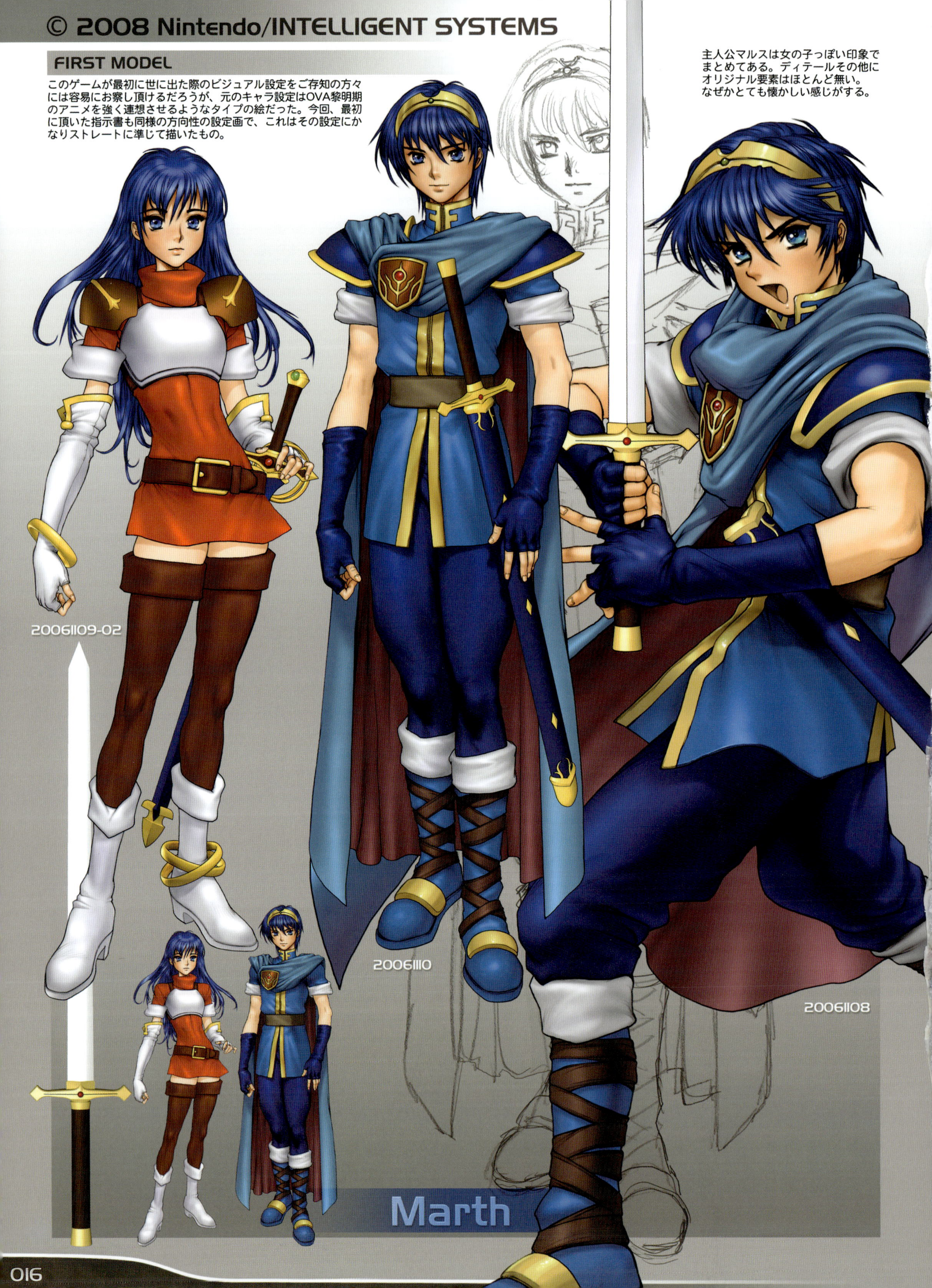
© 2008 Nintendo/INTELLIGENT SYSTEMS
FIRST MODEL
このゲームが最初に世に出た際のビジュアル設定をご存知の方々には容易にお察し頂けるだろうが、元のキャラ設定はOVA黎明期のアニメを強く連想させるようなタイプの絵だった。今回、最初に頂いた指示書も同様の方向性の設定画で、これはその設定にかなりストレートに準じて描いたもの。
主人公マルスは女の子っぽい印象でまとめてある。ディテールその他にオリジナル要素はほとんど無い。なぜかとても懐かしい感じがする。
20061109-02
20061110
20061108
Marth

ヒロインのシーダはマルスより１枚分多く製作時間がありメインビジュアルにそのままレイアウト可能なポーズの絵をミーティングまでに作る事が出来た。が、ミーティングで「彼女は主人公ではありませんから」とお叱りを受けてしまった。やはり揃いの悪い部材は関係者に見せないのに限る。これに相当するマルスの絵はゲーム最終局面で必要になる聖剣のデザインが未定だった為に遅れていたのだ。にしても、この格好でペガサスに跨るのは任天堂さん的にどうなのかな…あぁ、羽根で隠れて腰周りは見えないから別にいいのか…。

Sheeda

20061114+20061125

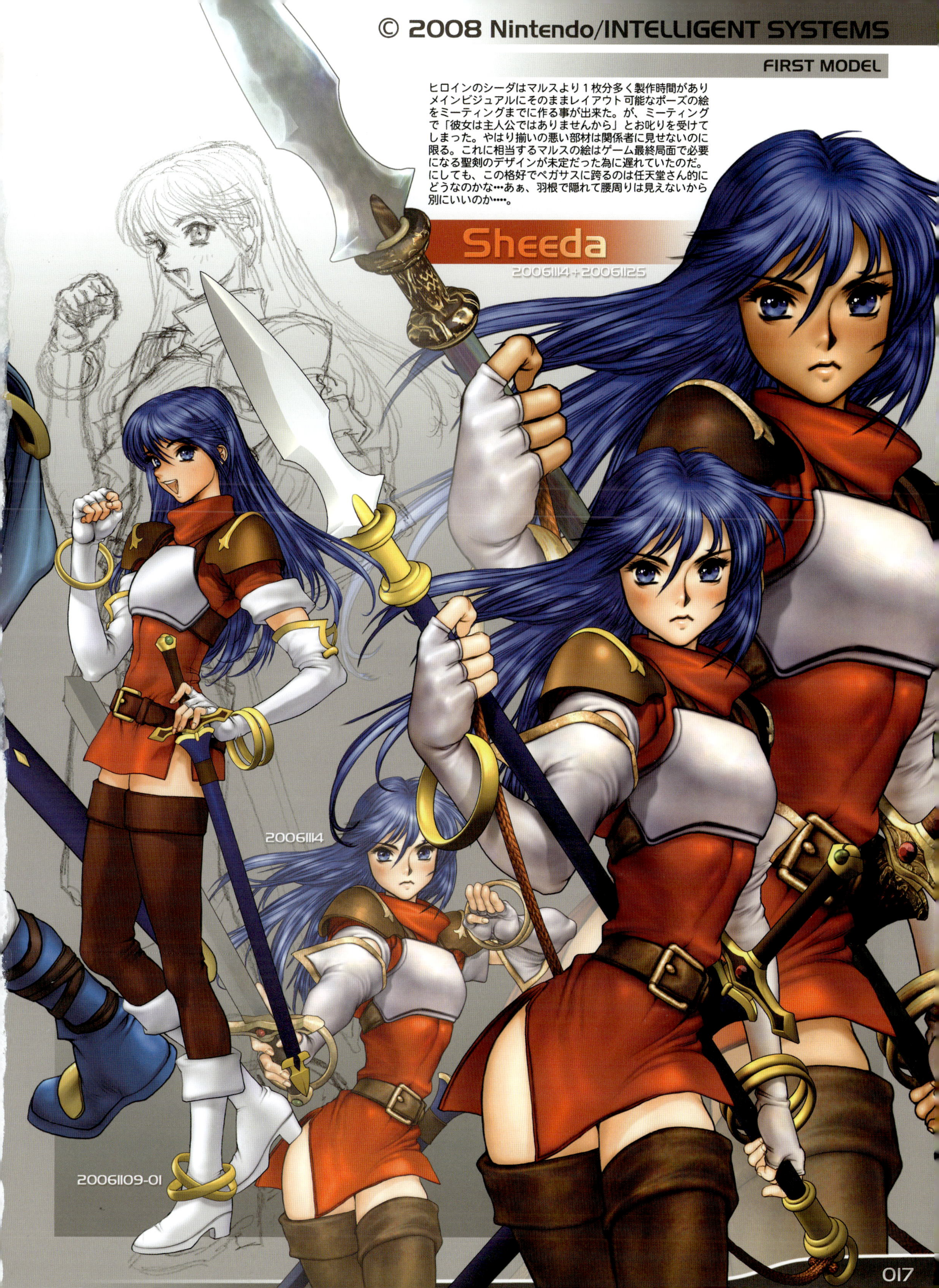

20061114

20061109-01

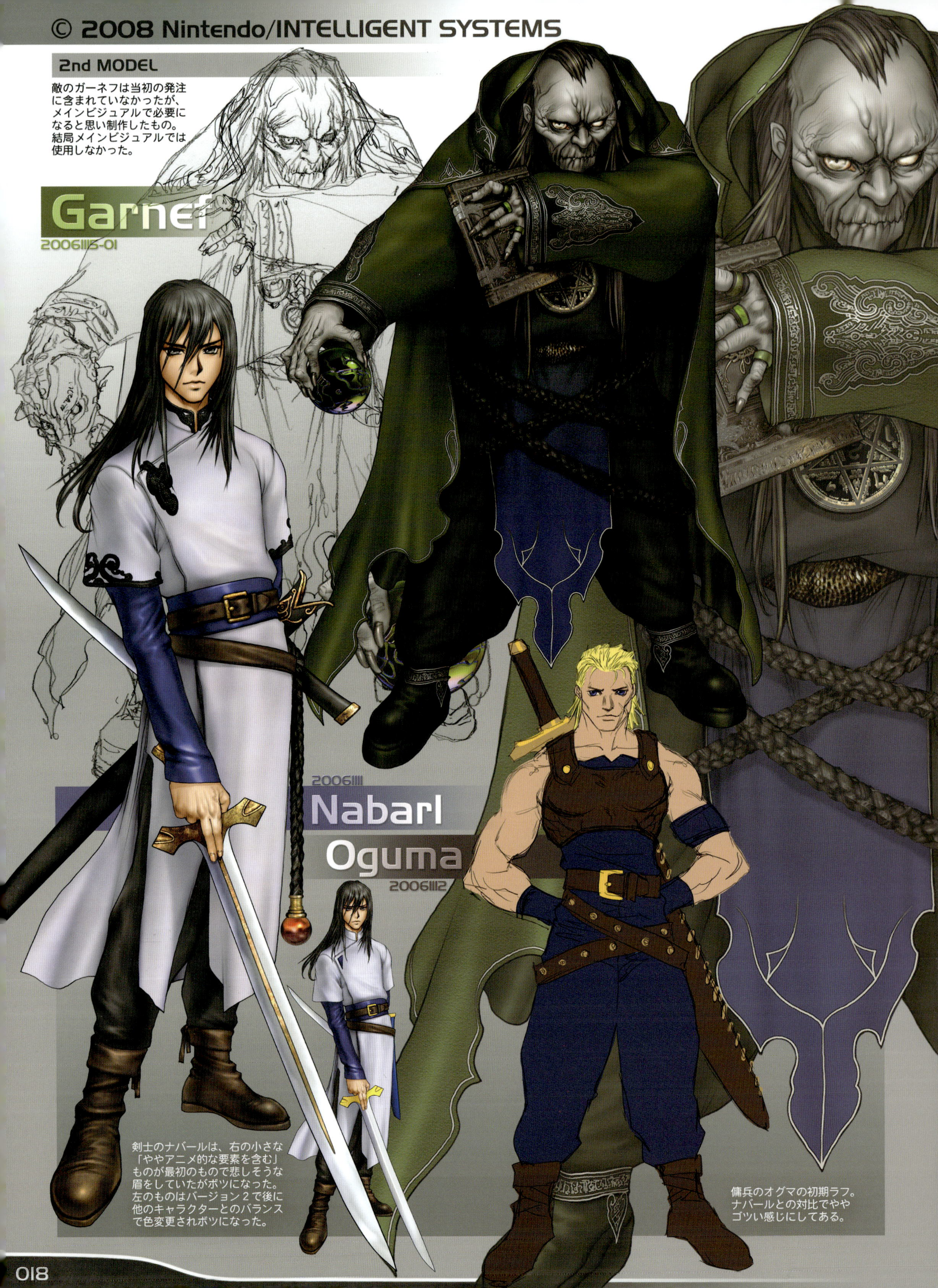

2nd MODEL

敵のガーネフは当初の発注に含まれていなかったが、メインビジュアルで必要になると思い制作したもの。結局メインビジュアルでは使用しなかった。

Garnef

20061115-01

Nabarl

20061111

Oguma

20061112

剣士のナバールは、右の小さな「ややアニメ的な要素を含む」ものが最初のもので悲しそうな眉をしていたがボツになった。左のものはバージョン2で後に他のキャラクターとのバランスで色変更されボツになった。

傭兵のオグマの初期ラフ。ナバールとの対比でややゴツい感じにしてある。

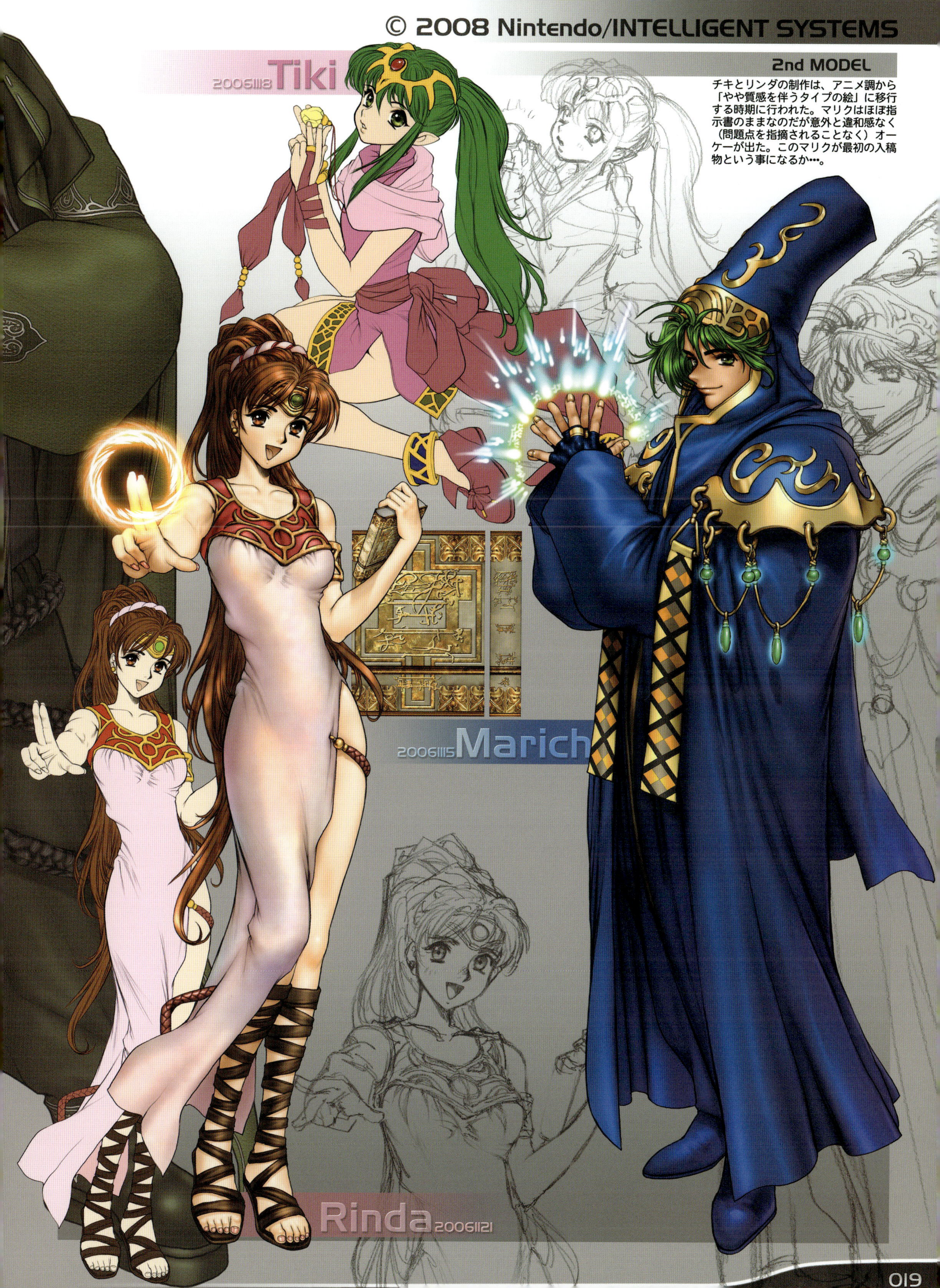

2nd MODEL

チキとリンダの制作は、アニメ調から「やや質感を伴うタイプの絵」に移行する時期に行われた。マリクはほぼ指示書のままなのだが意外と違和感なく（問題点を指摘されることなく）オーケーが出た。このマリクが最初の入稿物という事になるか…。

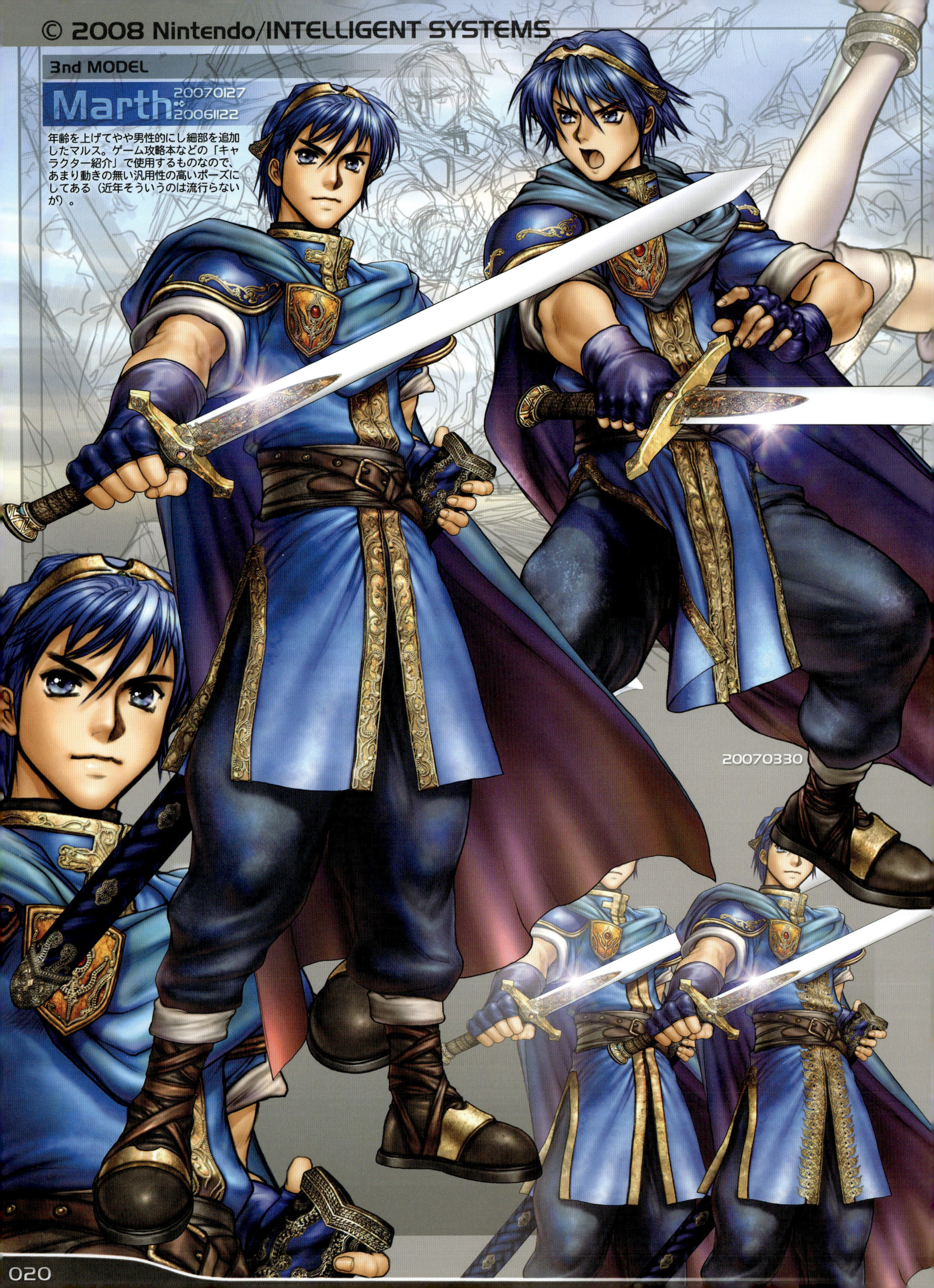

3nd MODEL

Marth

20070127
2006 1122

年齢を上げてやや男性的にし細部を追加したマルス。ゲーム攻略本などの「キャラクター紹介」で使用するものなので、あまり動きの無い汎用性の高いポーズにしてある（近年そういうのは流行らないが）。

3nd MODEL

Sheeda

20070330 20061124

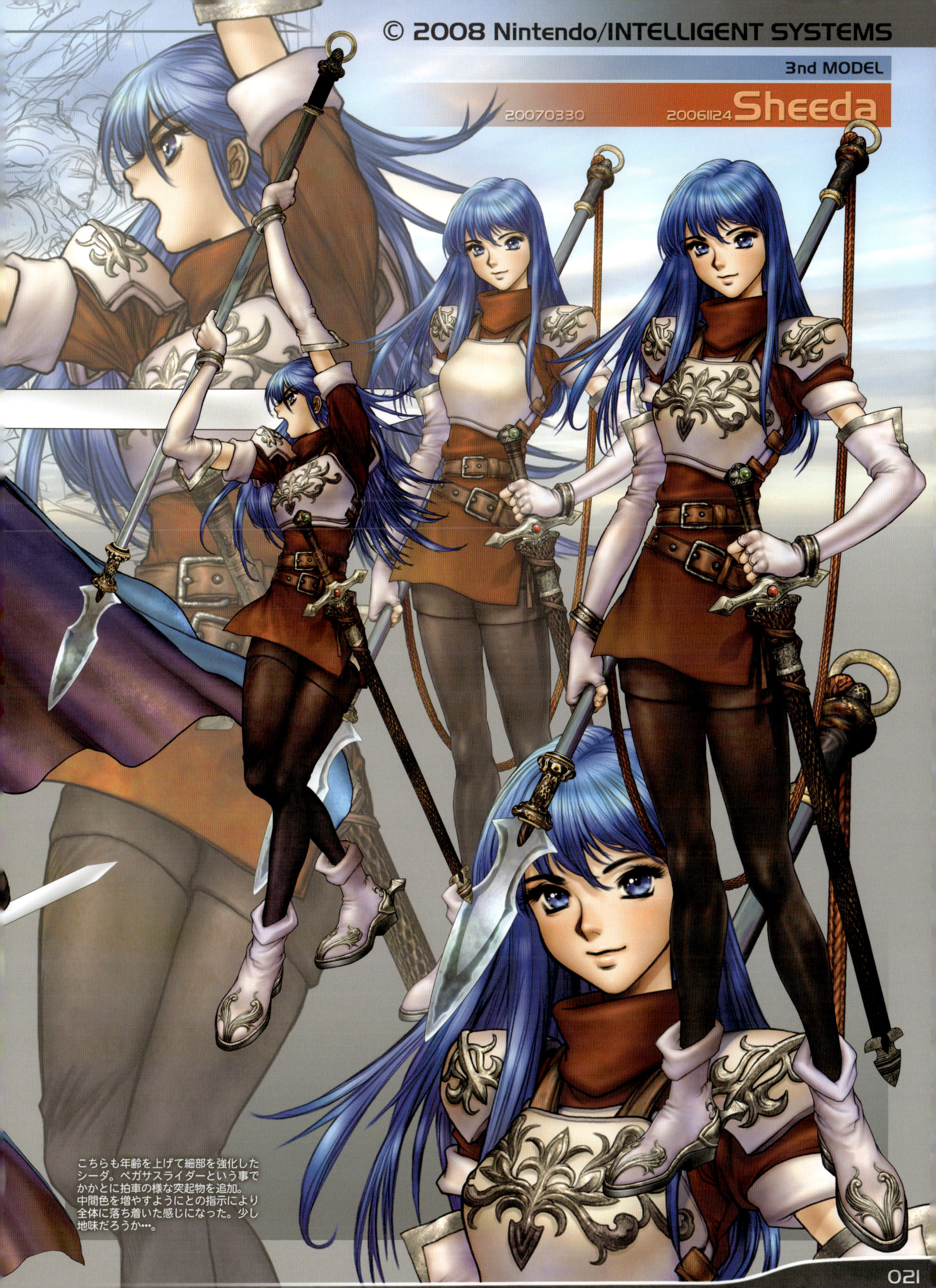

こちらも年齢を上げて細部を強化したシーダ。ペガサスライダーという事でかかとに拍車の様な突起物を追加。中間色を増やすようにとの指示により全体に落ち着いた感じになった。少し地味だろうか…。

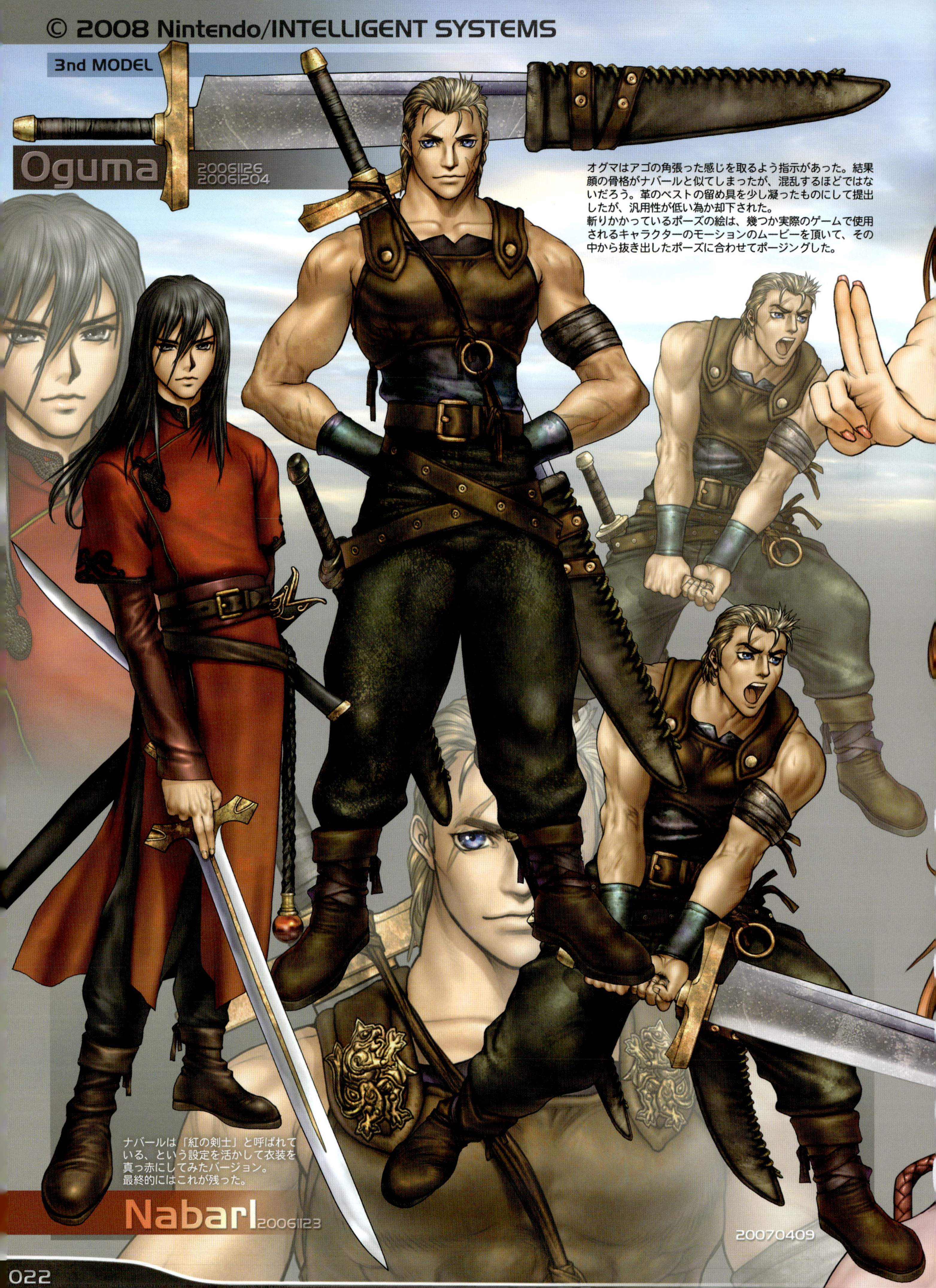

3nd MODEL

Oguma

20061126
20061204

オグマはアゴの角張った感じを取るよう指示があった。結果顔の骨格がナバールと似てしまったが、混乱するほどではないだろう。革のベストの留め具を少し凝ったものにして提出したが、汎用性が低い為か却下された。
斬りかかっているポーズの絵は、幾つか実際のゲームで使用されるキャラクターのモーションのムービーを頂いて、その中から抜き出したポーズに合わせてポージングした。

ナバールは「紅の剣士」と呼ばれている、という設定を活かして衣装を真っ赤にしてみたバージョン。
最終的にはこれが残った。

Nabarl

20061123

20070409

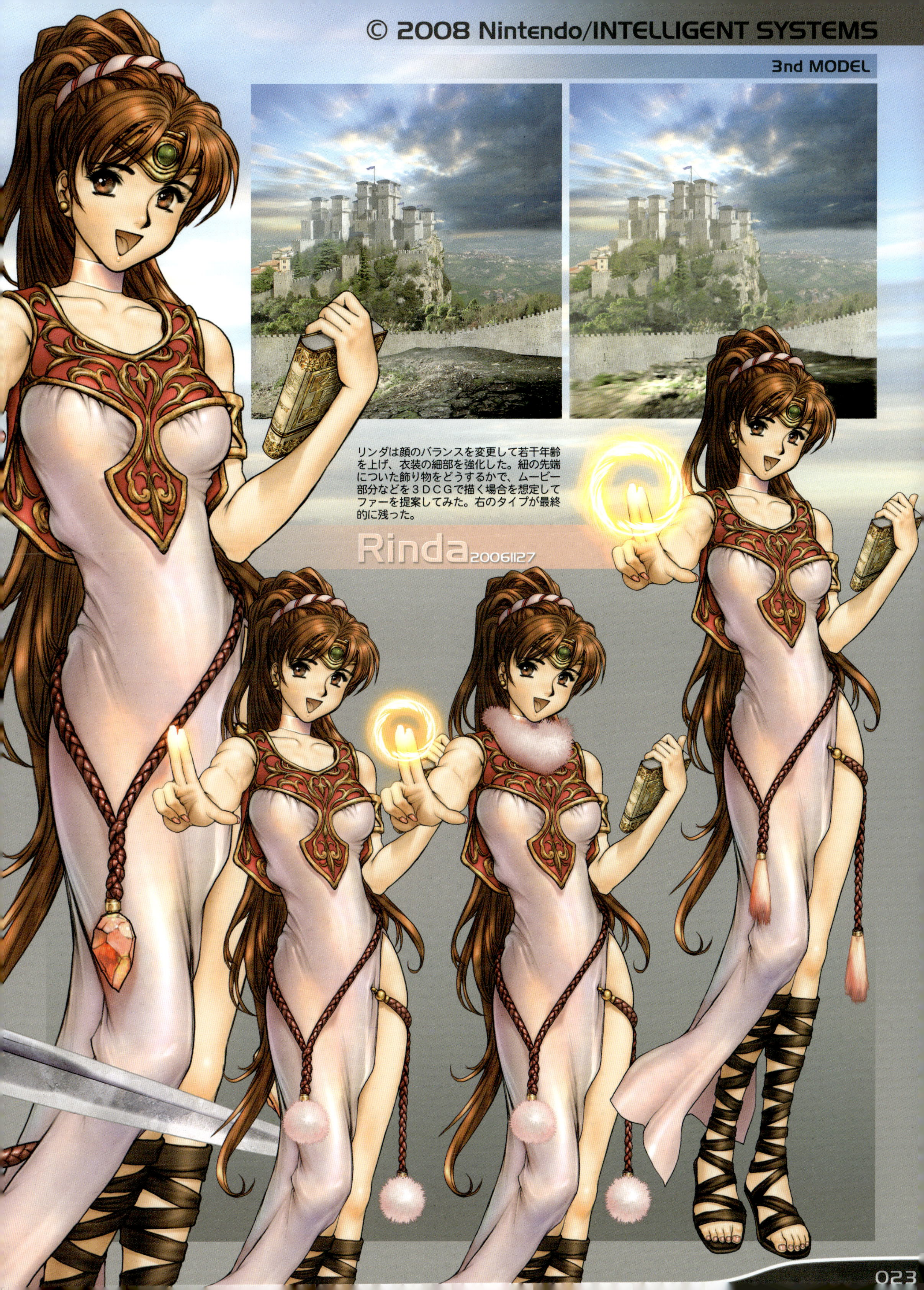
© 2008 Nintendo/INTELLIGENT SYSTEMS
3nd MODEL
リンダは顔のバランスを変更して若干年齢を上げ、衣装の細部を強化した。紐の先端についた飾り物をどうするかで、ムービー部分などを３ＤＣＧで描く場合を想定してファーを提案してみた。右のタイプが最終的に残った。
Rinda 20061127

3nd MODEL

ミネルヴァはやや作業の重いキャラクターだったのでポーズ違いは首から上以外制作しなかった。武器の形状選択の返事が来るまで2ヶ月、ポーズ違いまで更に2ヶ月と、随分長い時間がかかった。

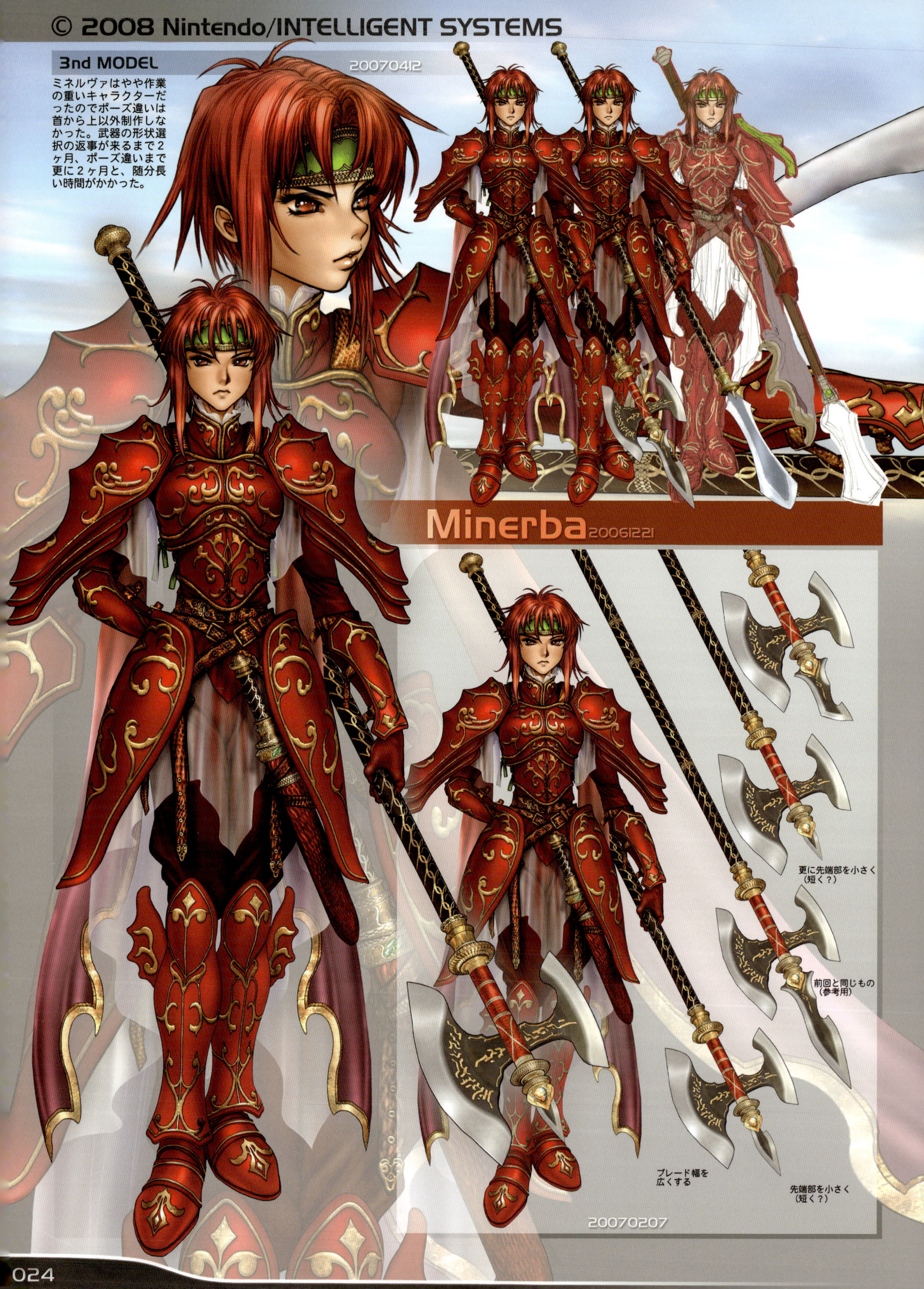

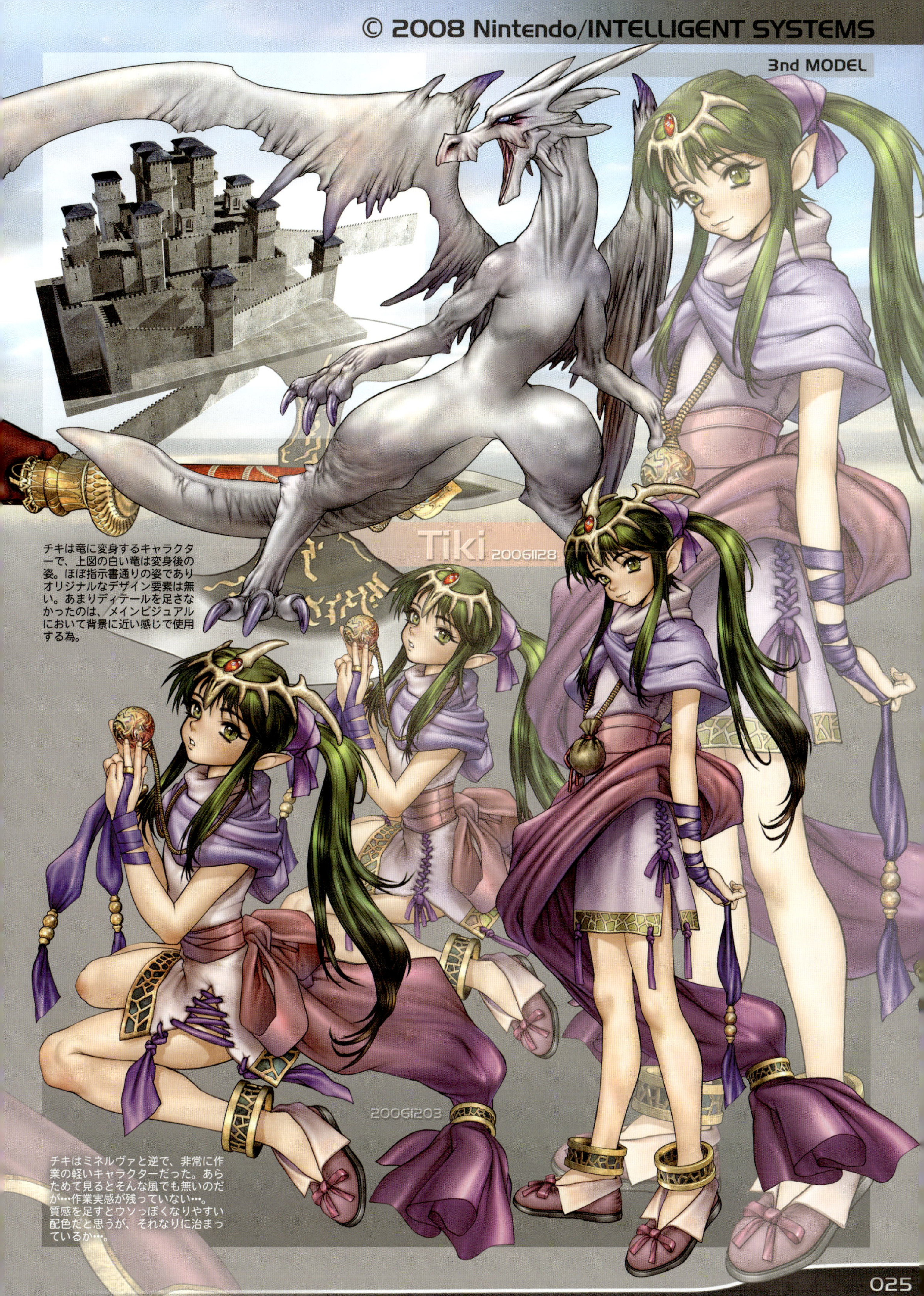

チキは竜に変身するキャラクターで、上図の白い竜は変身後の姿。ほぼ指示書通りの姿でありオリジナルなデザイン要素は無い。あまりディテールを足さなかったのは、メインビジュアルにおいて背景に近い感じで使用する為。

チキはミネルヴァと逆で、非常に作業の軽いキャラクターだった。あらためて見るとそんな風でも無いのだが…作業実感が残っていない…。質感を足すとウソっぽくなりやすい配色だと思うが、それなりに治まっているか…。

3nd MODEL

薄幸の姫君ニーナのファイルは非常にコンパクトだ。３Ｄ部品も無くこの場に掲載した４点以外にラフなども存在しない。当ページ右端のカラーラフが、発注側から頂いた指示書を横において最初に描いたもので、そのまま仕上げたものが他の３点、薄く口紅をひいた中央のものが採用となった。かなり指示書に忠実に作ったのでオリジナリティは顔や装飾模様以外ほとんど無い。僕の普段の作業では描く機会が無いであろう「白い肌」は一般的な「肌色」で、更に顔と指だけと面積が小さいので作業が１分かからずに通過したのを憶えている（何だか不安になる）。ティアラが平面的なのは反省点だが、実はあまり気にしていない。

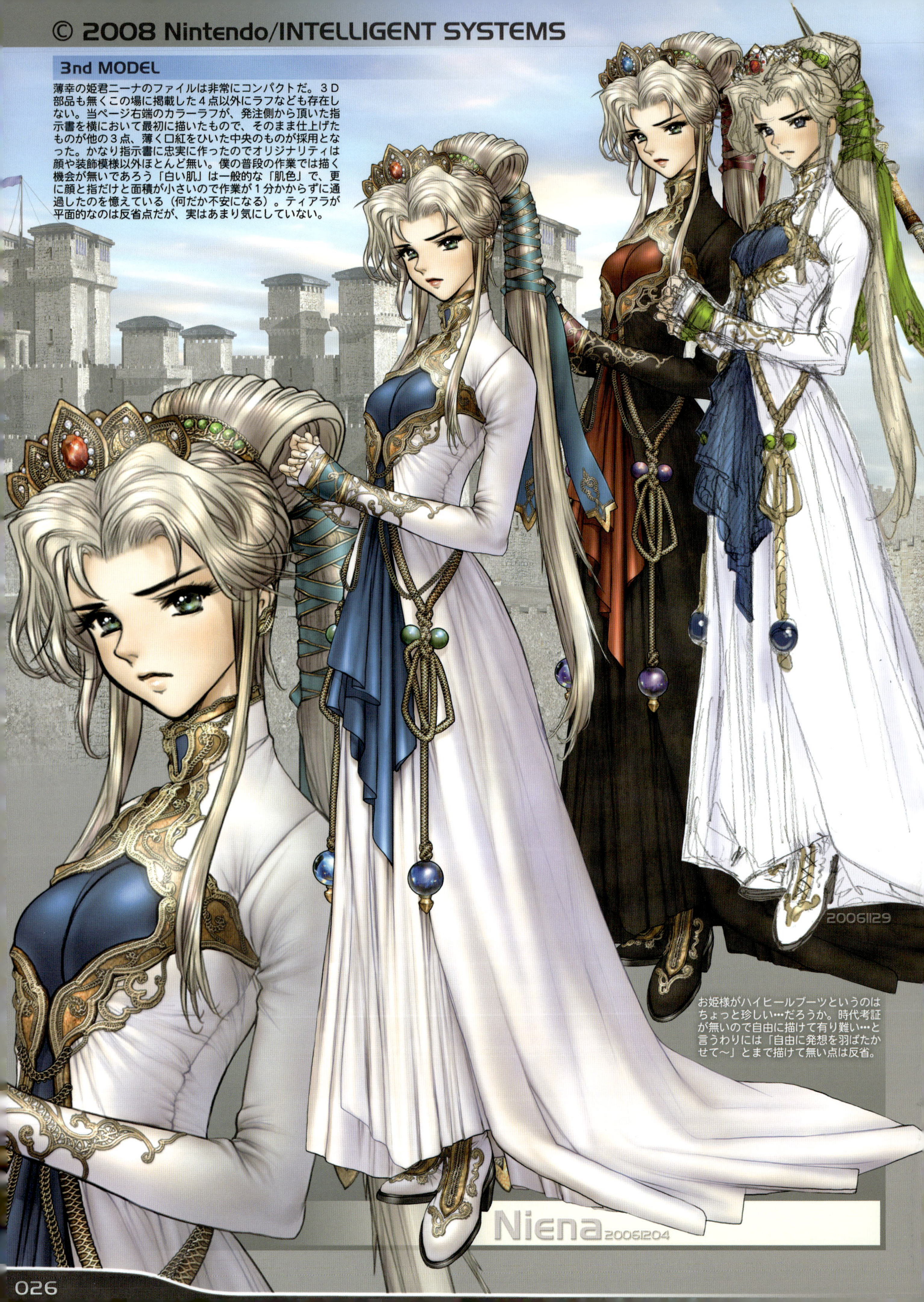

お姫様がハイヒールブーツというのはちょっと珍しい…だろうか。時代考証が無いので自由に描けて有り難い…と言うわりには「自由に発想を羽ばたかせて～」とまで描けて無い点は反省。

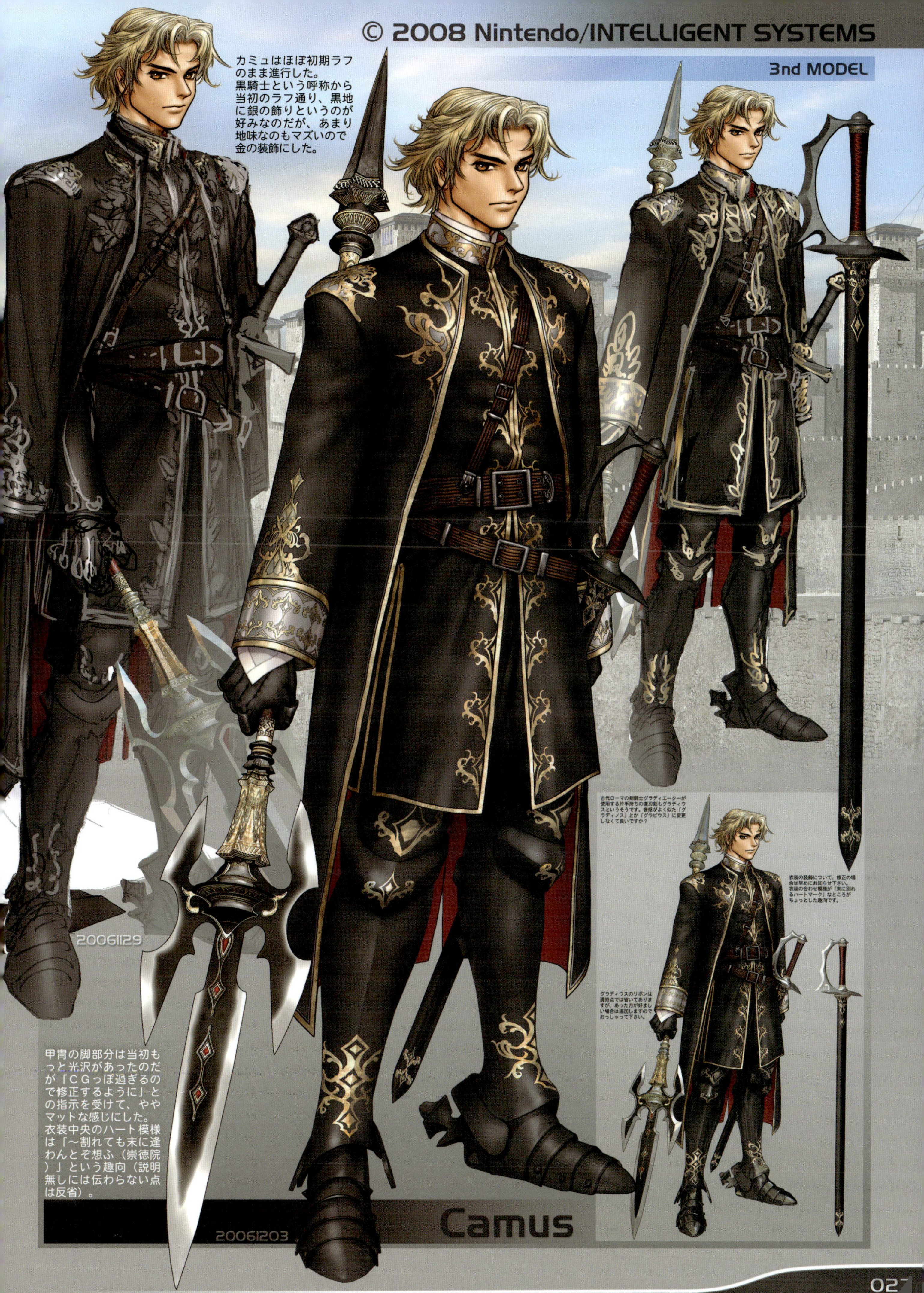
© 2008 Nintendo/INTELLIGENT SYSTEMS
3nd MODEL
カミュはほぼ初期ラフのまま進行した。
黒騎士という呼称から当初のラフ通り、黒地に銀の飾りというのが好みなのだが、あまり地味なのもマズいので金の装飾にした。
古代ローマの剣闘士グラディエーターが使用する片手持ちの直刃剣もグラディウスというそうです。音感がよく似た「グラディノス」とか「グラビウス」に変更しなくて良いですか？
衣装の装飾について、修正の場合は早めにお知らせ下さい。
衣装の合わせ模様が「末に別れるハートマーク」なところがちょっとした趣向です。
グラディウスのリボンは現時点では省いてありますが、あった方が好ましい場合は追加しますのでおっしゃって下さい。
20061129
甲冑の脚部分は当初もっと光沢があったのだが「CGっぽ過ぎるので修正するように」との指示を受けて、ややマットな感じにした。
衣装中央のハート模様は「〜割れても末に逢わんとぞ想ふ（崇徳院）」という趣向（説明無しには伝わらない点は反省）。
Camus
20061203

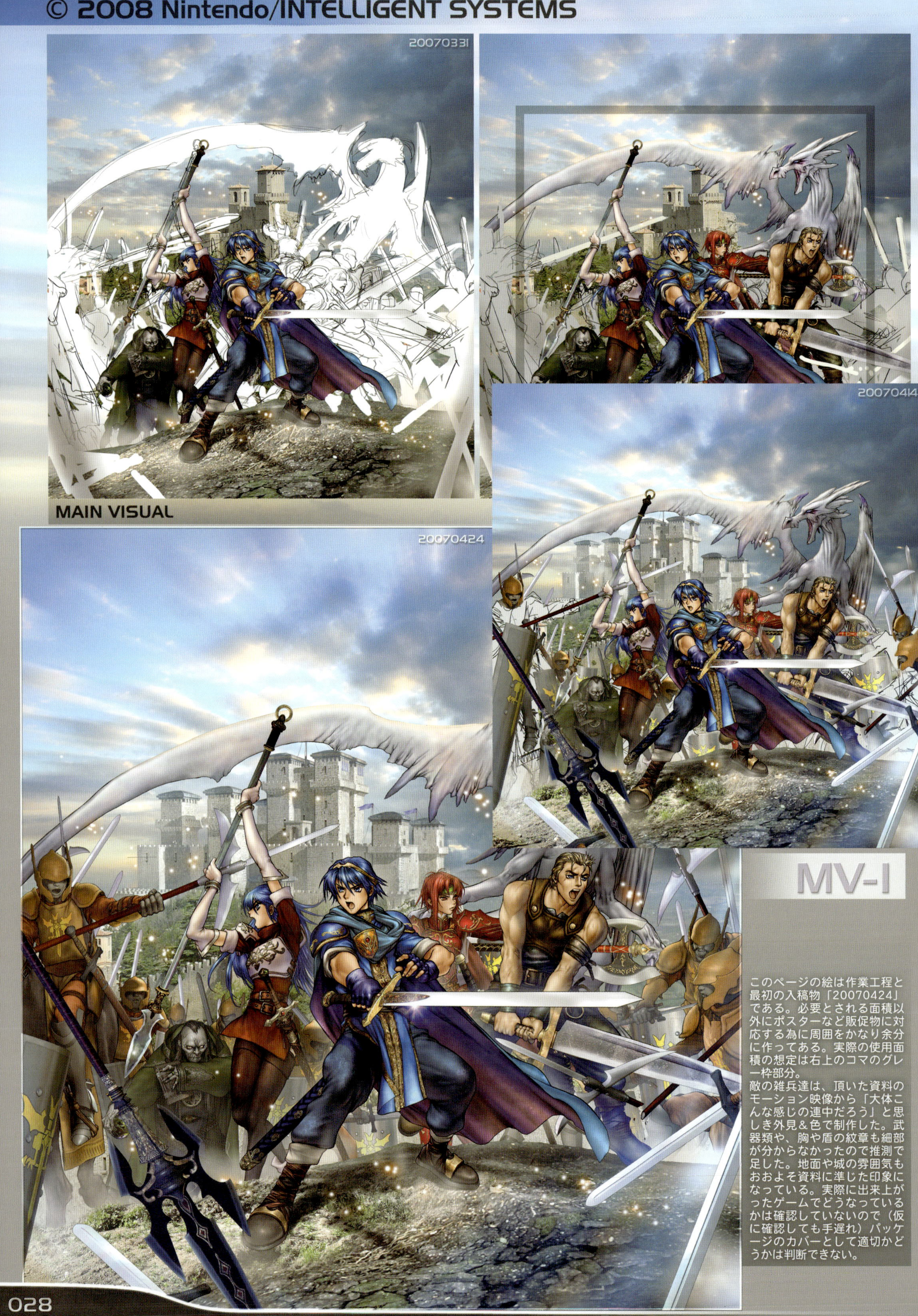

MAIN VISUAL

MV-1

このページの絵は作業工程と最初の入稿物「20070424」である。必要とされる面積以外にポスターなど販促物に対応する為に周囲をかなり余分に作ってある。実際の使用面積の想定は右上のコマのグレー枠部分。
敵の雑兵達は、頂いた資料のモーション映像から「大体こんな感じの連中だろう」と思しき外見＆色で制作した。武器類や、胸や盾の紋章も細部が分からなかったので推測で足した。地面や城の雰囲気もおおよそ資料に準じた印象になっている。実際に出来上がったゲームでどうなっているかは確認していないので（仮に確認しても手遅れ）パッケージのカバーとして適切かどうかは判断できない。

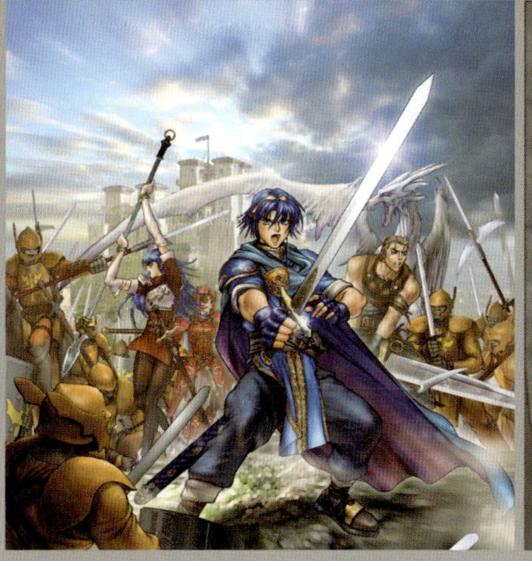

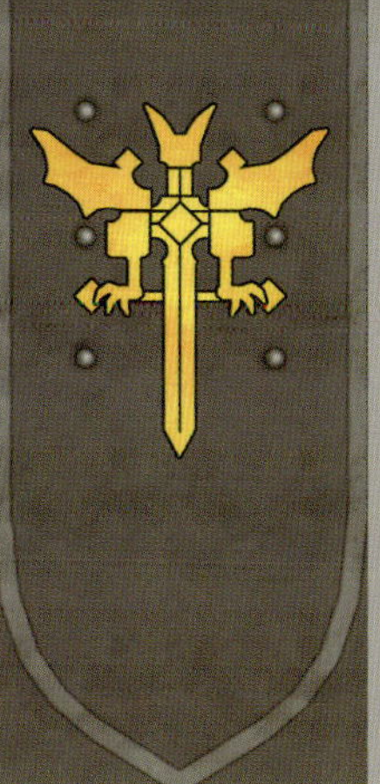

20070604

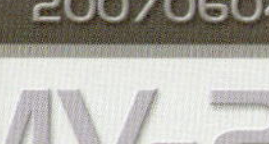

画面手前の武器がイマイチ、地面がＣＧ的過ぎる、という指示に従って修正したのが「20070604」。中央のマルスを若干大きく＆カメラ目線にしたもの（左のコマ）も同時に入稿した。ドラゴン化したチキは当初、タイトルの下地になるという想定だったのだが、これも重なっている事自体を避けるようにとの指示により、小さくして位置を下げた。実際のゲームではこういった状況にはならないと思うが「戦場で囲まれて戦っている印象に」という事で、手前にも敵の兵士を足した。敵のガーネフは「ゲームにおいてこのように野原に出て戦う事は無いので省くように」という指示で省き空いた位置には通常の敵兵士を足した。「オグマの口は閉じるように」との指示だったが、顎のラインを修正するのは結構手間がかかるので歯を食いしばっているような感じに処理した。
このゲームにおいては騎馬や、ペガサスナイトやドラゴンナイトといった飛行系の戦闘ユニットが登場する（ファルコンって…）。今回はＣＤサイズパッケージ用の絵という事で（実際には使用されなかったが…）面積食いの騎馬や、タイトルスペースにかかる飛行系のキャラクターは描いていない。ゆえに「トライアングルアタック」なども割愛（笑）。初期のラフではペガサスナイト（髪形から察するにカチュアか？）も想定していたのだが…。

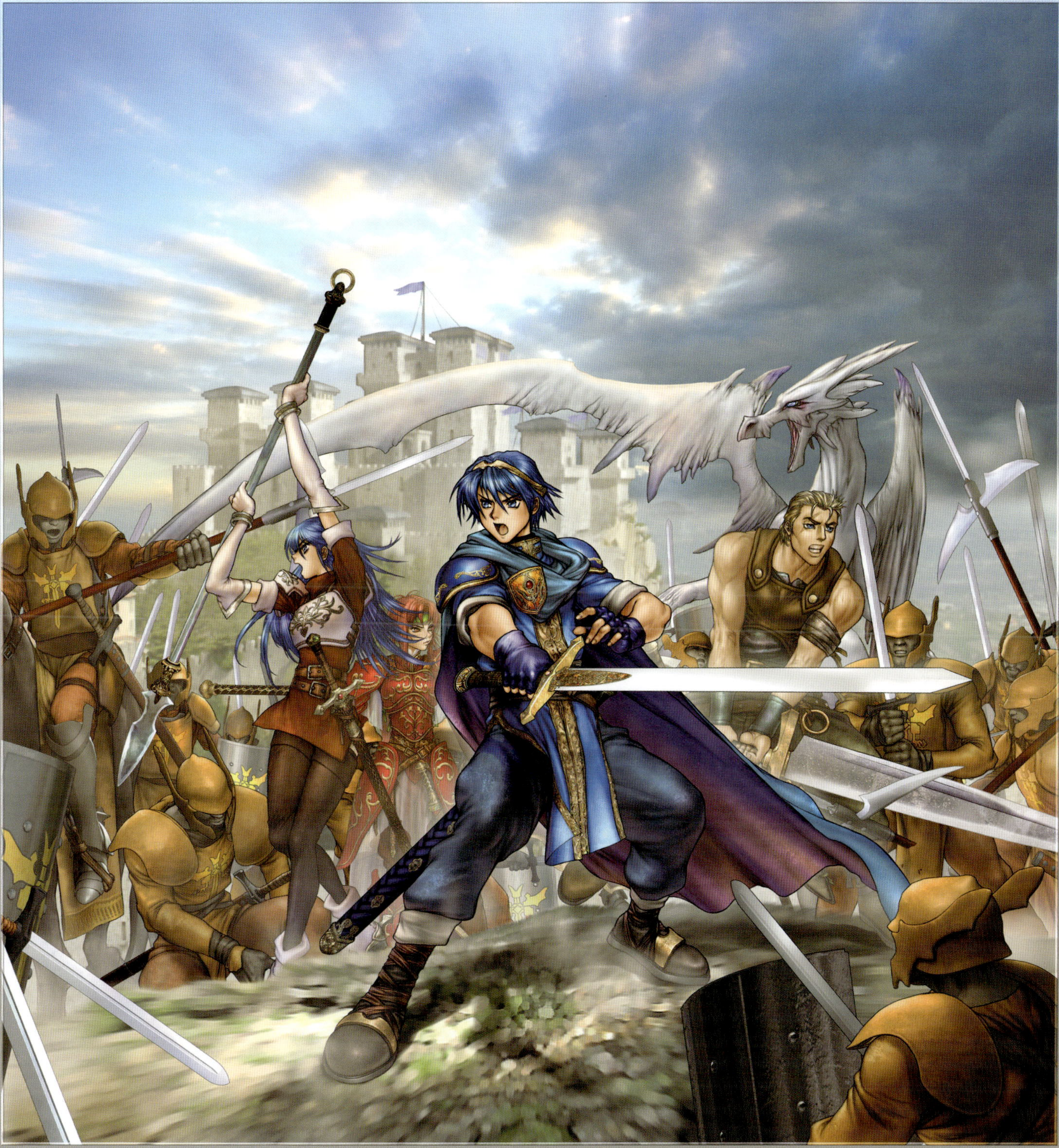

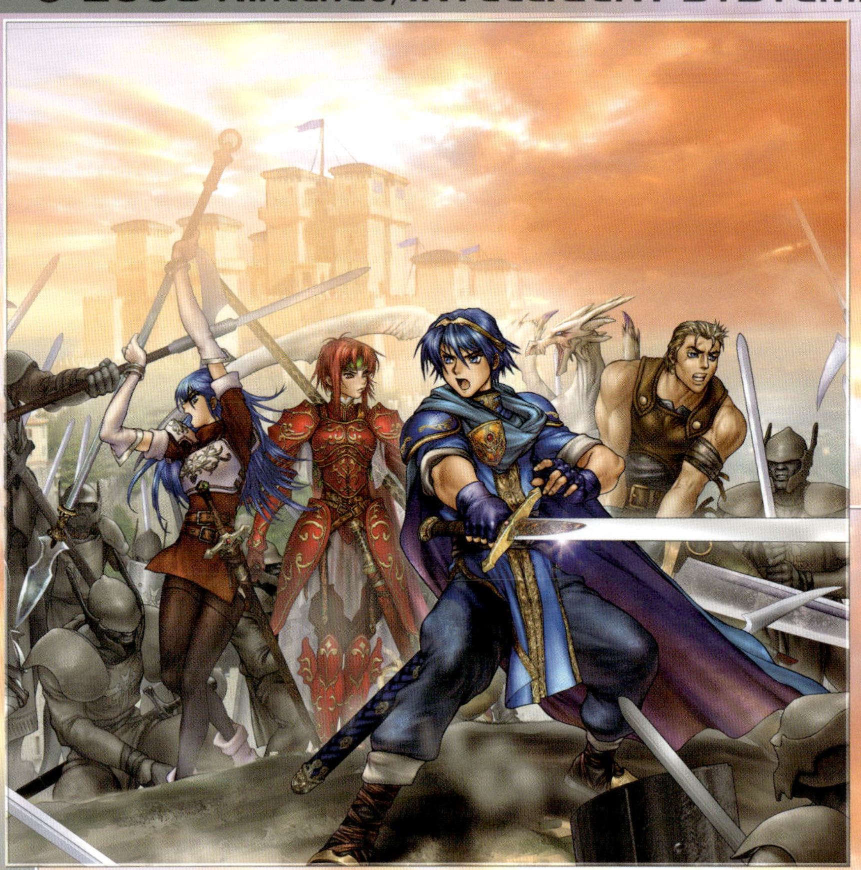

前ページの２００７年６月入稿から時間が経過し、翌年２月半ばに「空を赤系に修正し、ミネルヴァを大きく、周囲の敵兵士達の彩度を落とし、タイトルの下地に当たる部分をもっとボカし、地面をもっと手書きっぽくするように」との指示があった。
これはそれに応えたもの。

元々この『ファイアーエムブレム』のシリーズは、コンセプトカラーが青だった。この仕事をしていた時点での最新作『暁の女神』だけがそのタイトルゆえか赤っぽい印象のメインビジュアルを採用していたのだ。この仕事はシリーズ第１作品の移植なので、当然コンセプトカラーは青だろうと思っていたのだが…。
ミネルヴァのサイズに関しては大きくしたが（左図）、「やはりもう少し小さく」との指示で縮めた。その際におさまり具合が好ましく無かったので他のキャラクター達の位置を若干ずらして調整した（下図）。全体に散漫な印象になるが、バランスは良い。
遠景もボカし過ぎなので修正するようにとの指示で、少し戻した。

MAIN VISUAL

20080306 **MV-3**

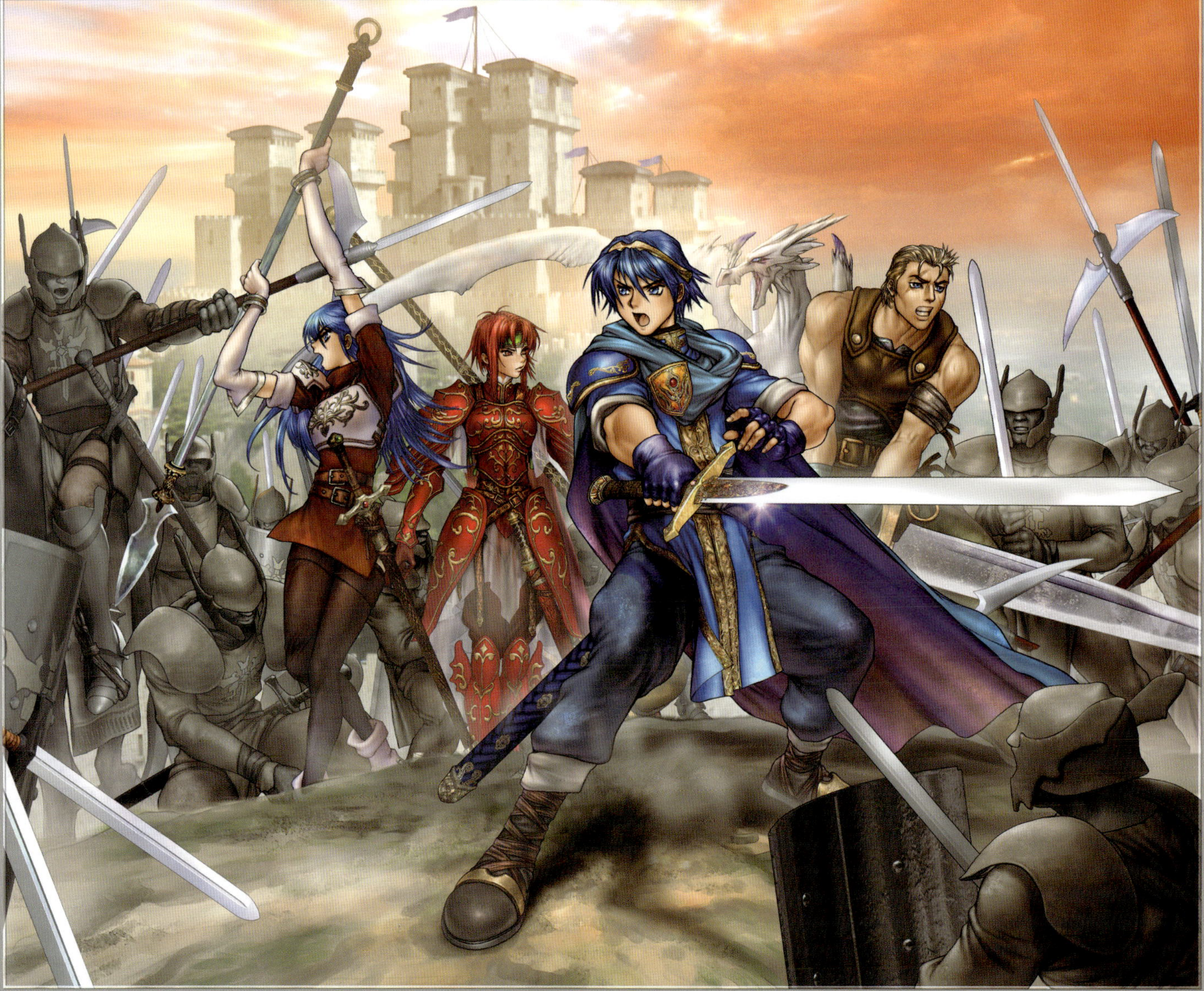

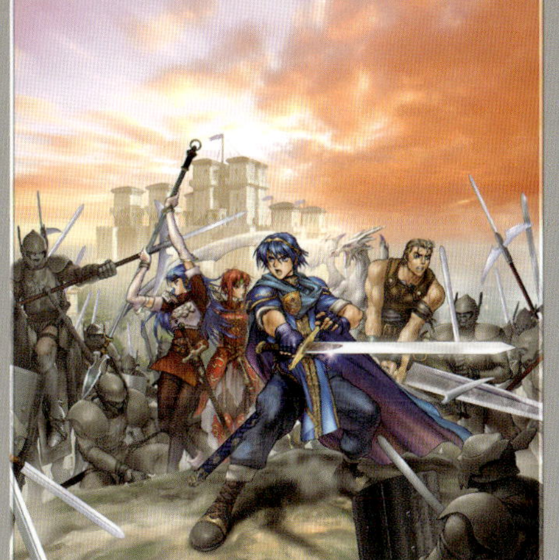

20080428

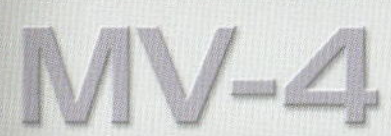

シーダの槍の尾がカスんでいるのはタイトルの下地にあたる場所だからなのだが、「霞のレイヤーが間違って手前に来ているから修正するように」と指示が来た。ので、マスクがかかっているもの（上図）と、かかっていないもの（左図・小さくてスミマセン）を２種類入稿する事にした。また、ミネルヴァを見せるのにバランスをとって空けたスペースだったが、修正して詰めるようにと指示が来たので詰めた。やや窮屈な印象だが、僅かにコントラストを落としてマルスやシーダとカタマリにならないよう工夫した（あまり効果は無いが）。前ページと比較してマルスとシーダが接近しているのがご覧頂けると思う。
実際に最終的に検収されたのはページ０１１の絵で、このページ上図より若干マスクが薄いバージョンである。

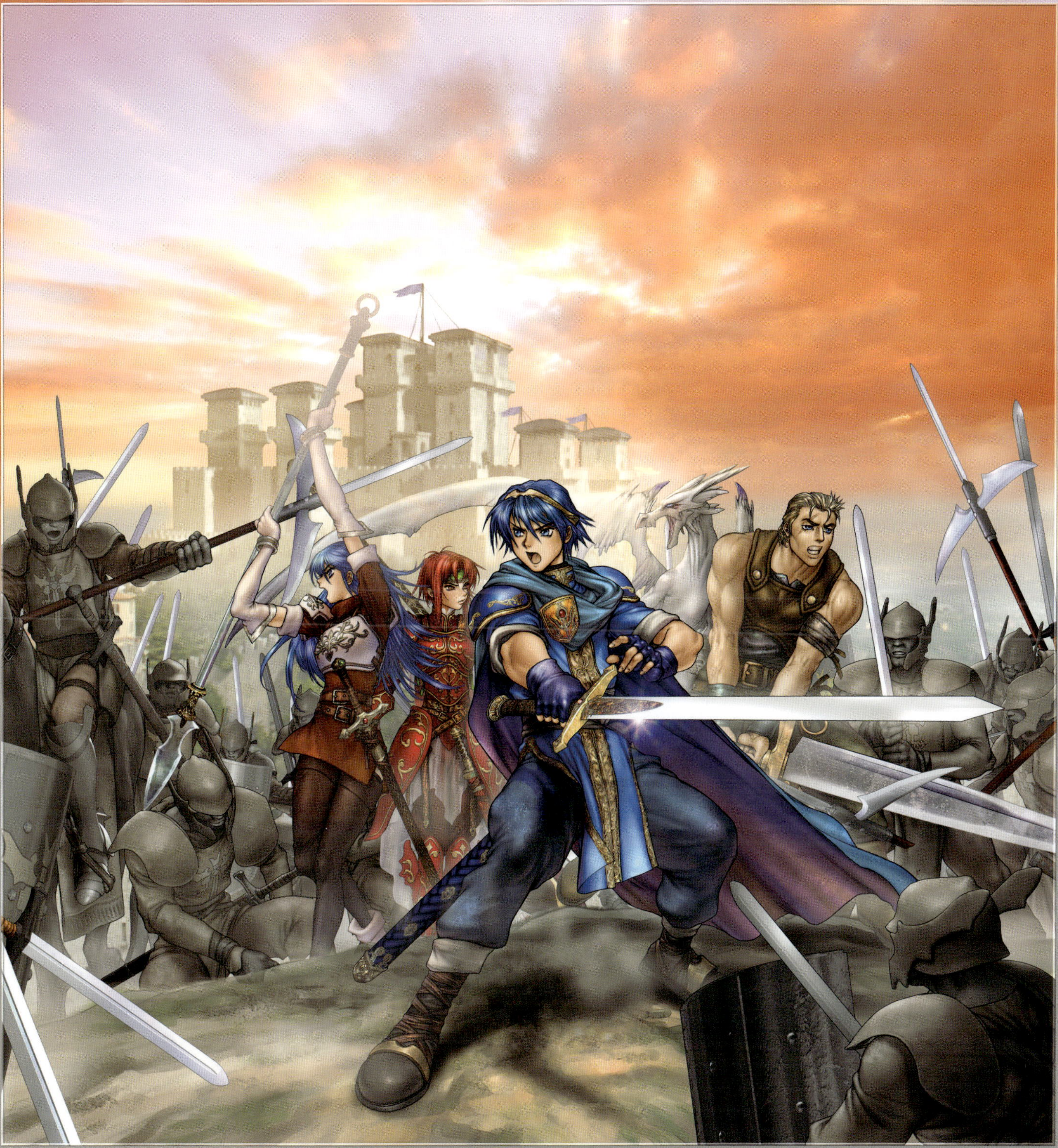

このゲームが発売になるのがこの年の８月なのだが、その２ヶ月前の６月、秋葉原で刃物による無差別殺傷事件が起こる。関係者の言うにはその影響で「刃物を掲げた絵のポスターやパッケージはいかがなものか」という意見が出て、結果としてこれら僕の仕事は「主たる使用目的に沿っては使用されない」という事になる。本当は絵が気に入って頂けなかっただけかもしれないが、カドが立ってもいけないので「秋葉原事件のせい」という事に（苦笑）。とはいえ、その自粛時期に僕は別の講談社の仕事で「剣を振りかざした主人公の絵」を描き、鉄道会社の「負けずにやります」との返事を受けて、当の秋葉原駅の大型駅広告に掲載したという経緯があるので「人それぞれ色々な判断があるな～」と思う。是非は分からない。個人的には描いた絵が目的に沿って使用されなかったのが残念、それだけだ。ゲームの攻略本やゲーム雑誌では使用されたのでそれなりに納得している。

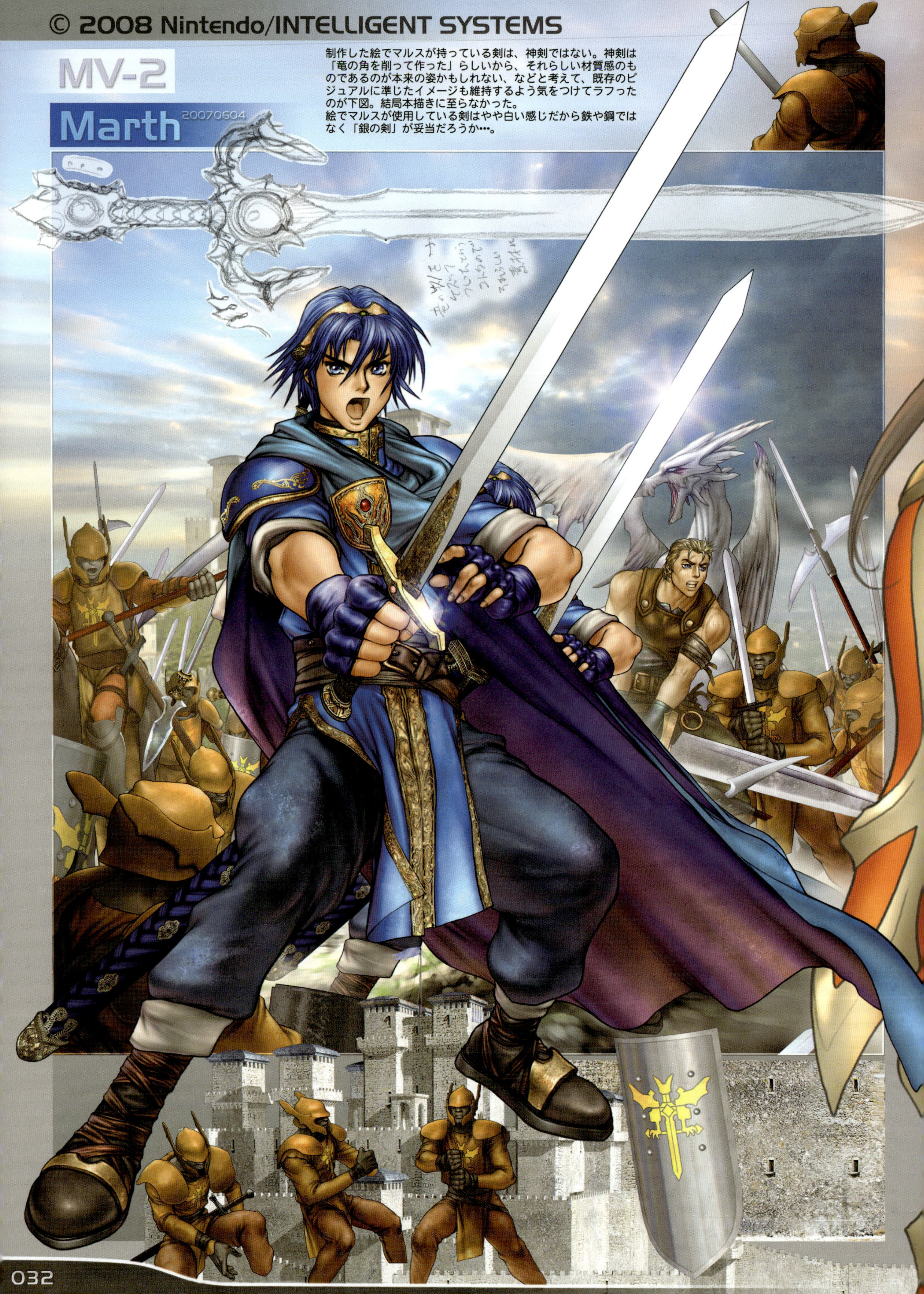

MV-2

Marth

20070604

制作した絵でマルスが持っている剣は、神剣ではない。神剣は「竜の角を削って作った」らしいから、それらしい材質感のものであるのが本来の姿かもしれない、などと考えて、既存のビジュアルに準じたイメージも維持するよう気をつけてラフったのが下図。結局本描きに至らなかった。
絵でマルスが使用している剣はやや白い感じだから鉄や鋼ではなく「銀の剣」が妥当だろうか…。

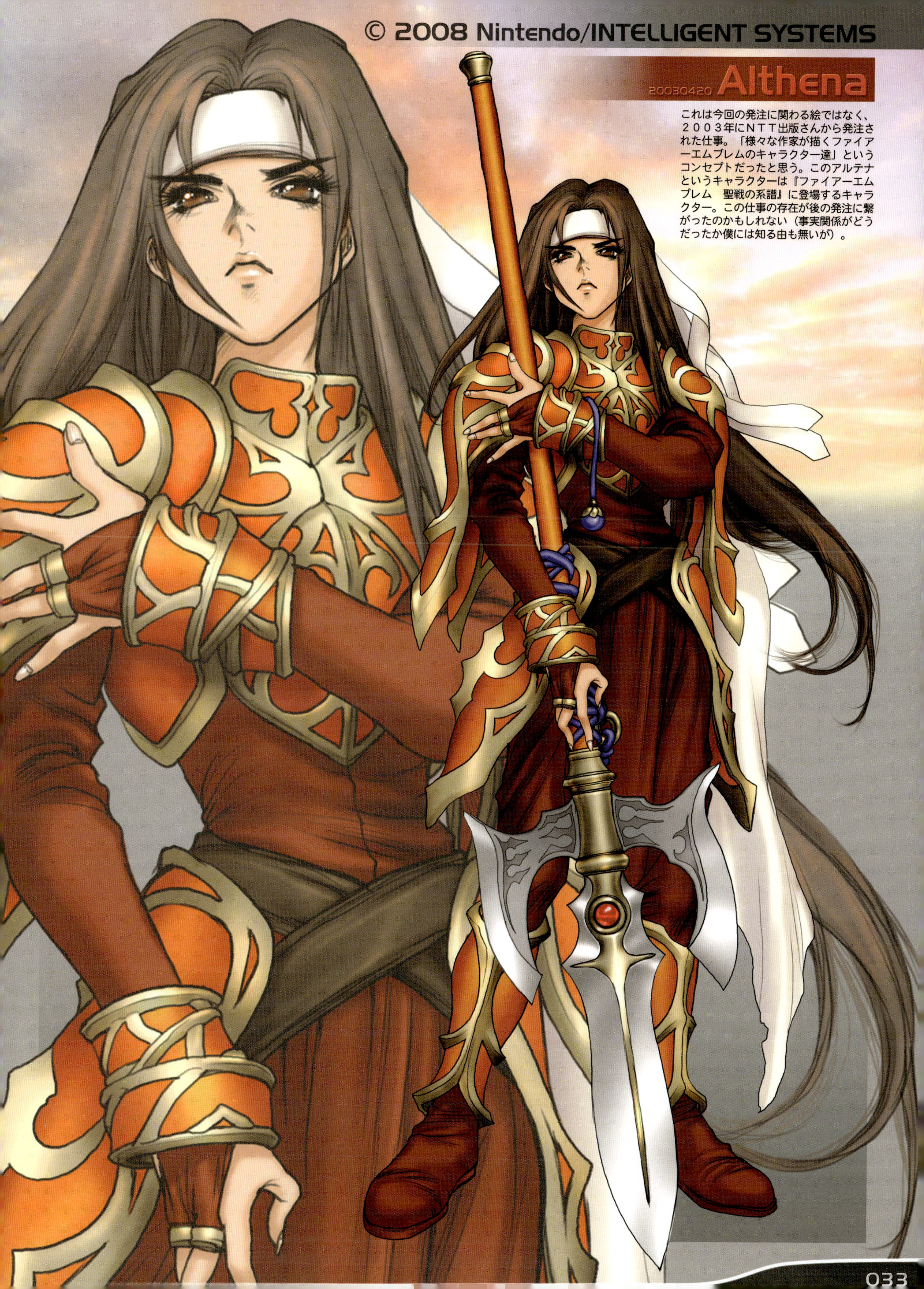

20030420 Althena

これは今回の発注に関わる絵ではなく、２００３年にＮＴＴ出版さんから発注された仕事。「様々な作家が描くファイアーエムブレムのキャラクター達」というコンセプトだったと思う。このアルテナというキャラクターは『ファイアーエムブレム　聖戦の系譜』に登場するキャラクター。この仕事の存在が後の発注に繋がったのかもしれない（事実関係がどうだったか僕には知る由も無いが）。

TV-Animation J

『Ｊ』は某有名ＳＦ小説をＴＶアニメーションシリーズにしようという企画で、Ｍ氏が僕の所にキャラクターイメージを依頼してきた仕事。最終的に企画が成立しなかったので、作品・商品は存在していない。つまりご覧頂くものは全てボツ絵という事だ。海外向けの企画ということで、キャラクター達の形状は何となく日本のアニメと異なるニュアンスにしたつもり。「何だか外国のアニメみたいな絵柄だな」と思って頂ければ成功しているということだ。一般論的には「相手の土俵で戦う場合、相手に合わせたら自分の実力の半分も発揮できない」わけだが、この企画では「純和風」ではなく相手市場の一般的ルックスに幾らか歩み寄ったものにするという選択だ（コワ）。

原作と異なるキャラクター設定（性別や追加キャラなど）になっているが、これは僕ではなく企画者サイドが決めた事。もっと細部を強化したリアルな方向性なのか或いはシリーズなので「現場の負担が軽めのディテール度合い」でいくのか分からなかったので、とりあえず「叩き台」として提出したもの（のつもりだった）。

この企画に関わる僕の最終仕事の日付は２００３年８月１４日となっている。

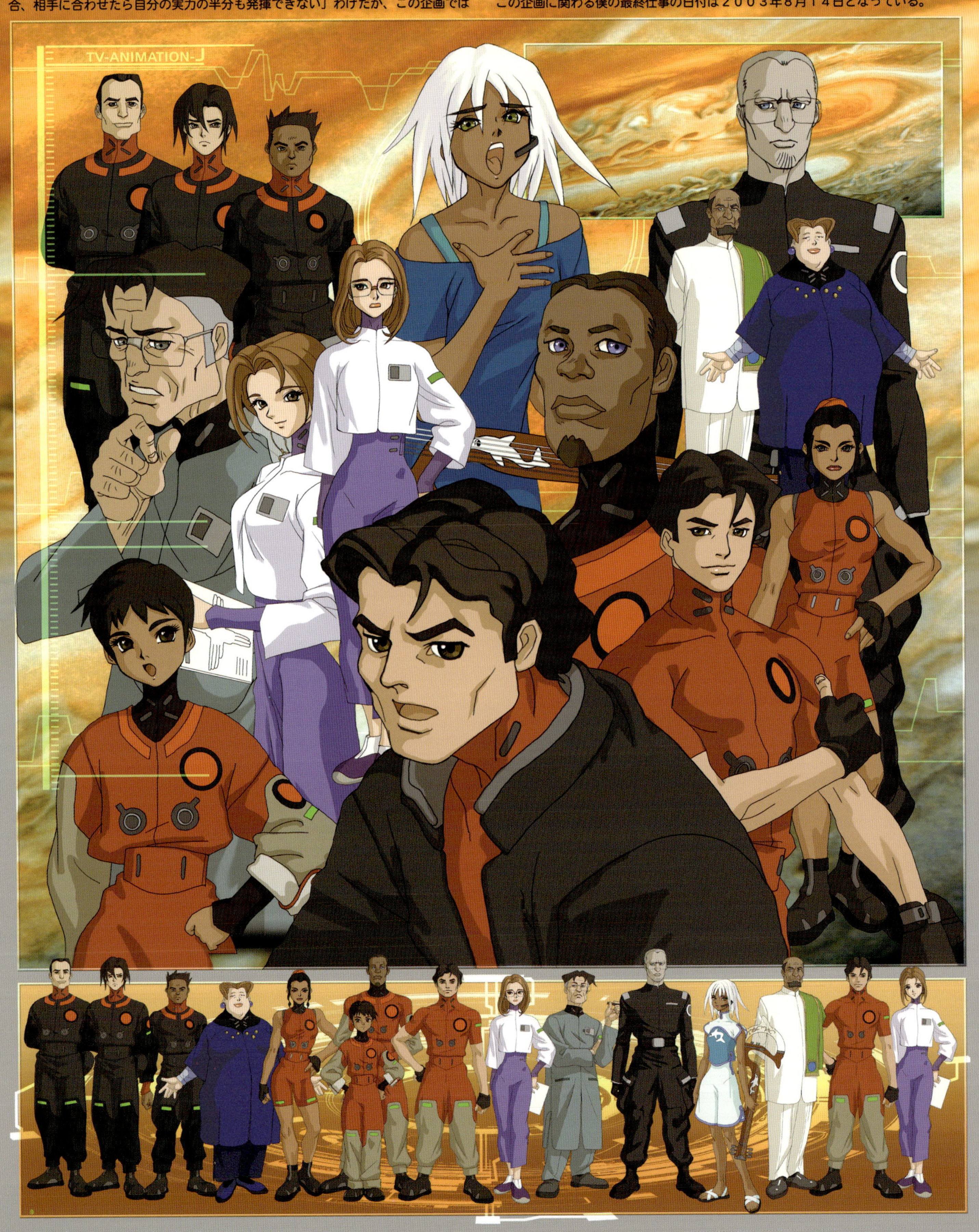

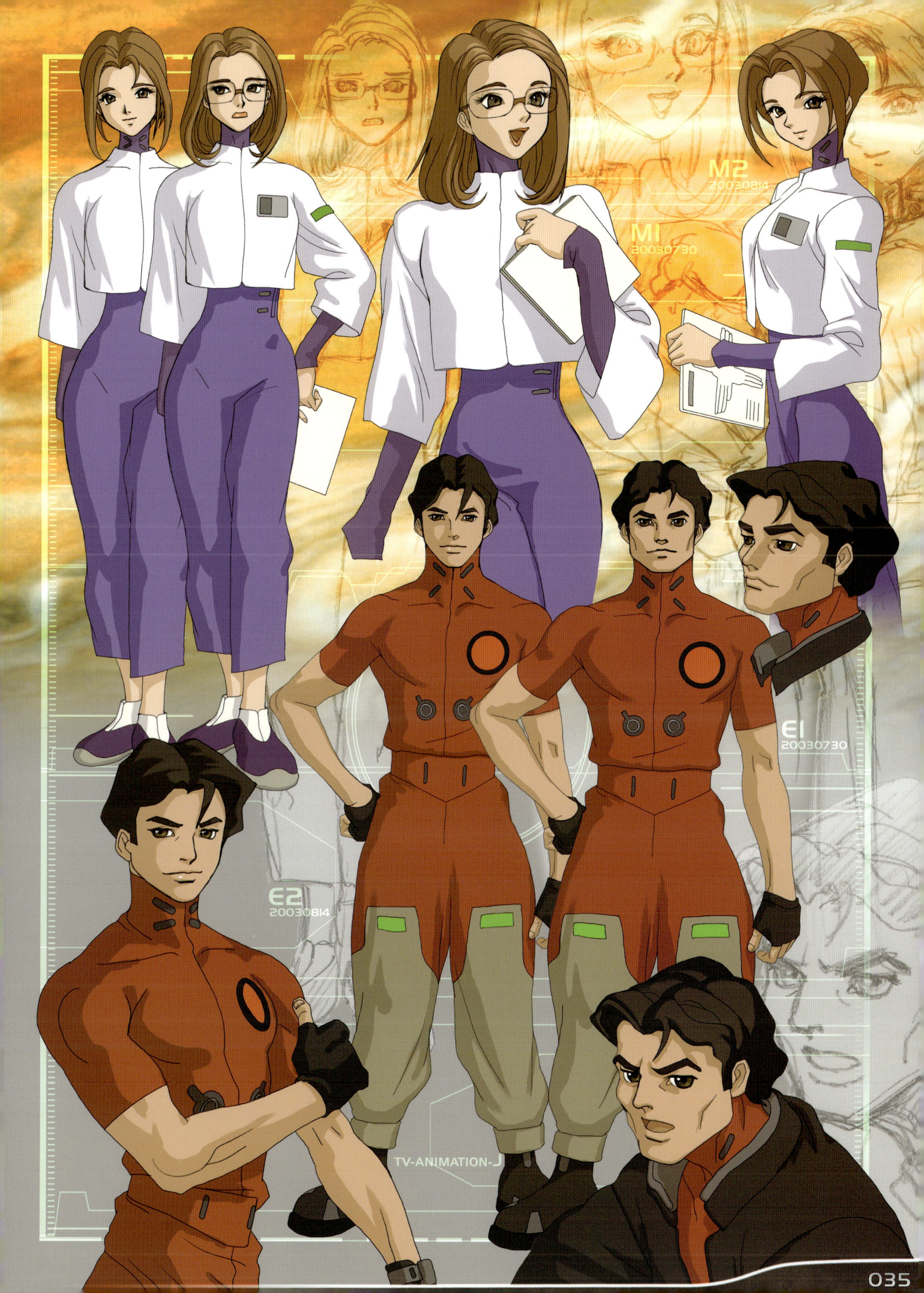
M2
20030814
M1
20030730
E1
20030730
E2
20030814
TV-ANIMATION-J

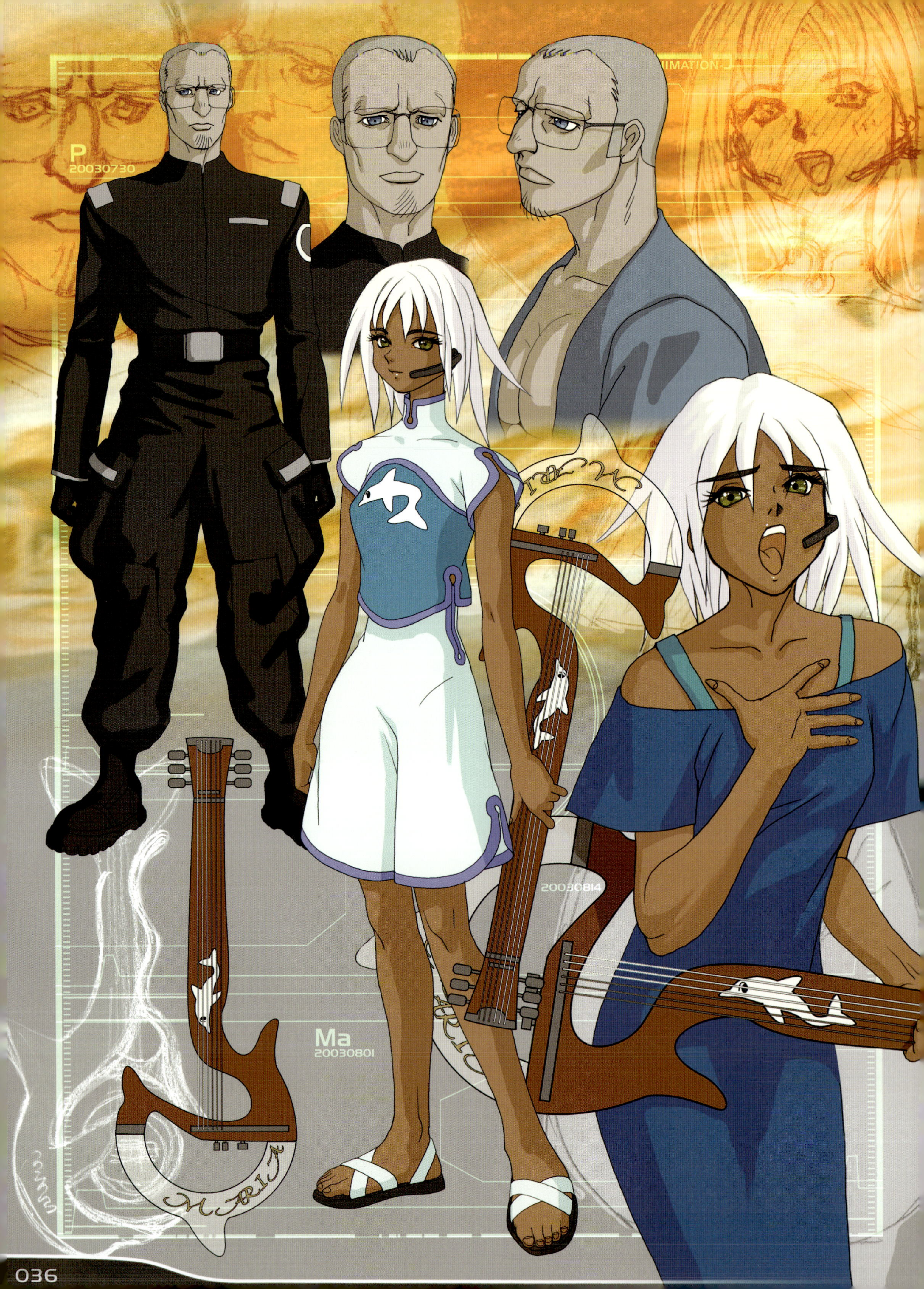
P
20030730
Ma
20030801
20030814
MARIA

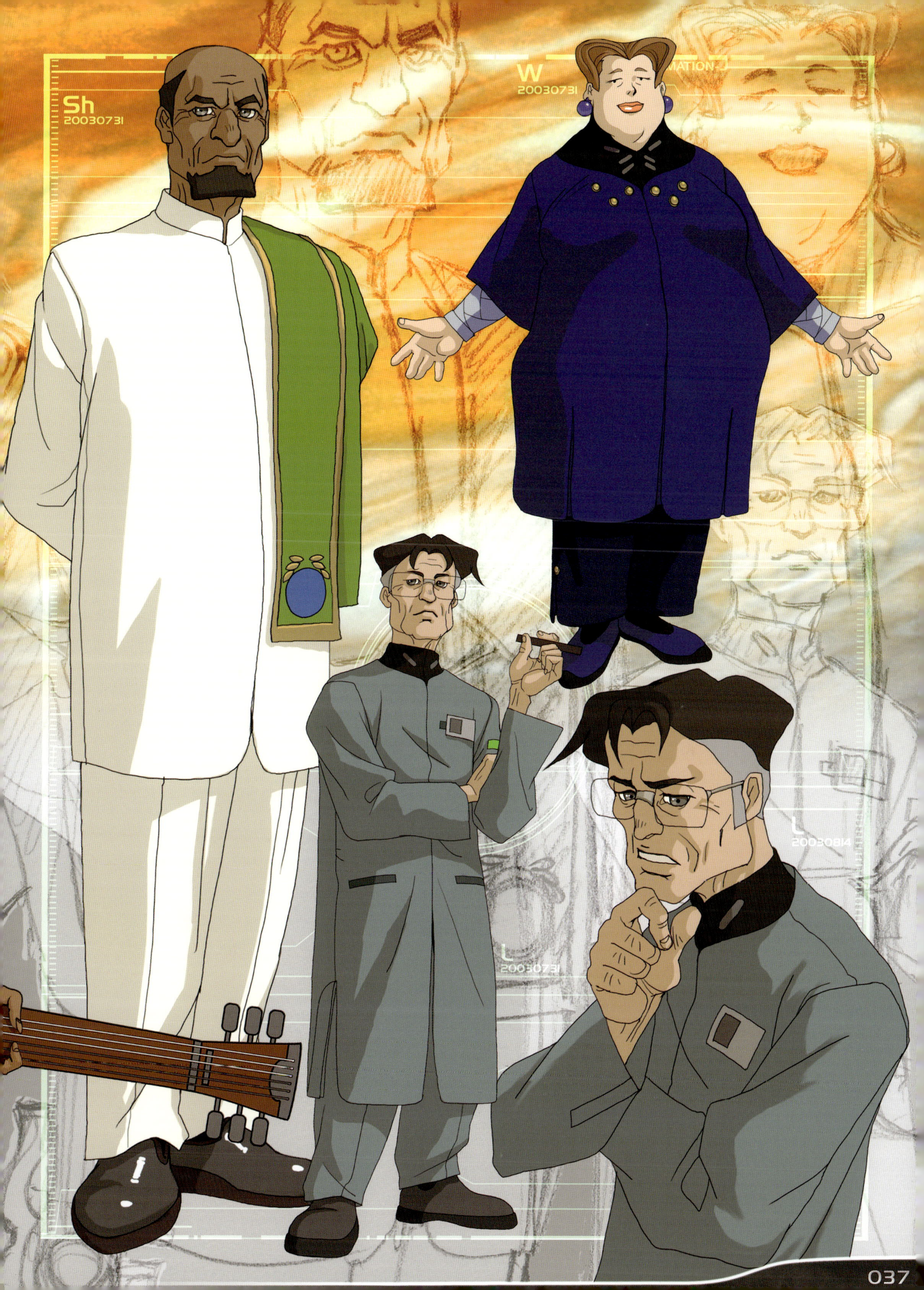
Sh
20030731
W
20030731
L
20030814
L
20030731

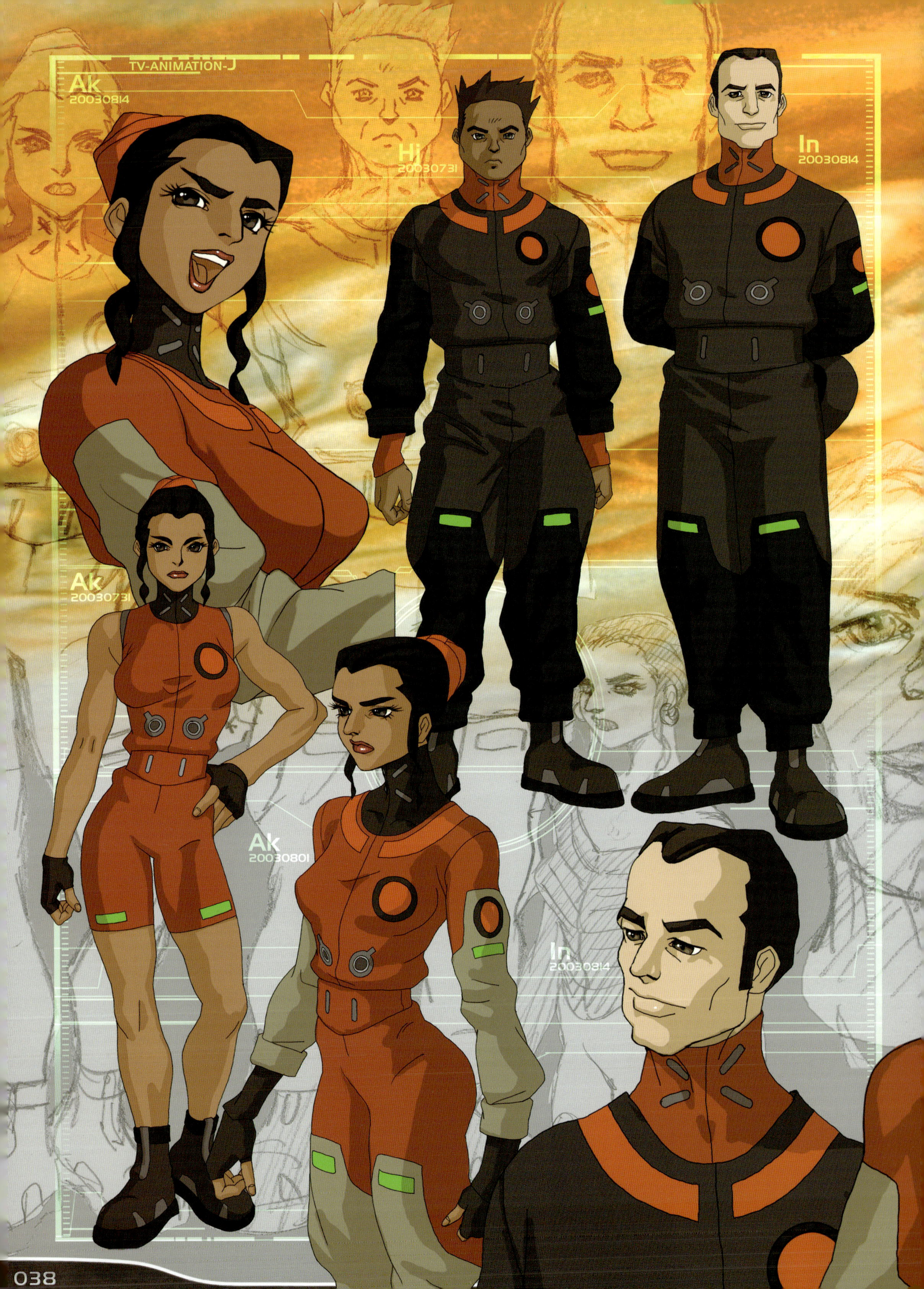
TV-ANIMATION-J
Ak
20030814
Hi
20030731
In
20030814
Ak
20030731
Ak
20030801
In
20030814

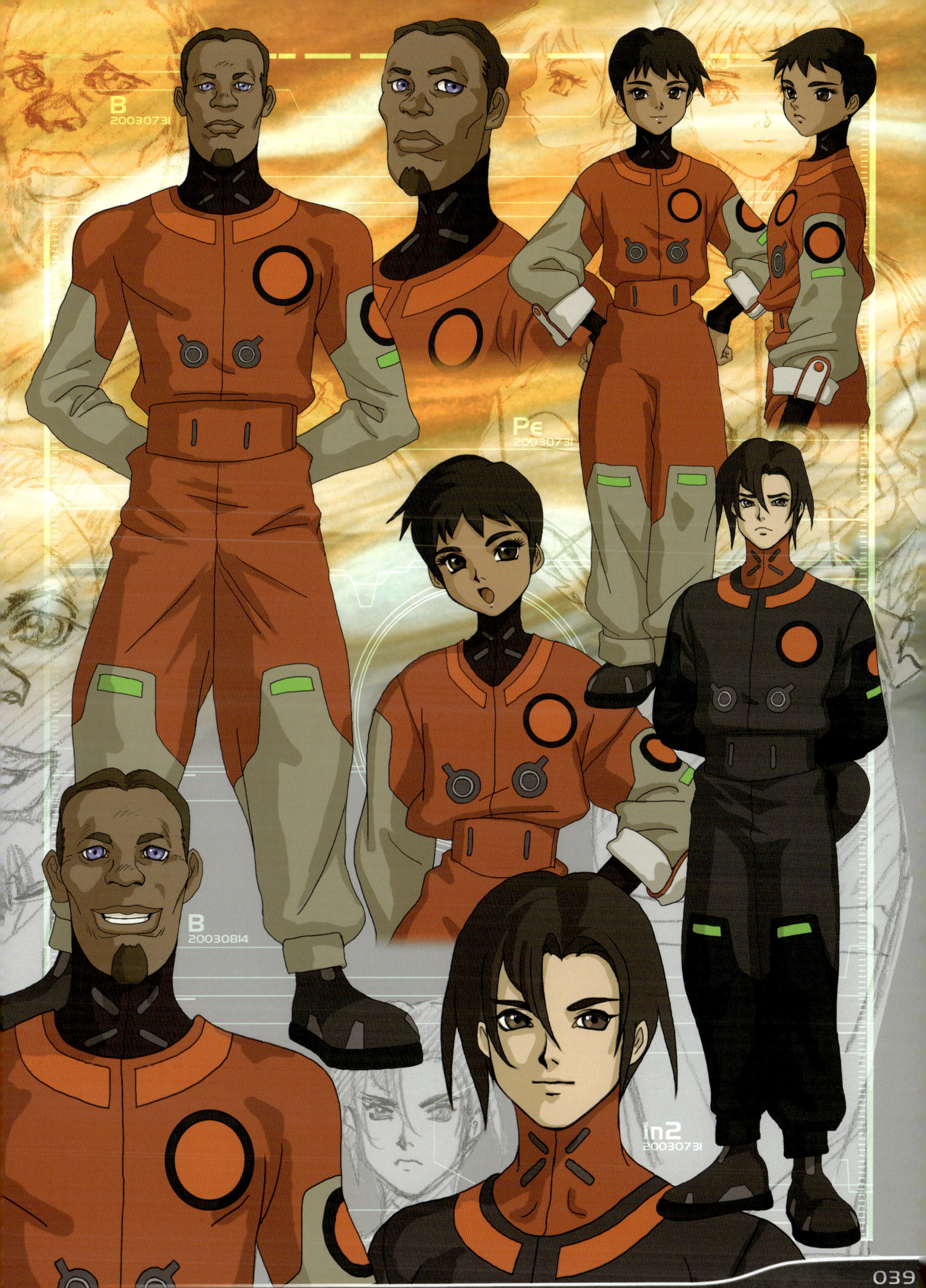
B
20030731
Pe
20030731
B
20030814
In2
20030731

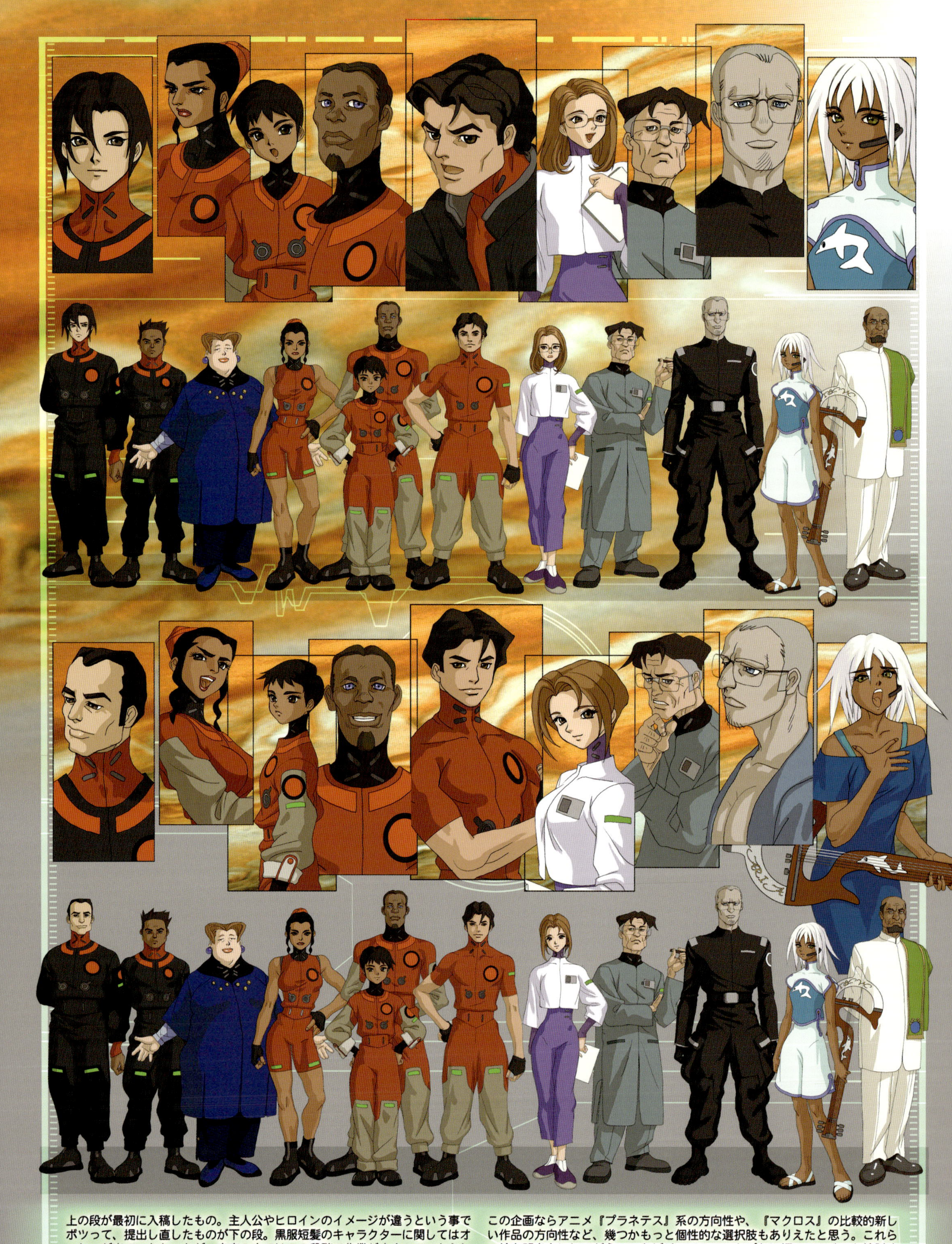

上の段が最初に入稿したもの。主人公やヒロインのイメージが違うという事でボツって、提出し直したものが下の段。黒服短髪のキャラクターに関してはオーケーが出ていなかったが、東京の方ではこの段階で作業が止まっていたらしく音沙汰が無くなる。時間が過ぎて他の仕事を入れざるを得なくなり、M氏に連絡を取って「撤退」したのだ。画集への収録は事前に了解を取っていたので問題は無い（と思う）。この企画ならアニメ『プラネテス』系の方向性や、『マクロス』の比較的新しい作品の方向性など、幾つかもっと個性的な選択肢もありえたと思う。これらの絵を叩き台にしてどういったビジュアルコンセプトに振っていくのか検討する…前の段階で作業が終了したのだ。故に独創性が薄く、平たく言えば「現実的でブナンだがありきたり」だ。僕の場合、トンガってもブナンでも作業現場に嫌がられる事がほとんどだからどちらでも同じだが（苦笑）。

OnLine Game E

『E』は韓国のオンラインゲームで、ロボット対戦系…だそうなのだが、コミュニケーションが上手くとれずに途中撤退した仕事。僕が今まで受けた仕事の中には、日本語で書いてあるにも関わらず、発注内容が矛盾していたり「よく分からない」企画が幾つかある。これはその中でもトップクラスの「難解仕事」だった。
「メカのデザイン１体分」それだけの事なのだがデザイン可能なエリアやパーツの分割、増加ユニットが何でどこまでがそうなのか、など改めて見てもよく分からない指示書だ…。文章で書いてある事は分かる。図に示してある事も分かる。だが、文章と図が矛盾だらけなのだ。可動エリアの範囲と思しき空間が色面で示してありこの図のように〜と指示が書いてある同じ図にそのエリアから大きくはみ出したサンプルのメカが描いてある、といった具合だ。
ここでは背中に増加のブースターを設定してあるが、これも「そういうもの」なのかどうかが分からない。パラメーターが変わるアイテムなのか、元々のモデルに必須の突起物なのか…。
とにかくそんな具合に「あ〜もうワケ分からん！」な仕事だった。

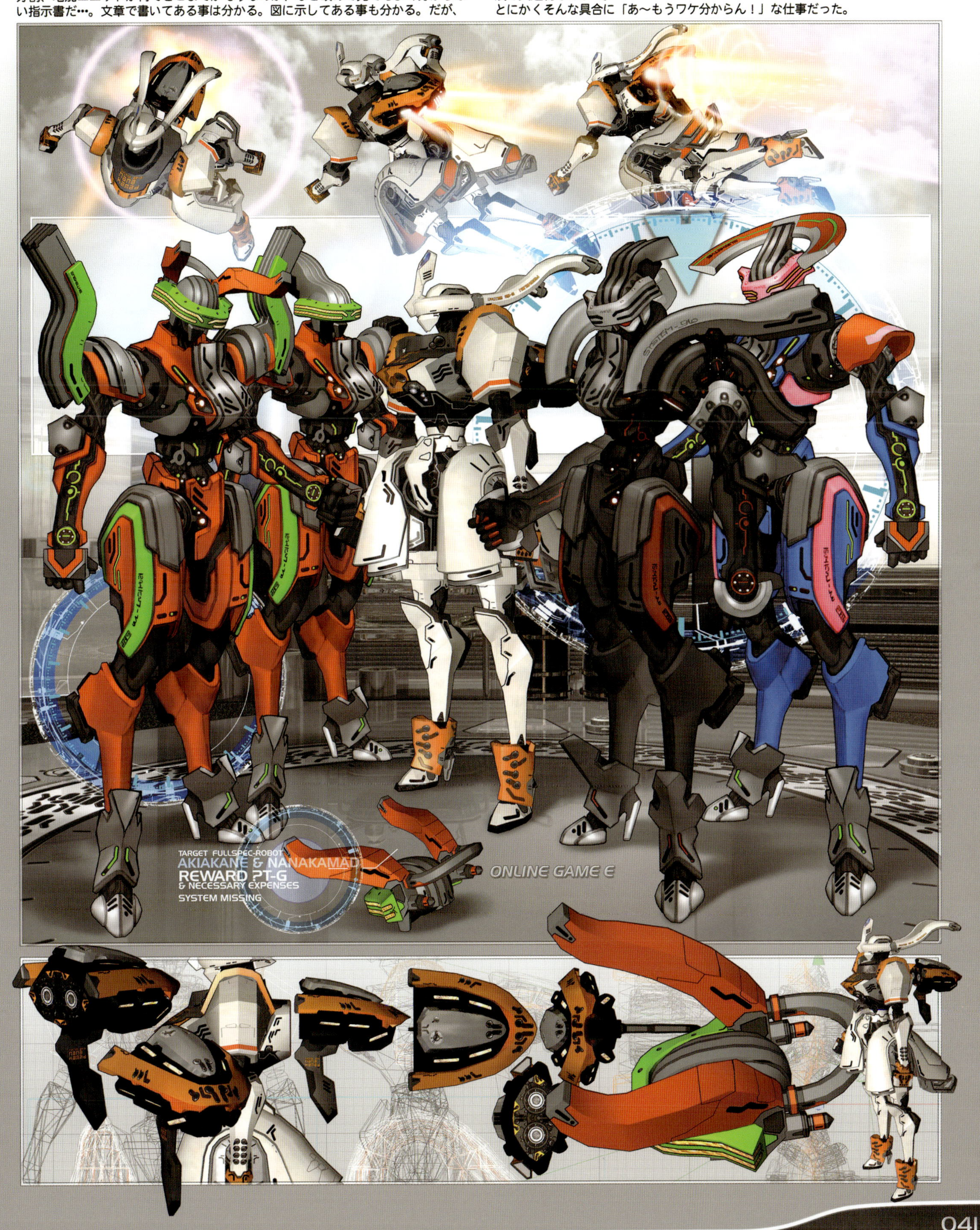

オンラインゲームという事で、細かなテクスチャーは再現されないのだがムービー部分で細部が必要になるので「とりあえずの叩き台」という感じで制作開始。

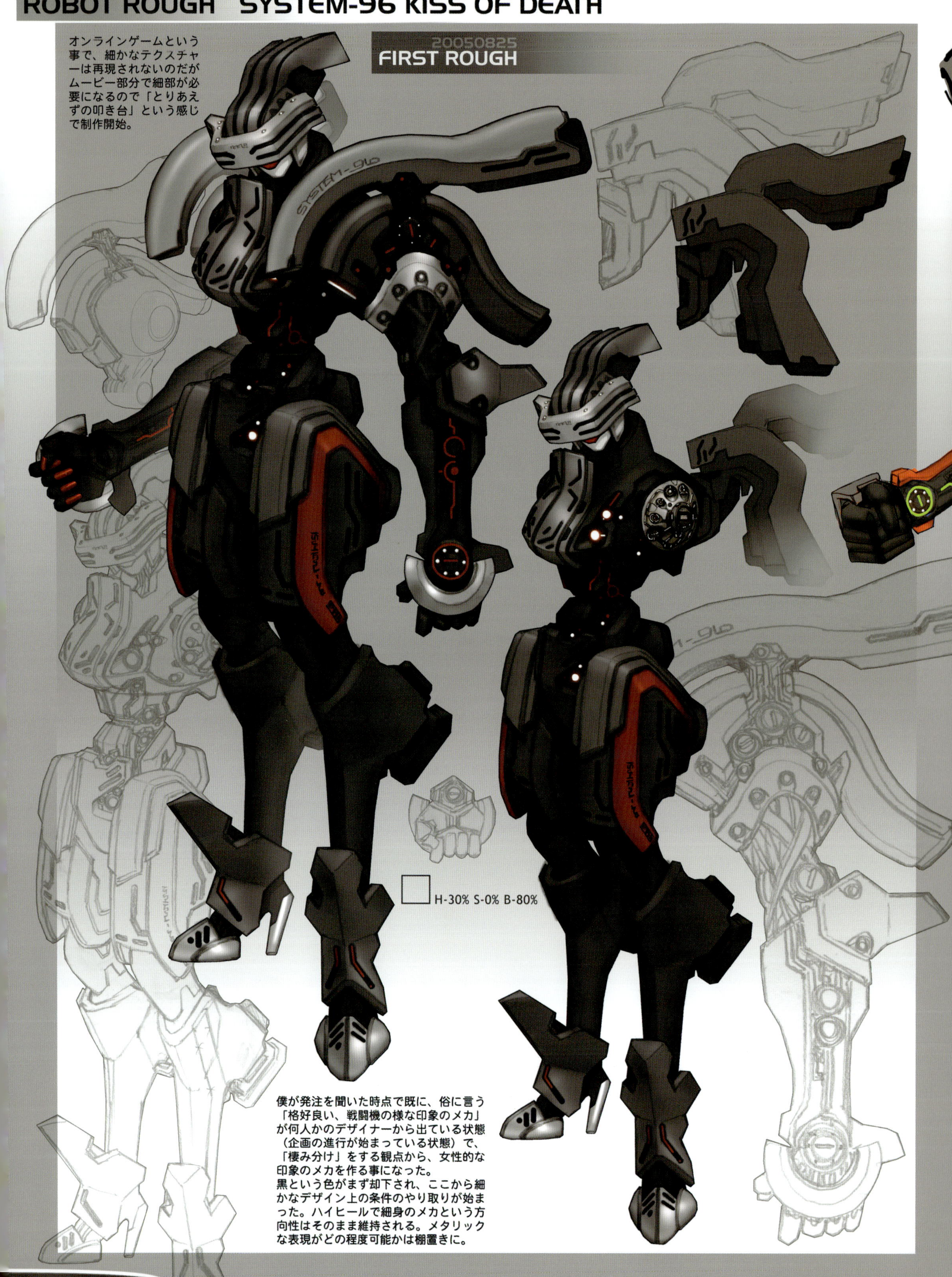

僕が発注を聞いた時点で既に、俗に言う「格好良い、戦闘機の様な印象のメカ」が何人かのデザイナーから出ている状態（企画の進行が始まっている状態）で、「棲み分け」をする観点から、女性的な印象のメカを作る事になった。
黒という色がまず却下され、ここから細かなデザイン上の条件のやり取りが始まった。ハイヒールで細身のメカという方向性はそのまま維持される。メタリックな表現がどの程度可能かは棚置きに。

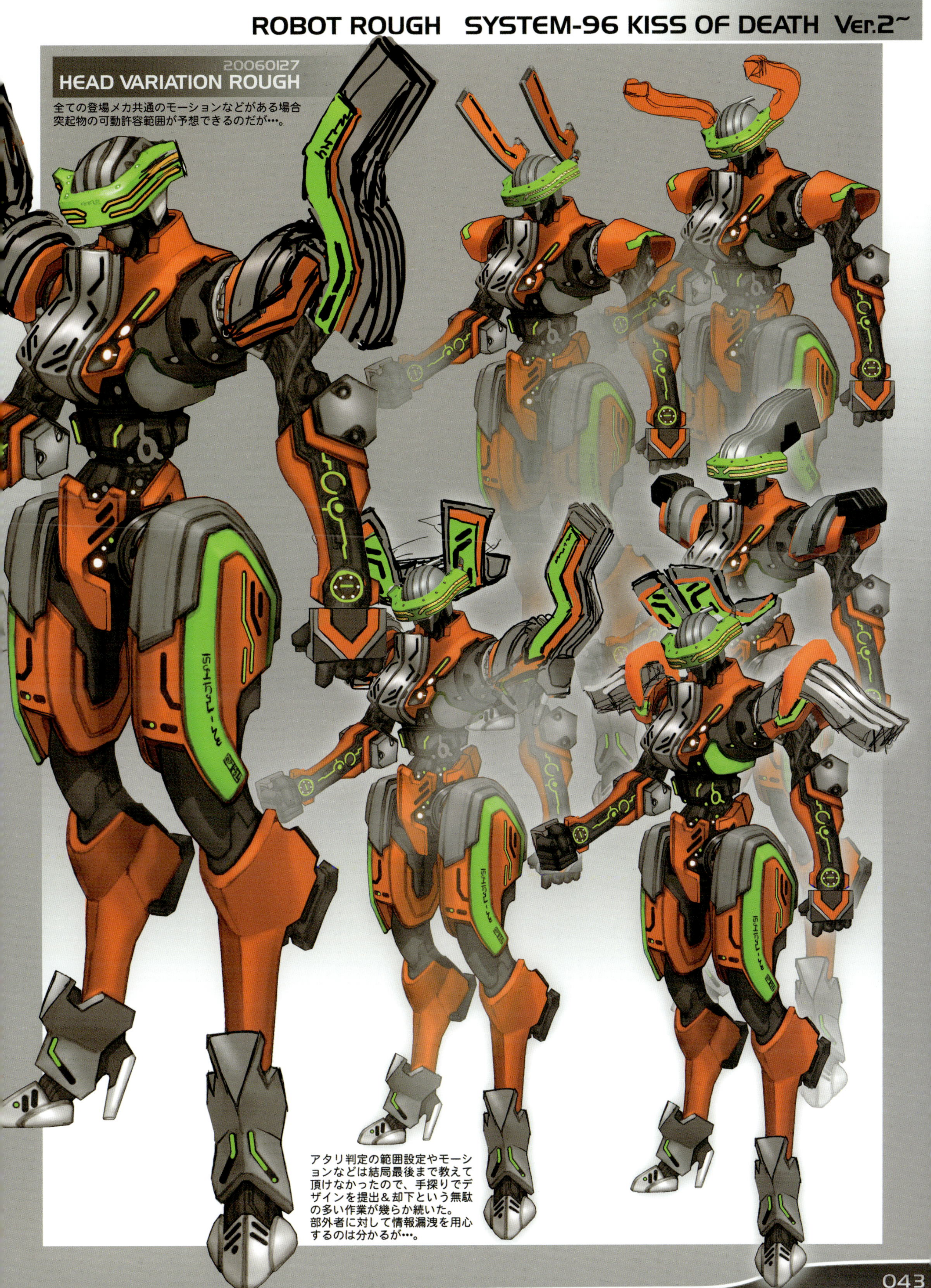

20060127
HEAD VARIATION ROUGH

全ての登場メカ共通のモーションなどがある場合
突起物の可動許容範囲が予想できるのだが…。

アタリ判定の範囲設定やモーションなどは結局最後まで教えて頂けなかったので、手探りでデザインを提出＆却下という無駄の多い作業が幾らか続いた。
部外者に対して情報漏洩を用心するのは分かるが…。

ROBOT ROUGH　SYSTEM-96-2 AKIAKANE

個人的にはこの頭の形状が気に入っていたのだが「角は却下」という事でボツ（これは仕方ない）。次のページのものが頭部の形状として好ましいという返事が返ってきた。
肩の突起物は他のデザイナーさんのメカにはあるのだが、削除するように指示が来た。

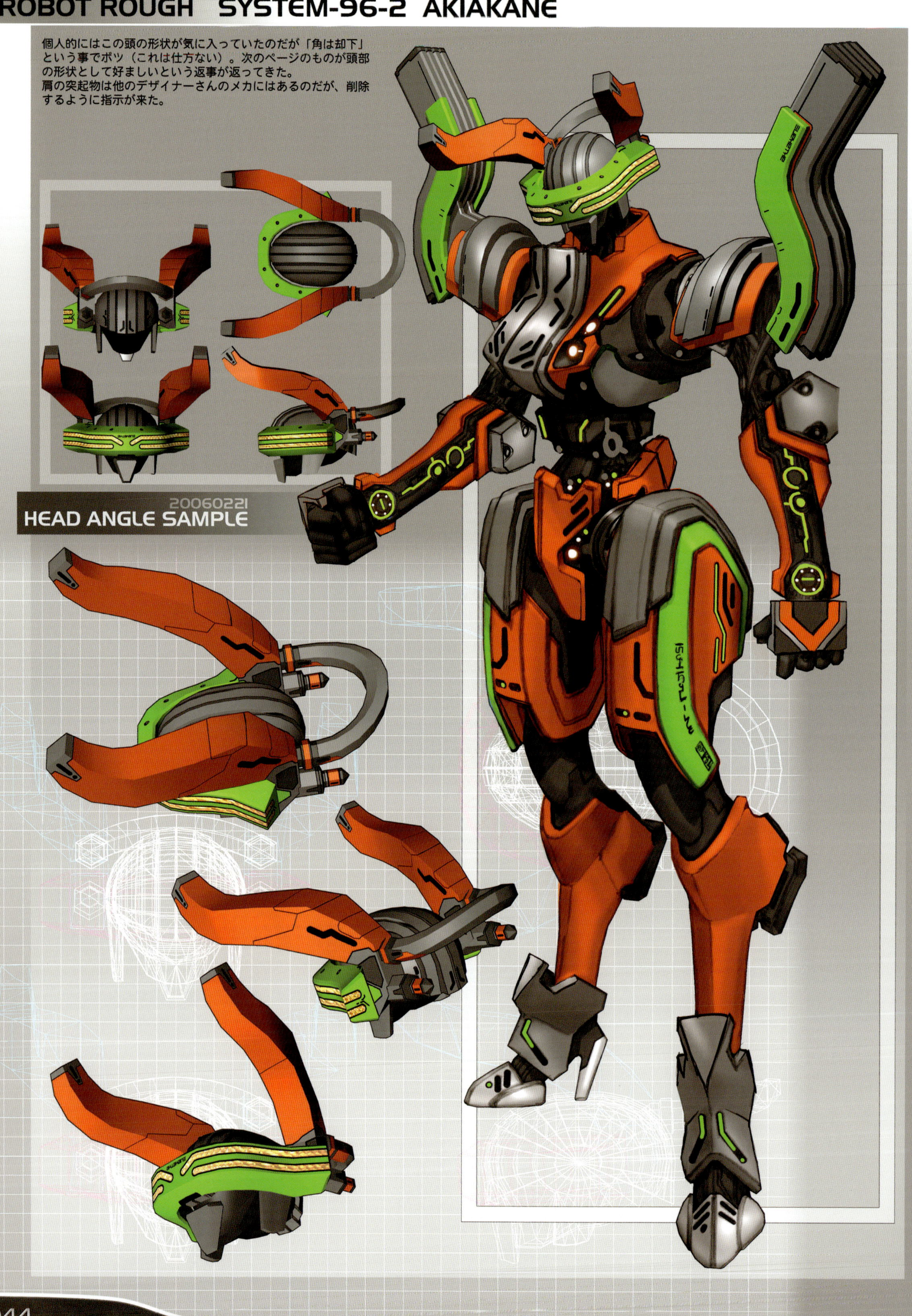

20060221
HEAD ANGLE SAMPLE

COLOR VARIATION ROUGH

20060325

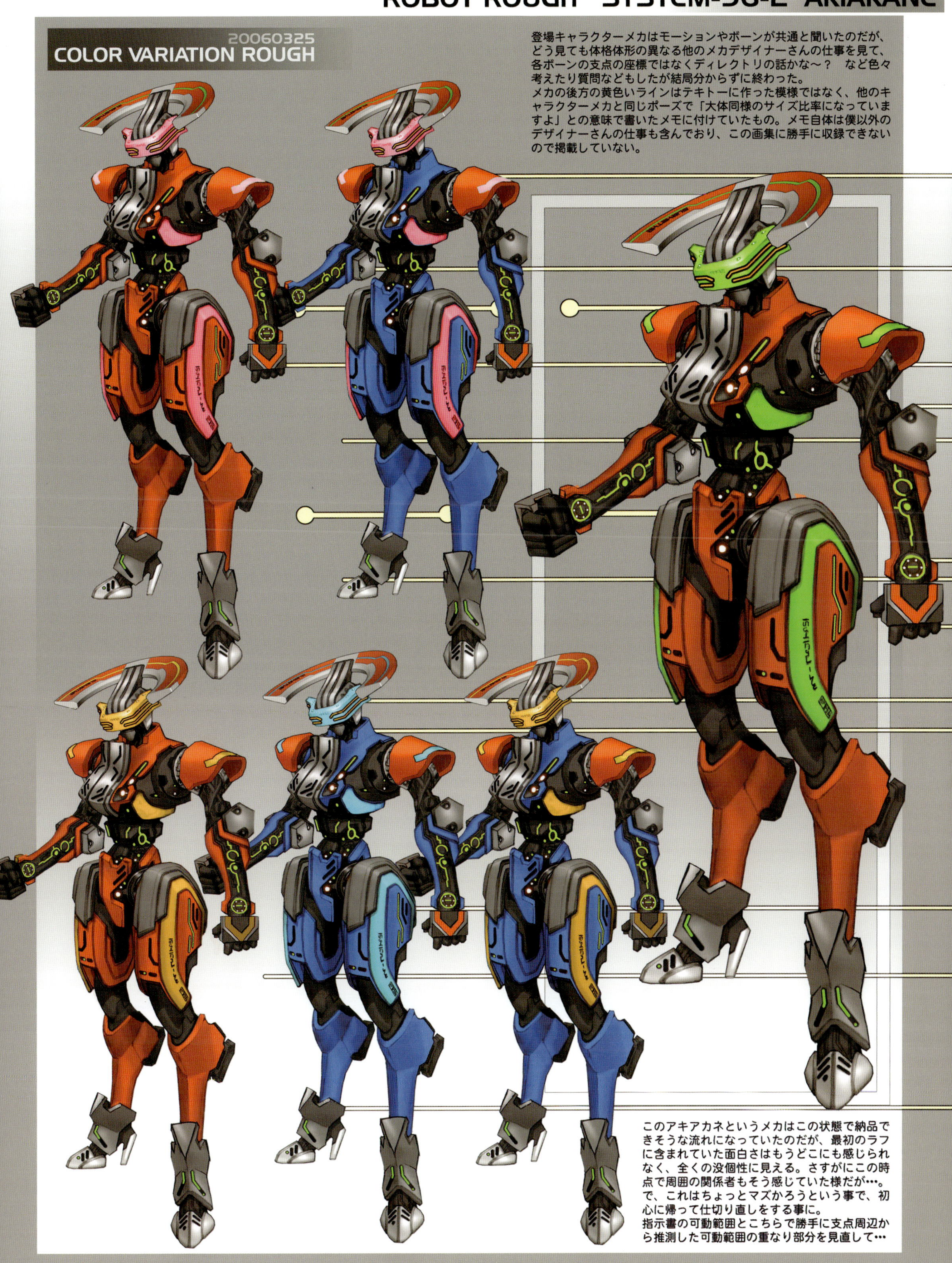

登場キャラクターメカはモーションやボーンが共通と聞いたのだが、どう見ても体格体形の異なる他のメカデザイナーさんの仕事を見て、各ボーンの支点の座標ではなくディレクトリの話かな～？　など色々考えたり質問などもしたが結局分からずに終わった。
メカの後方の黄色いラインはテキトーに作った模様ではなく、他のキャラクターメカと同じポーズで「大体同様のサイズ比率になっていますよ」との意味で書いたメモに付けていたもの。メモ自体は僕以外のデザイナーさんの仕事も含んでおり、この画集に勝手に収録できないので掲載していない。

このアキアカネというメカはこの状態で納品できそうな流れになっていたのだが、最初のラフに含まれていた面白さはもうどこにも感じられなく、全くの没個性に見える。さすがにこの時点で周囲の関係者もそう感じていた様だが…。
で、これはちょっとマズかろうという事で、初心に帰って仕切り直しをする事に。
指示書の可動範囲とこちらで勝手に支点周辺から推測した可動範囲の重なり部分を見直して…

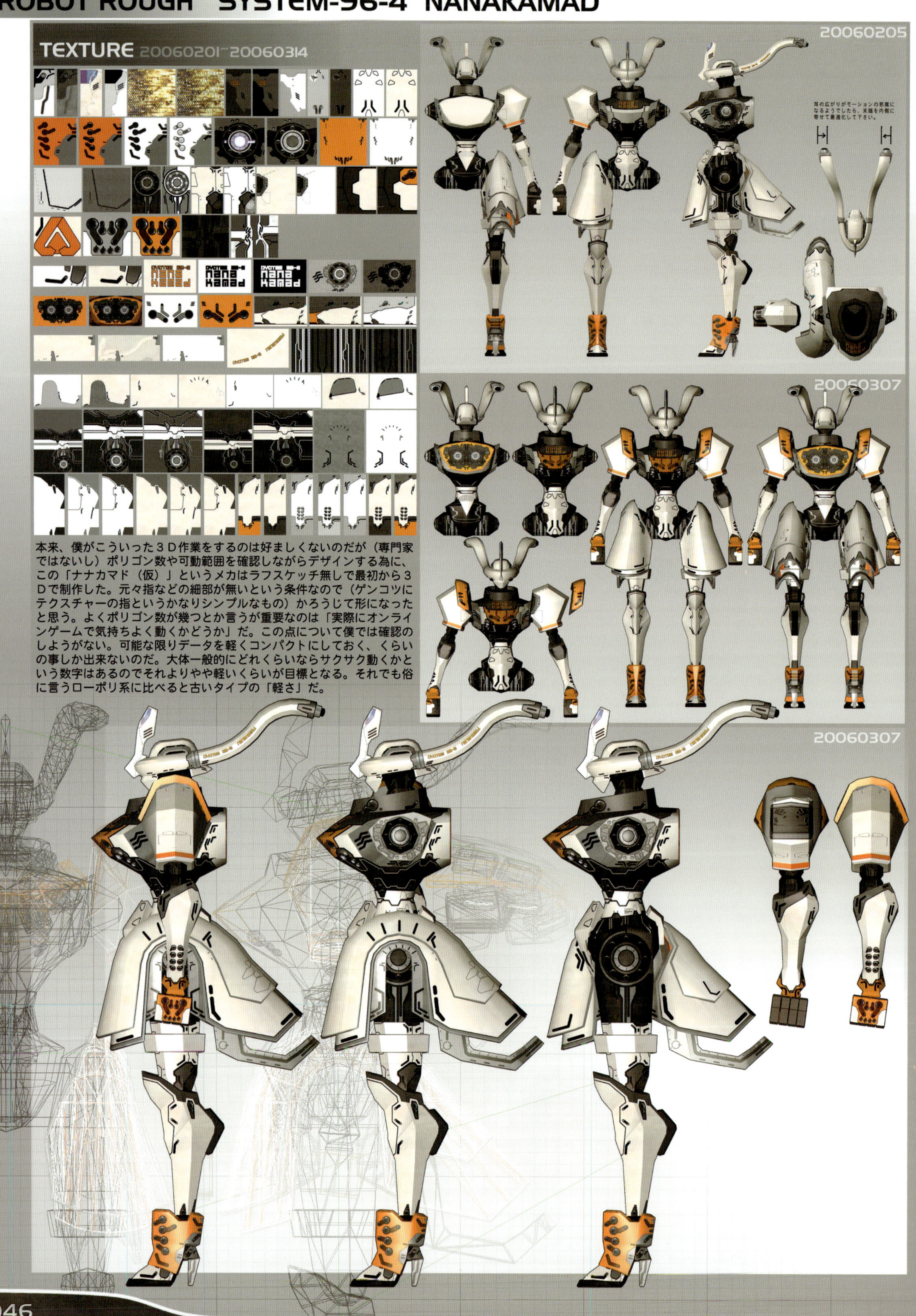

本来、僕がこういった３Ｄ作業をするのは好ましくないのだが（専門家ではないし）ポリゴン数や可動範囲を確認しながらデザインする為に、この「ナナカマド（仮）」というメカはラフスケッチ無しで最初から３Ｄで制作した。元々指などの細部が無いという条件なので（ゲンコツにテクスチャーの指というかなりシンプルなもの）かろうじて形になったと思う。よくポリゴン数が幾つとか言うが重要なのは「実際にオンラインゲームで気持ちよく動くかどうか」だ。この点について僕では確認のしようがない。可能な限りデータを軽くコンパクトにしておく、くらいの事しか出来ないのだ。大体一般的にどれくらいならサクサク動くかという数字はあるのでそれよりやや軽いくらいが目標となる。それでも俗に言うローポリ系に比べると古いタイプの「軽さ」だ。

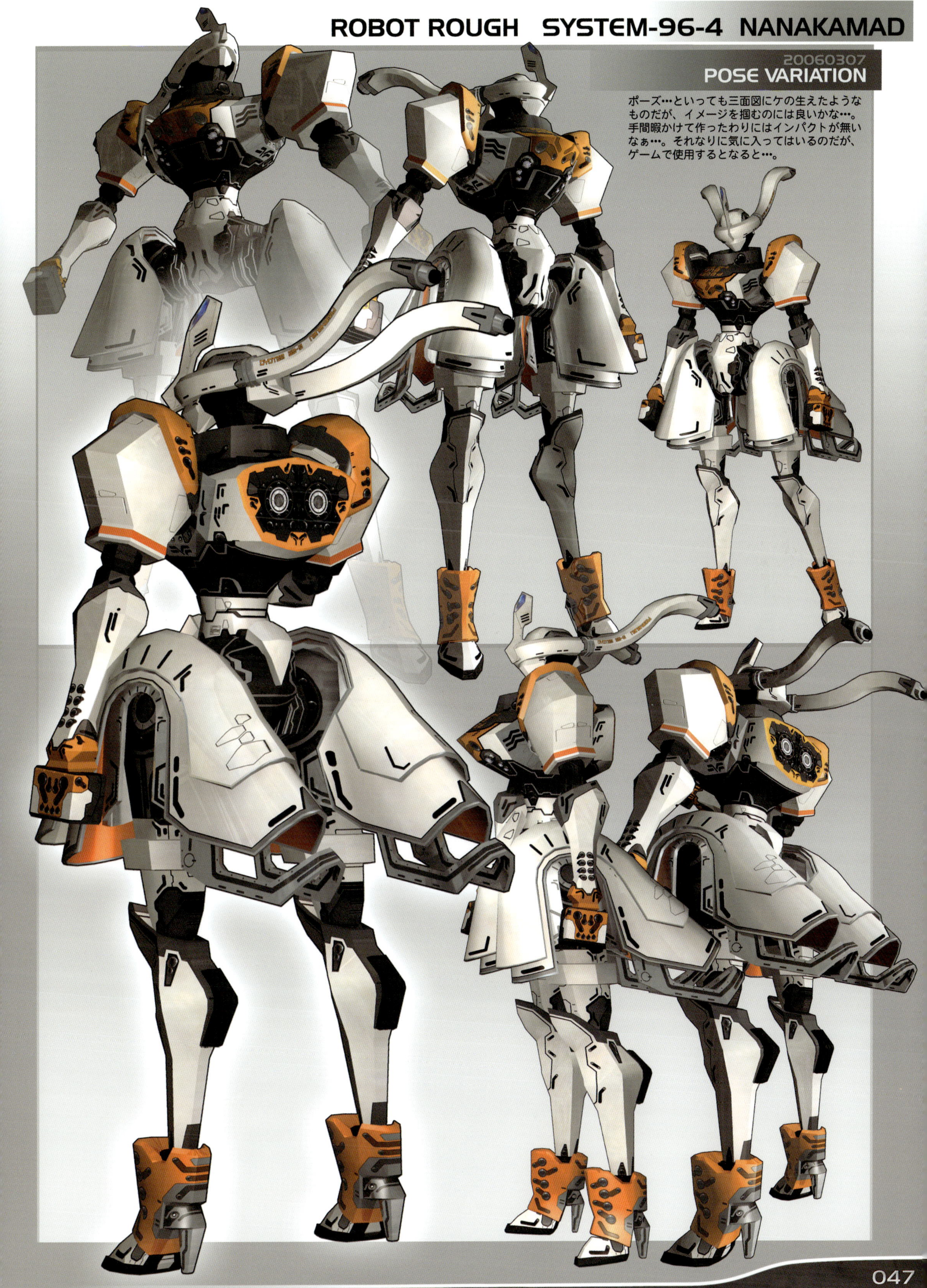

20060307

POSE VARIATION

ポーズ…といっても三面図にケの生えたようなものだが、イメージを掴むのには良いかな…。手間暇かけて作ったわりにはインパクトが無いなぁ…。それなりに気に入ってはいるのだが、ゲームで使用するとなると…。

ROBOT ROUGH　SYSTEM-96-4　NANAKAMAD

BACK PACK 20060314

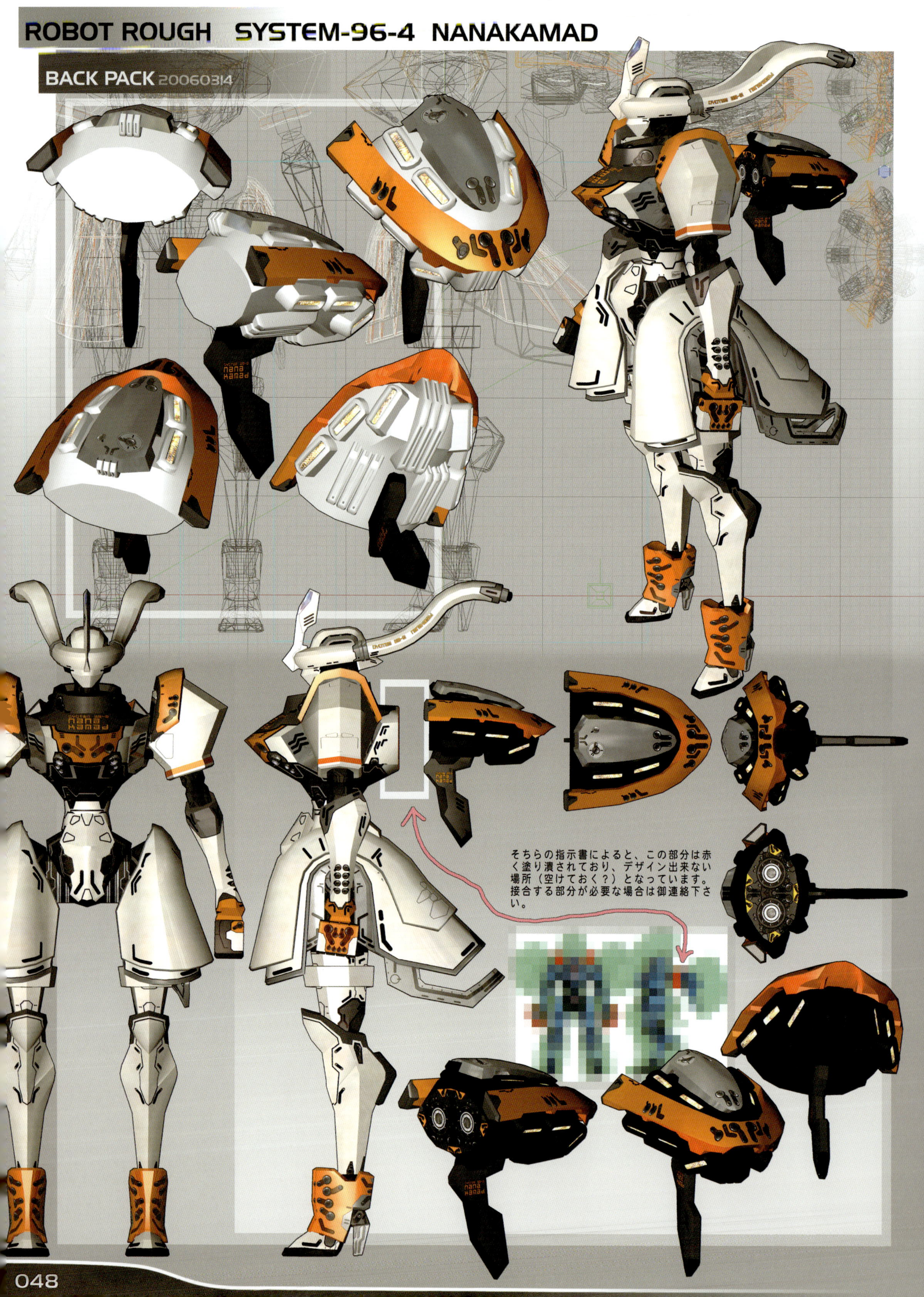

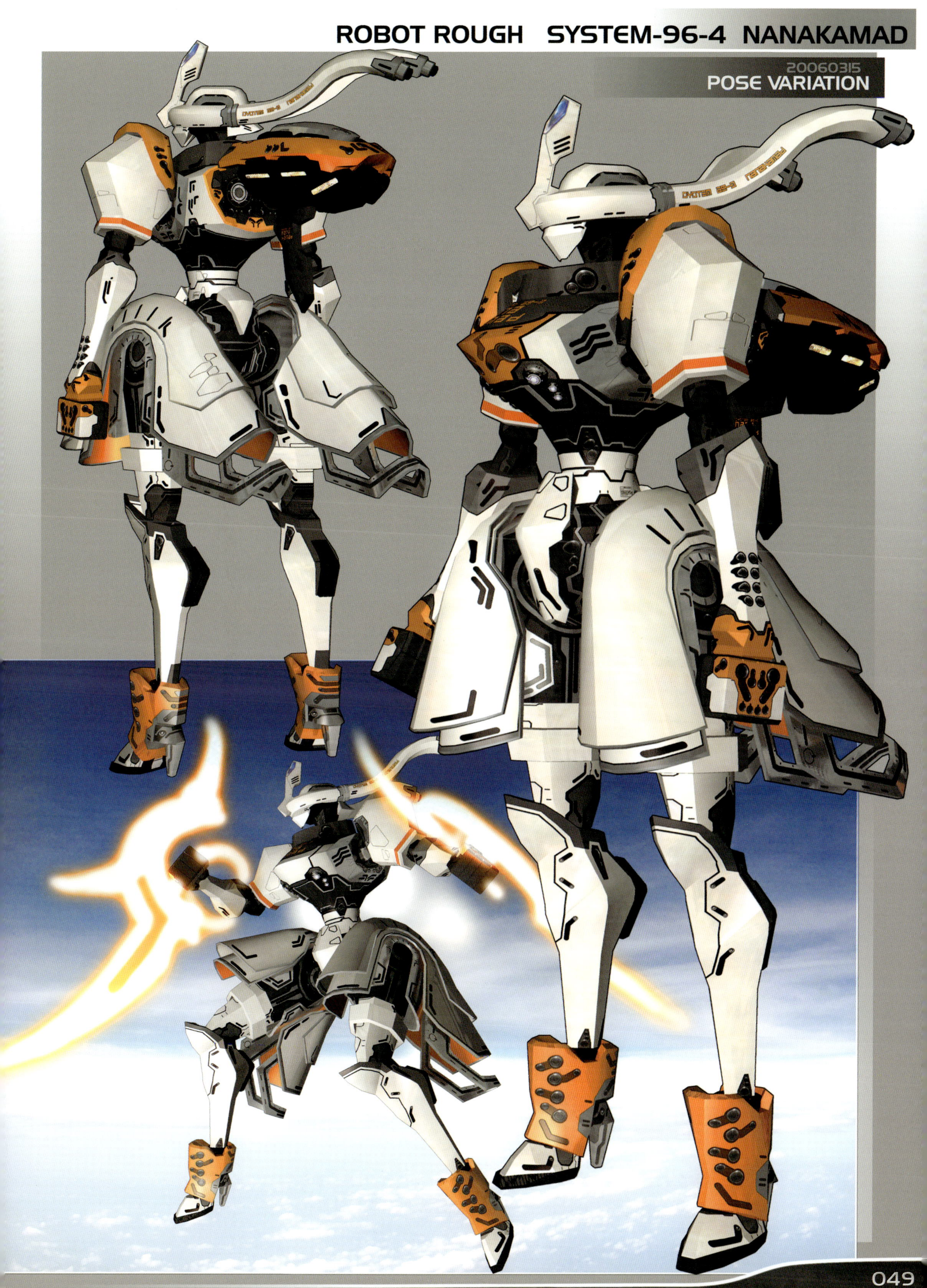
20060315
POSE VARIATION

BACK PACK 20060316

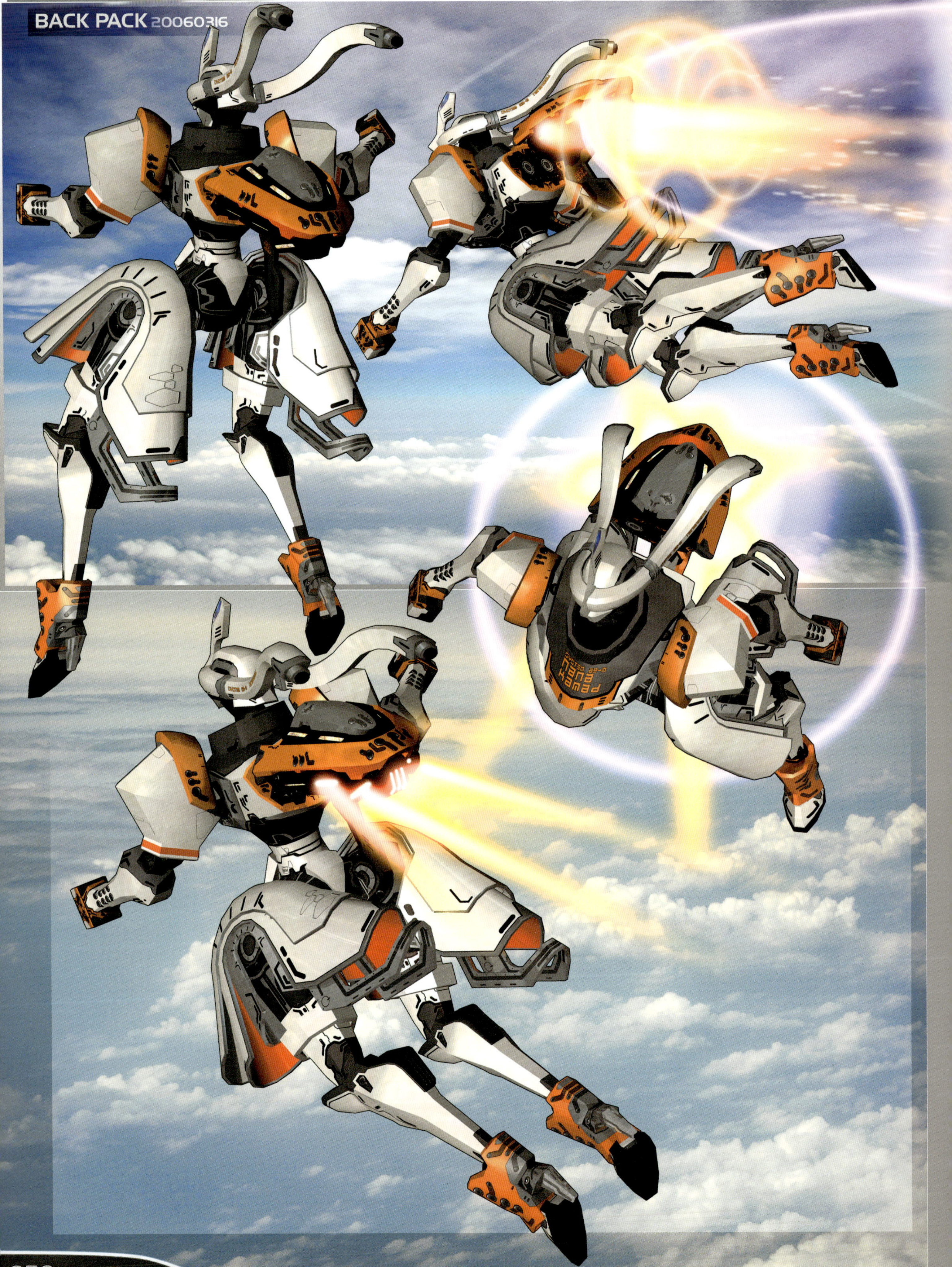

RF-ONLINE NETWORK GAME

『RF-ONLINE』は韓国のネットワークゲーム。３つの種族、３つの職種で互いに戦う対戦系。キャラクター達はレベルアップに伴い衣装装備が変わる。このゲームを日本でも展開する事になり、レベル３０周辺で新しい衣装装備デザインを追加したいという事で依頼が来た仕事。大体の種族の特徴や衣装装備の系譜があり、そこから大きく外れない範囲でのデザイン作業だ。ポリゴン数などあまり細かいことは気にせずかなり自由にさせて頂いた（多謝！）。

一見するとキャラクター設定のようにも見えるが、キャラクターのベースボディは既存の設定をそのまま踏襲したもので、あくまで僕の仕事は「衣装装備のみ」である。ロボットみたいな外見の「アクレシア種族」はシリーズイメージをトレースしたものだが、他に比べるとオリジナル要素が多い。性別が無いので３職種があるのみ。中型の種族は「コラ」、小型の種族は「ベラート」という種族名。参加プレイヤーのコマであって各キャラクター個別の名前や個性が設定として存在するわけではない。

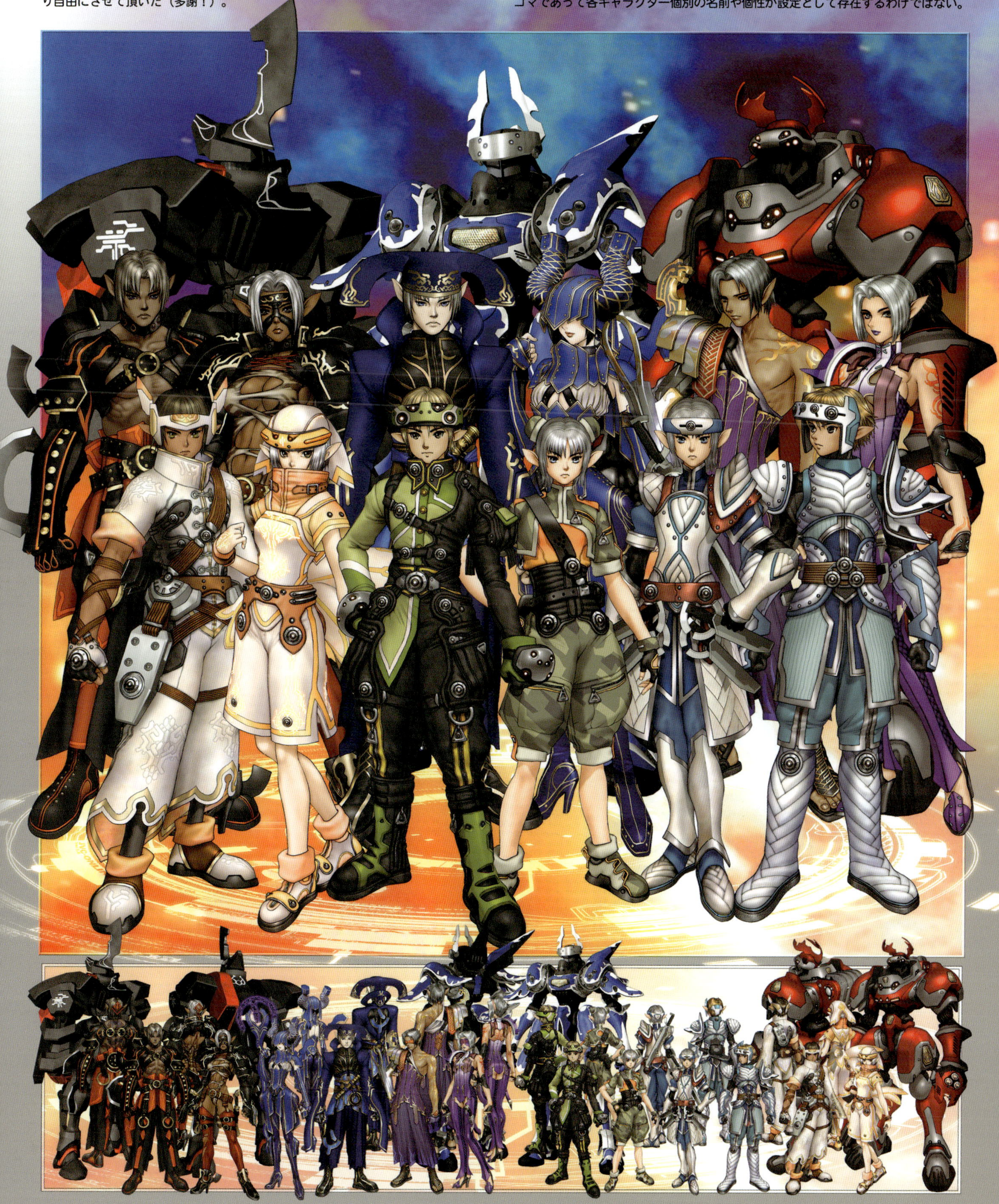

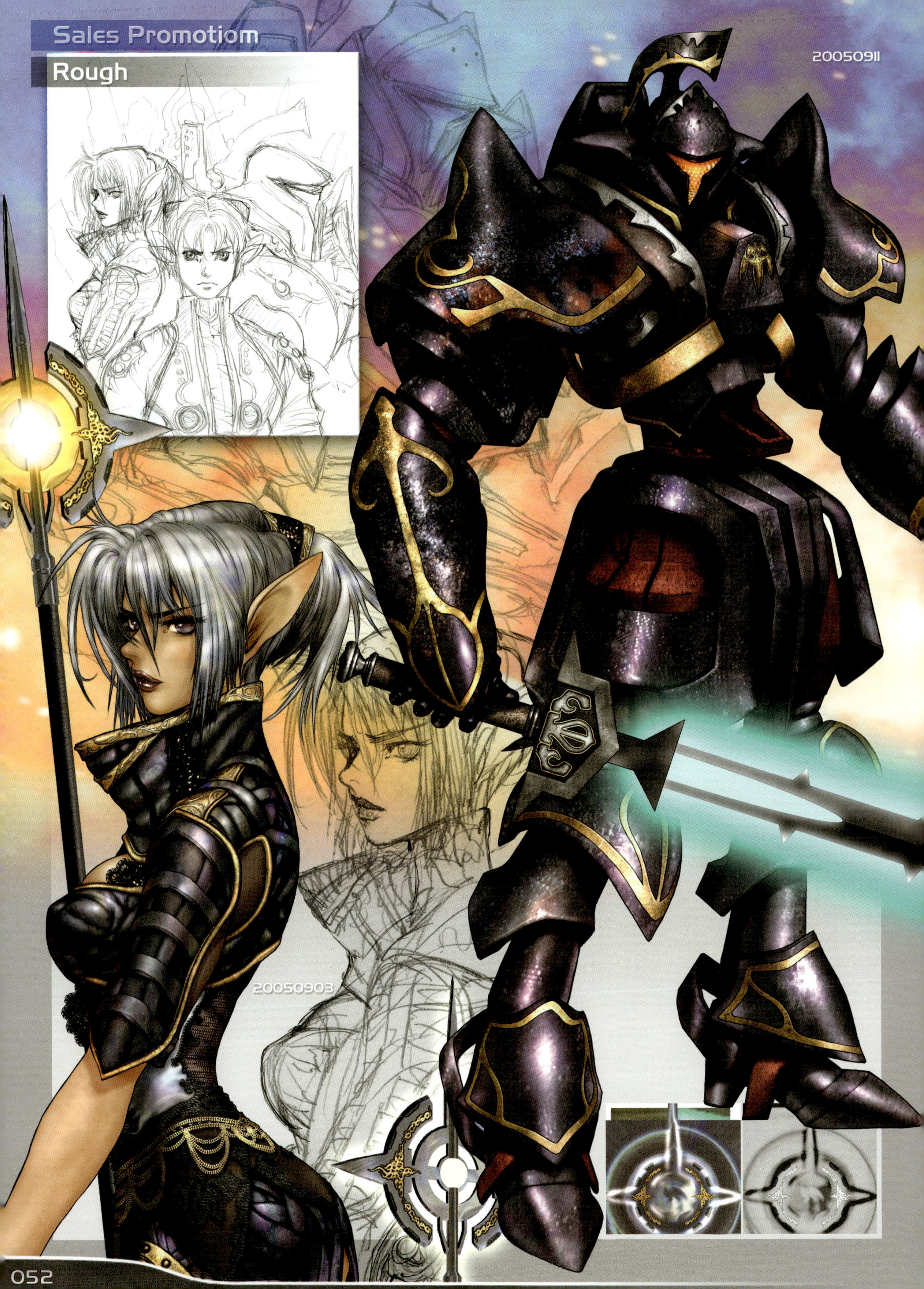
20050911
20050903

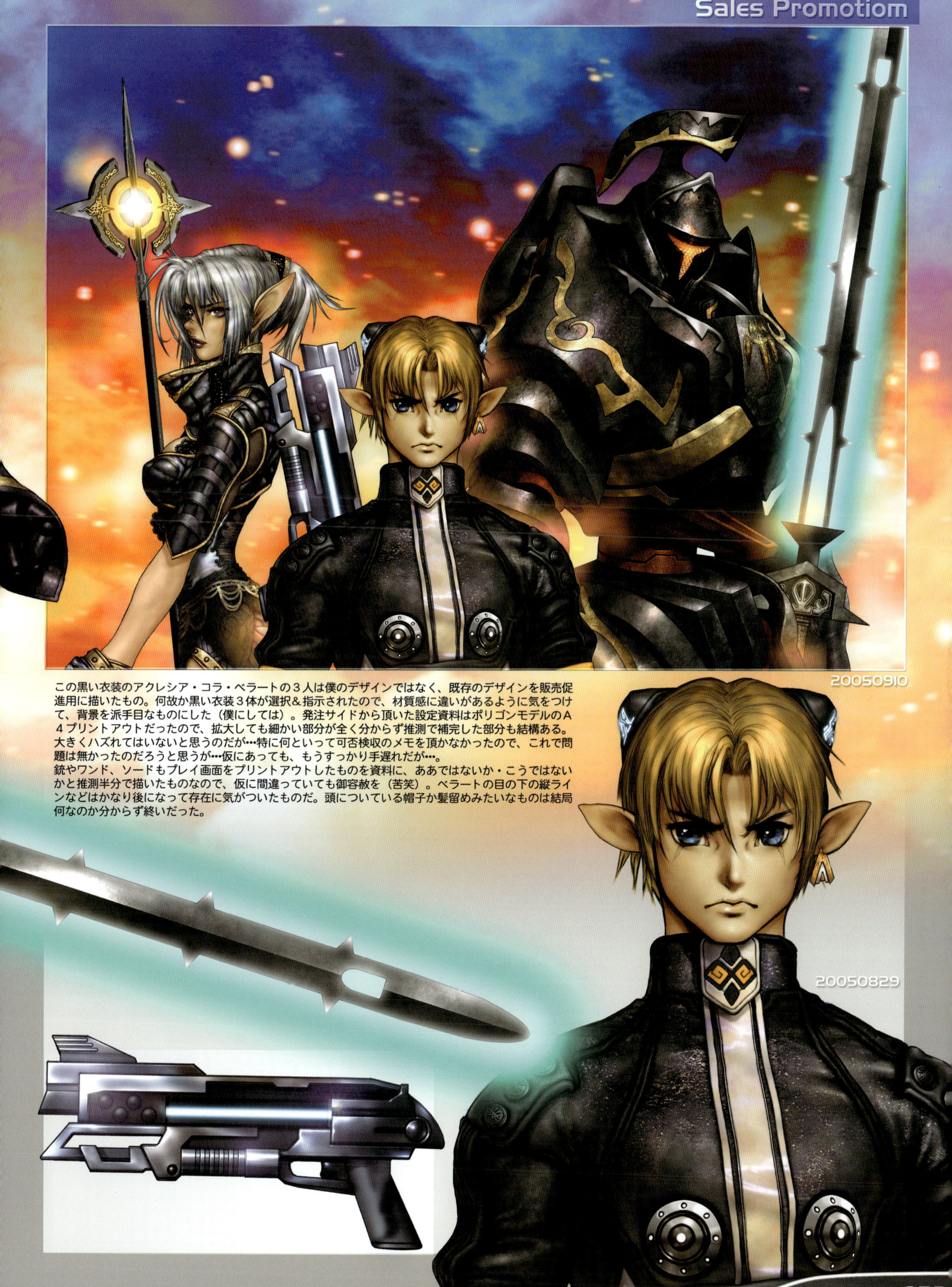

20050910

この黒い衣装のアクレシア・コラ・ベラートの３人は僕のデザインではなく、既存のデザインを販売促進用に描いたもの。何故か黒い衣装３体が選択＆指示されたので、材質感に違いがあるように気をつけて、背景を派手目なものにした（僕にしては）。発注サイドから頂いた設定資料はポリゴンモデルのＡ４プリントアウトだったので、拡大しても細かい部分が全く分からず推測で補完した部分も結構ある。大きくハズれてはいないと思うのだが…特に何といって可否検収のメモを頂かなかったので、これで問題は無かったのだろうと思うが…仮にあっても、もうすっかり手遅れだが…。

銃やワンド、ソードもプレイ画面をプリントアウトしたものを資料に、ああではないか・こうではないかと推測半分で描いたものなので、仮に間違っていても御容赦を（苦笑）。ベラートの目の下の縦ラインなどはかなり後になって存在に気がついたものだ。頭についている帽子か髪留めみたいなものは結局何なのか分からず終いだった。

20050829

Rough

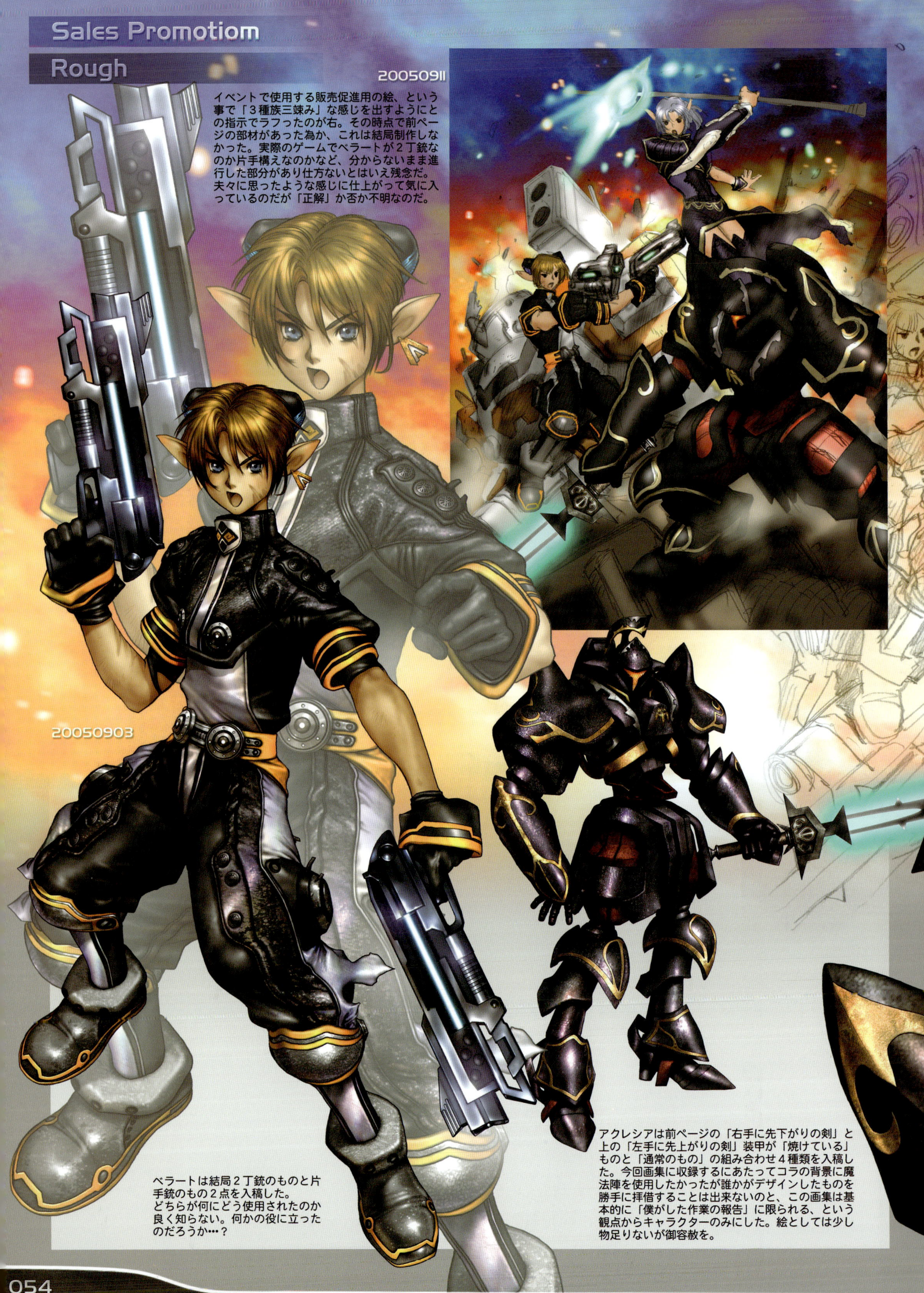

20050911

イベントで使用する販売促進用の絵、という事で「３種族三竦み」な感じを出すようにとの指示でラフったのが右。その時点で前ページの部材があった為か、これは結局制作しなかった。実際のゲームでベラートが２丁銃なのか片手構えなのかなど、分からないまま進行した部分があり仕方ないとはいえ残念だ。夫々に思ったような感じに仕上がって気に入っているのだが「正解」か否か不明なのだ。

20050903

ベラートは結局２丁銃のものと片手銃のもの２点を入稿した。
どちらが何にどう使用されたのか良く知らない。何かの役に立ったのだろうか…？

アクレシアは前ページの「右手に先下がりの剣」と上の「左手に先上がりの剣」装甲が「焼けている」ものと「通常のもの」の組み合わせ４種類を入稿した。今回画集に収録するにあたってコラの背景に魔法陣を使用したかったが誰かがデザインしたものを勝手に拝借することは出来ないのと、この画集は基本的に「僕がした作業の報告」に限られる、という観点からキャラクターのみにした。絵としては少し物足りないが御容赦を。

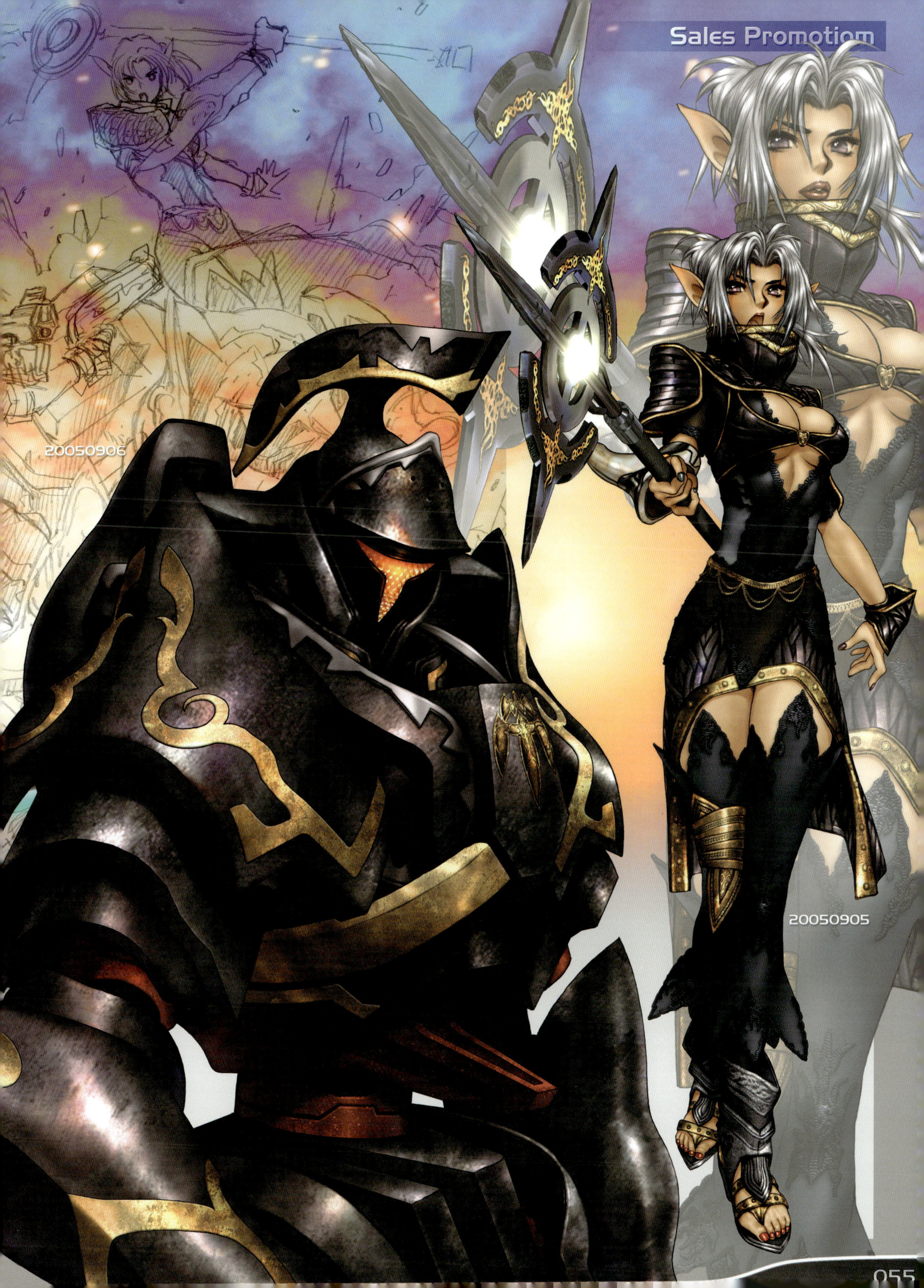
20050906
20050905

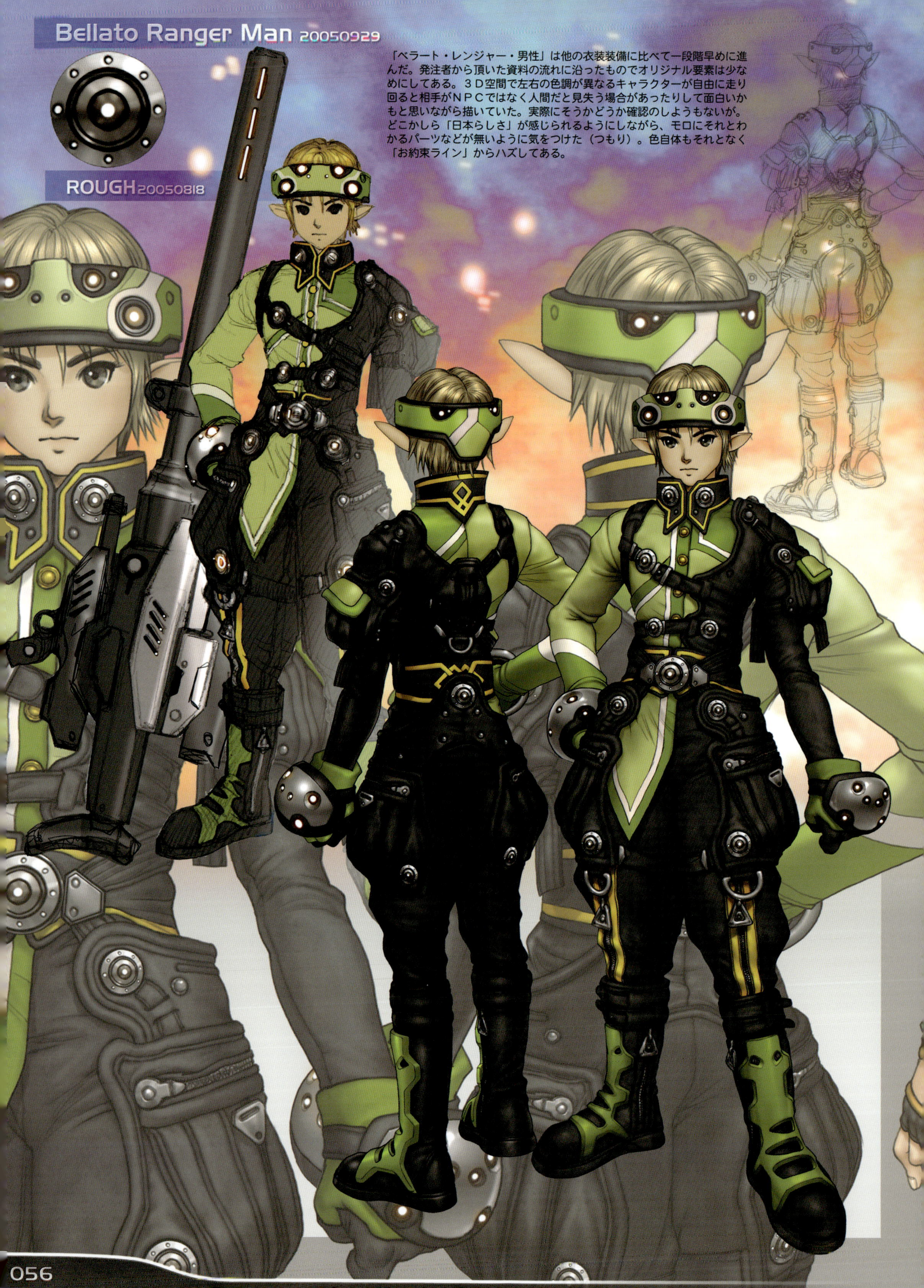

Bellato Ranger Man 20050929

「ベラート・レンジャー・男性」は他の衣装装備に比べて一段階早めに進んだ。発注者から頂いた資料の流れに沿ったものでオリジナル要素は少なめにしてある。３Ｄ空間で左右の色調が異なるキャラクターが自由に走り回ると相手がＮＰＣではなく人間だと見失う場合があったりして面白いかもと思いながら描いていた。実際にそうかどうか確認のしようもないが。どこかしら「日本らしさ」が感じられるようにしながら、モロにそれとわかるパーツなどが無いように気をつけた（つもり）。色自体もそれとなく「お約束ライン」からハズしてある。

ROUGH 20050818

20051014 Bellato Ranger Woman

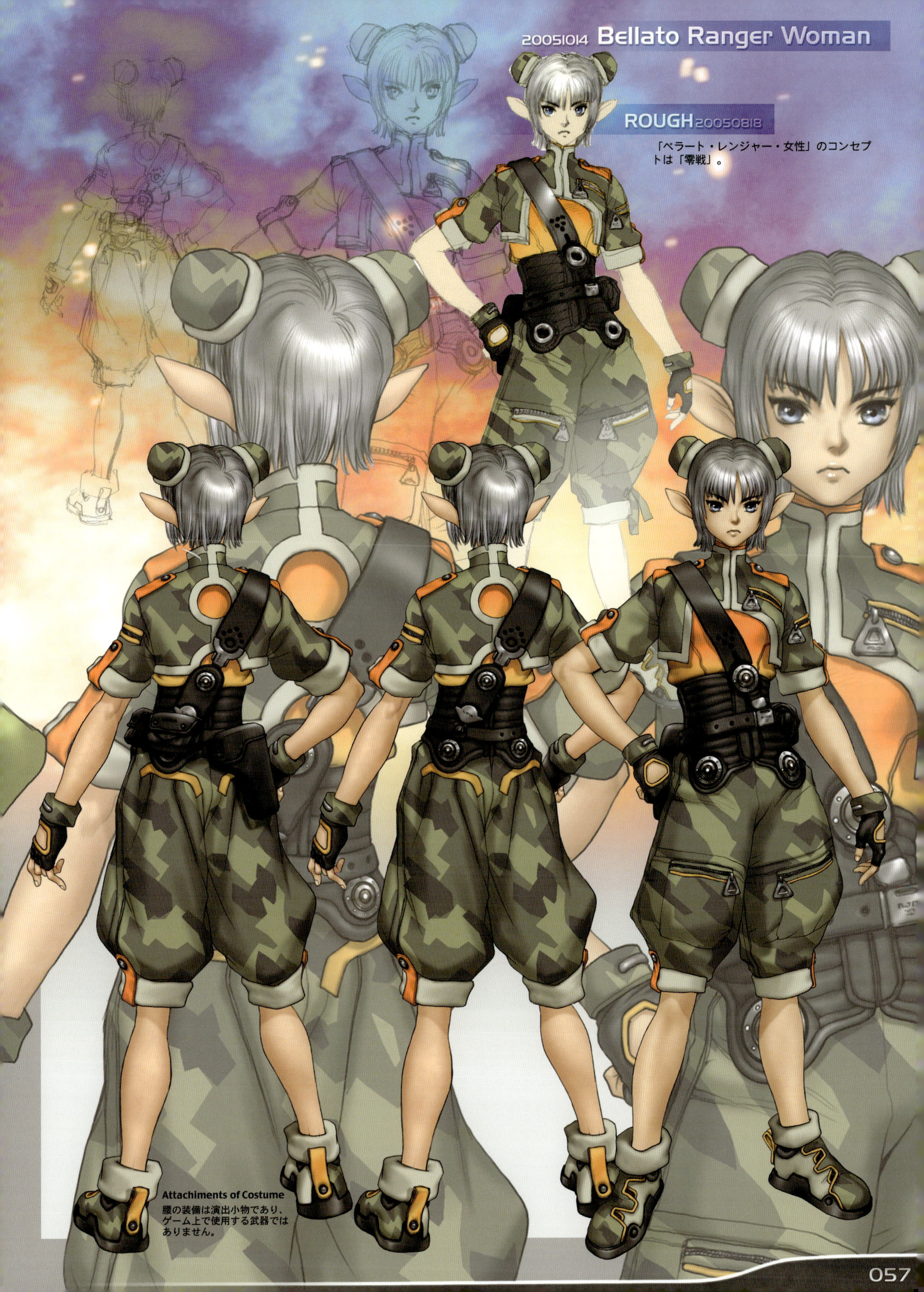

ROUGH 20050818

「ベラート・レンジャー・女性」のコンセプトは「零戦」。

Attachiments of Costume

腰の装備は演出小物であり、ゲーム上で使用する武器ではありません。

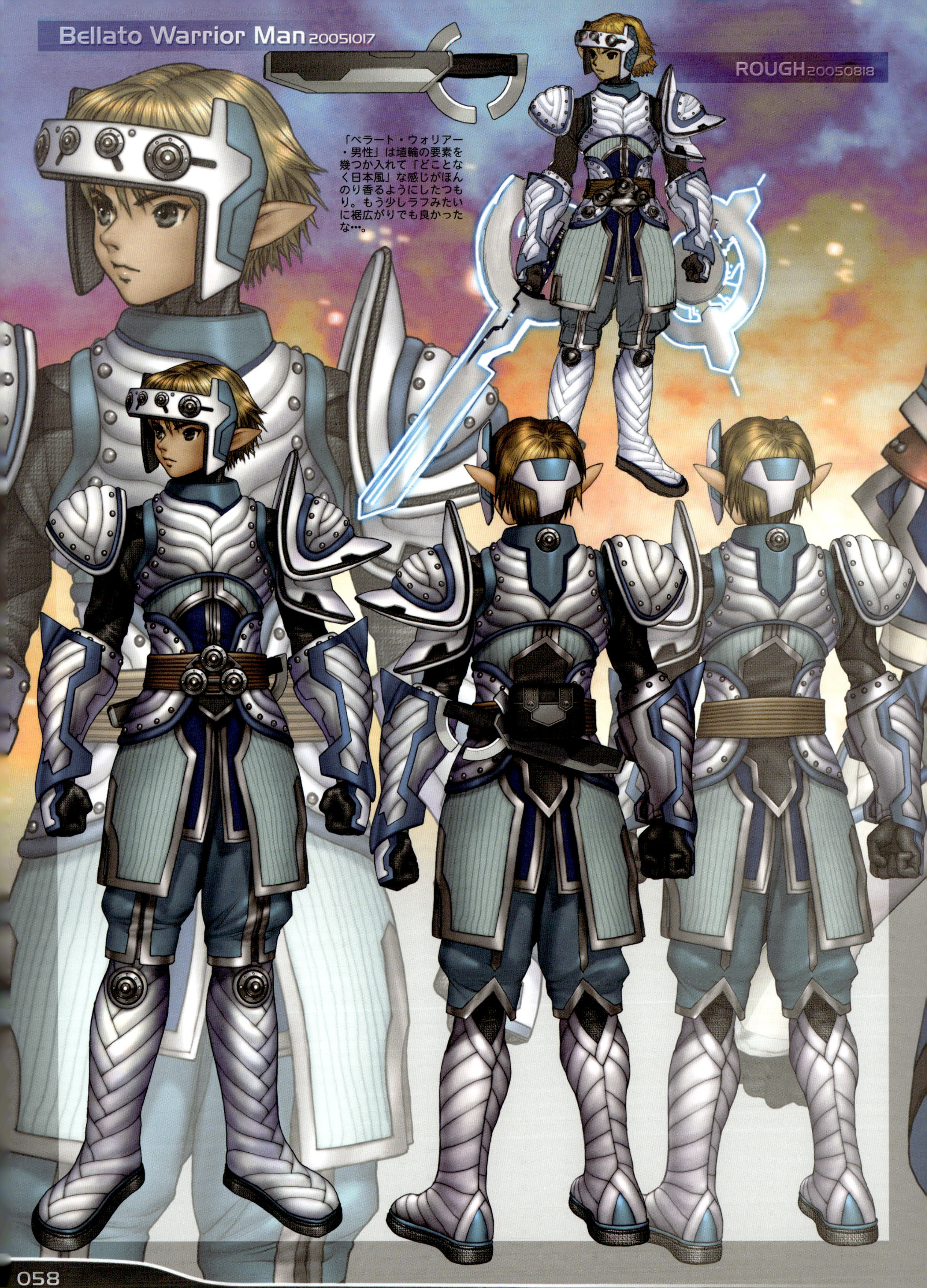
Bellato Warrior Man 20051017
ROUGH 20050818
「ベラート・ウォリアー・男性」は埴輪の要素を幾つか入れて「どことなく日本風」な感じがほんのり香るようにしたつもり。もう少しラフみたいに裾広がりでも良かったな…。

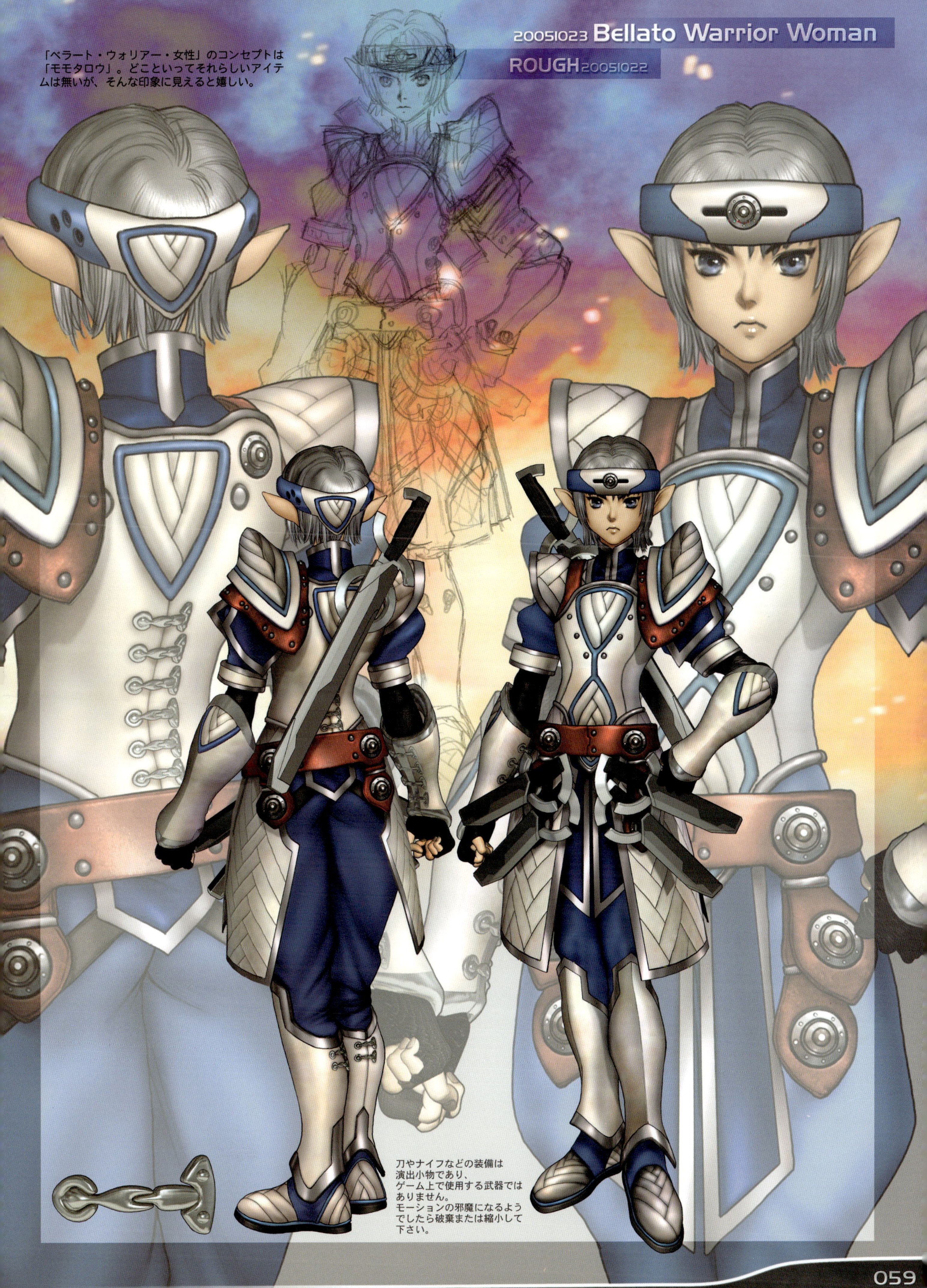
20051023 Bellato Warrior Woman
ROUGH 20051022
「ベラート・ウォリアー・女性」のコンセプトは「モモタロウ」。どこといってそれらしいアイテムは無いが、そんな印象に見えると嬉しい。
刀やナイフなどの装備は演出小物であり、ゲーム上で使用する武器ではありません。モーションの邪魔になるようでしたら破棄または縮小して下さい。

Bellato Force Man 20051109

ROUGH 20051106

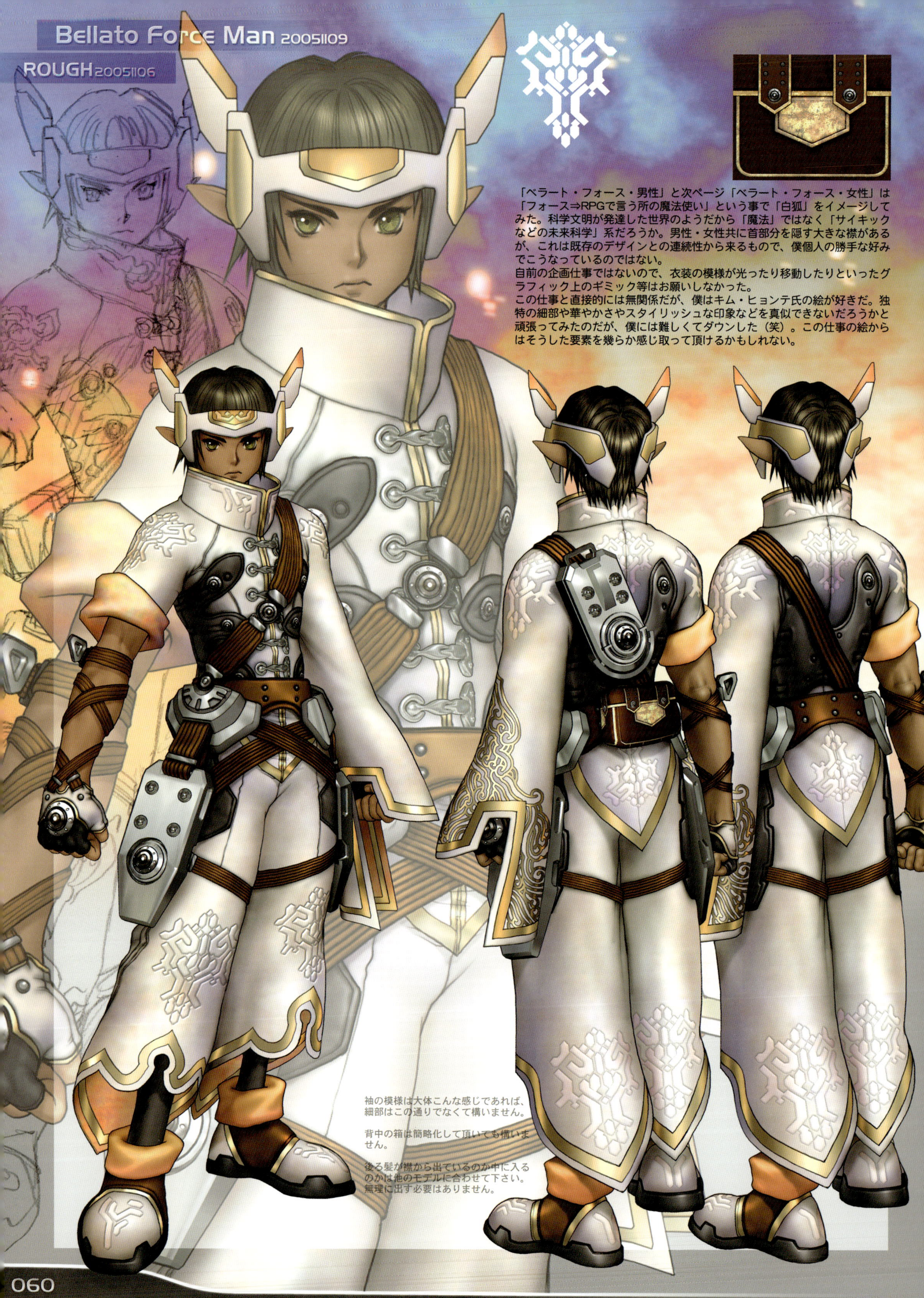

「ベラート・フォース・男性」と次ページ「ベラート・フォース・女性」は「フォース⇒RPGで言う所の魔法使い」という事で「白狐」をイメージしてみた。科学文明が発達した世界のようだから「魔法」ではなく「サイキックなどの未来科学」系だろうか。男性・女性共に首部分を隠す大きな襟があるが、これは既存のデザインとの連続性から来るもので、僕個人の勝手な好みでこうなっているのではない。
自前の企画仕事ではないので、衣装の模様が光ったり移動したりといったグラフィック上のギミック等はお願いしなかった。
この仕事と直接的には無関係だが、僕はキム・ヒョンテ氏の絵が好きだ。独特の細部や華やかさやスタイリッシュな印象などを真似できないだろうかと頑張ってみたのだが、僕には難しくてダウンした（笑）。この仕事の絵からはそうした要素を幾らか感じ取って頂けるかもしれない。

20051105 Bellato Force Woman

ROUGH 20050818

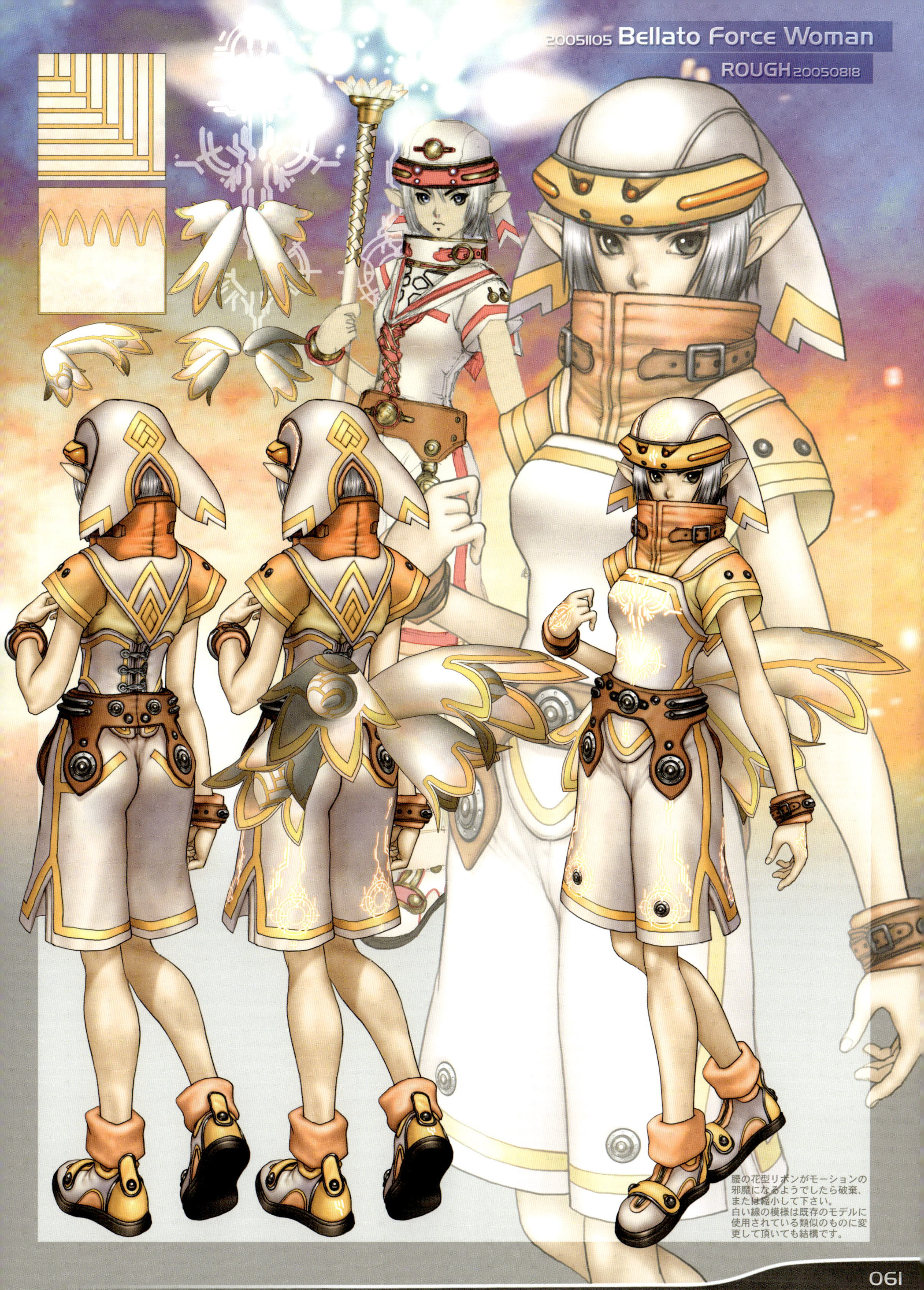

腰の花型リボンがモーションの邪魔になるようでしたら破棄、または縮小して下さい。
白い線の模様は既存のモデルに使用されている類似のものに変更して頂いても結構です。

Cora Ranger Man 20051003

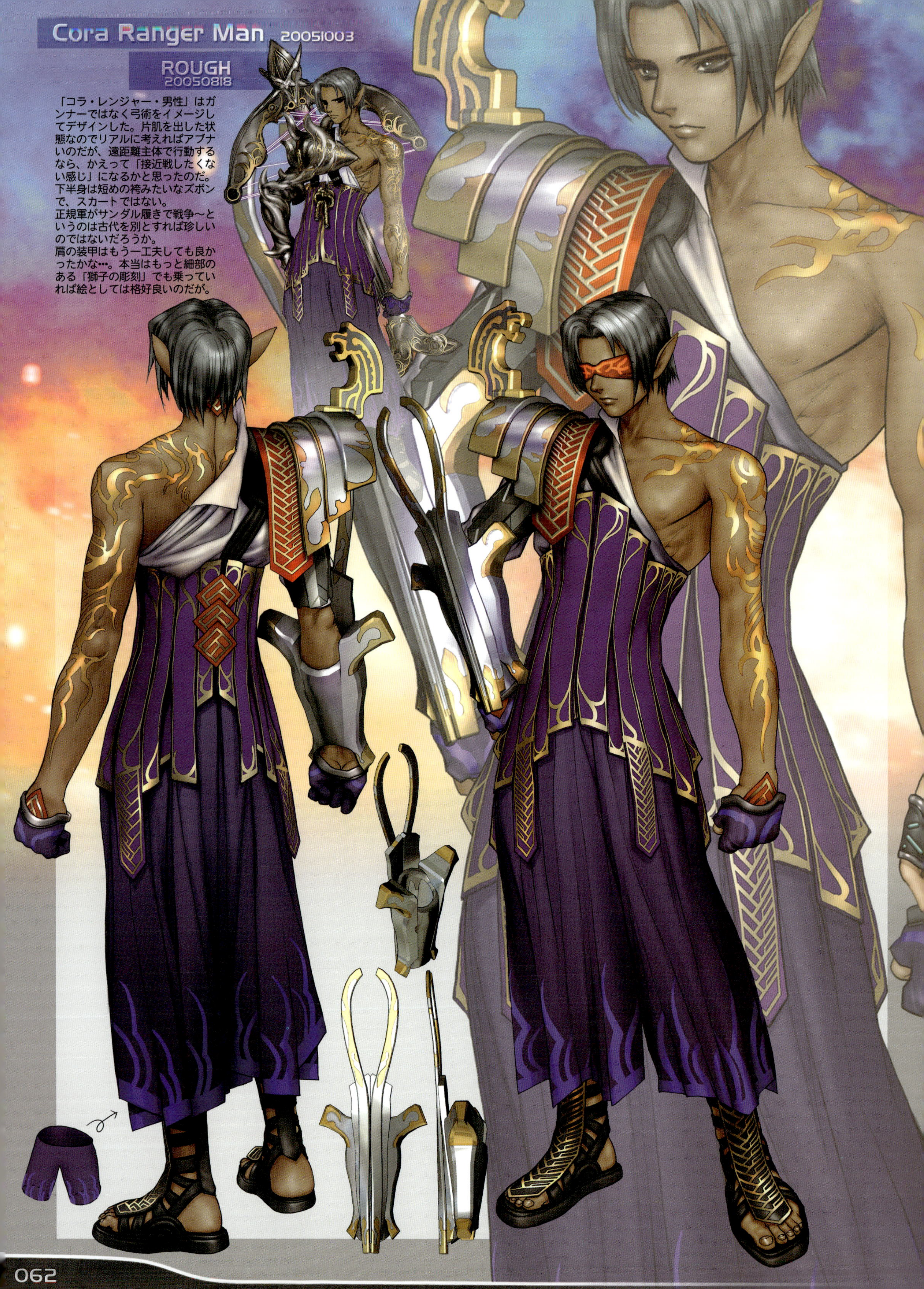

ROUGH
20050818

「コラ・レンジャー・男性」はガンナーではなく弓術をイメージしてデザインした。片肌を出した状態なのでリアルに考えればアブナいのだが、遠距離主体で行動するなら、かえって「接近戦したくない感じ」になるかと思ったのだ。
下半身は短めの袴みたいなズボンで、スカートではない。
正規軍がサンダル履きで戦争～というのは古代を別とすれば珍しいのではないだろうか。
肩の装甲はもう一工夫しても良かったかな…。本当はもっと細部のある「獅子の彫刻」でも乗っていれば絵としては格好良いのだが。

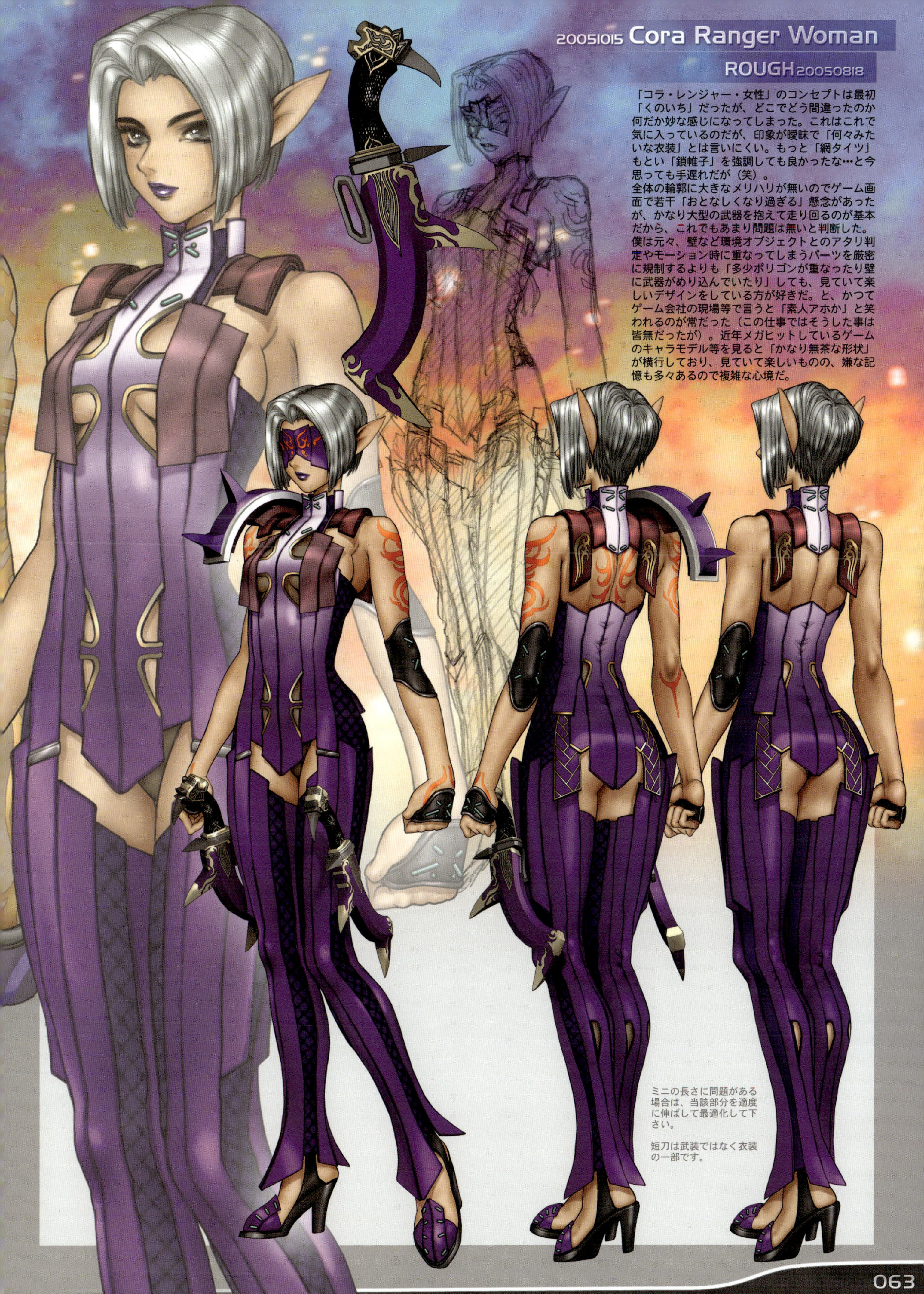

20051015 Cora Ranger Woman

ROUGH 20050818

「コラ・レンジャー・女性」のコンセプトは最初「くのいち」だったが、どこでどう間違ったのか何だか妙な感じになってしまった。これはこれで気に入っているのだが、印象が曖昧で「何々みたいな衣装」とは言いにくい。もっと「網タイツ」もとい「鎖帷子」を強調しても良かったな…と今思っても手遅れだが（笑）。
全体の輪郭に大きなメリハリが無いのでゲーム画面で若干「おとなしくなり過ぎる」懸念があったが、かなり大型の武器を抱えて走り回るのが基本だから、これでもあまり問題は無いと判断した。
僕は元々、壁など環境オブジェクトとのアタリ判定やモーション時に重なってしまうパーツを厳密に規制するよりも「多少ポリゴンが重なったり壁に武器がめり込んでいたり」しても、見ていて楽しいデザインをしている方が好きだ。と、かつてゲーム会社の現場等で言うと「素人アホか」と笑われるのが常だった（この仕事ではそうした事は皆無だったが）。近年メガヒットしているゲームのキャラモデル等を見ると「かなり無茶な形状」が横行しており、見ていて楽しいものの、嫌な記憶も多々あるので複雑な心境だ。

ミニの長さに問題がある場合は、当該部分を適度に伸ばして最適化して下さい。

短刀は武装ではなく衣装の一部です。

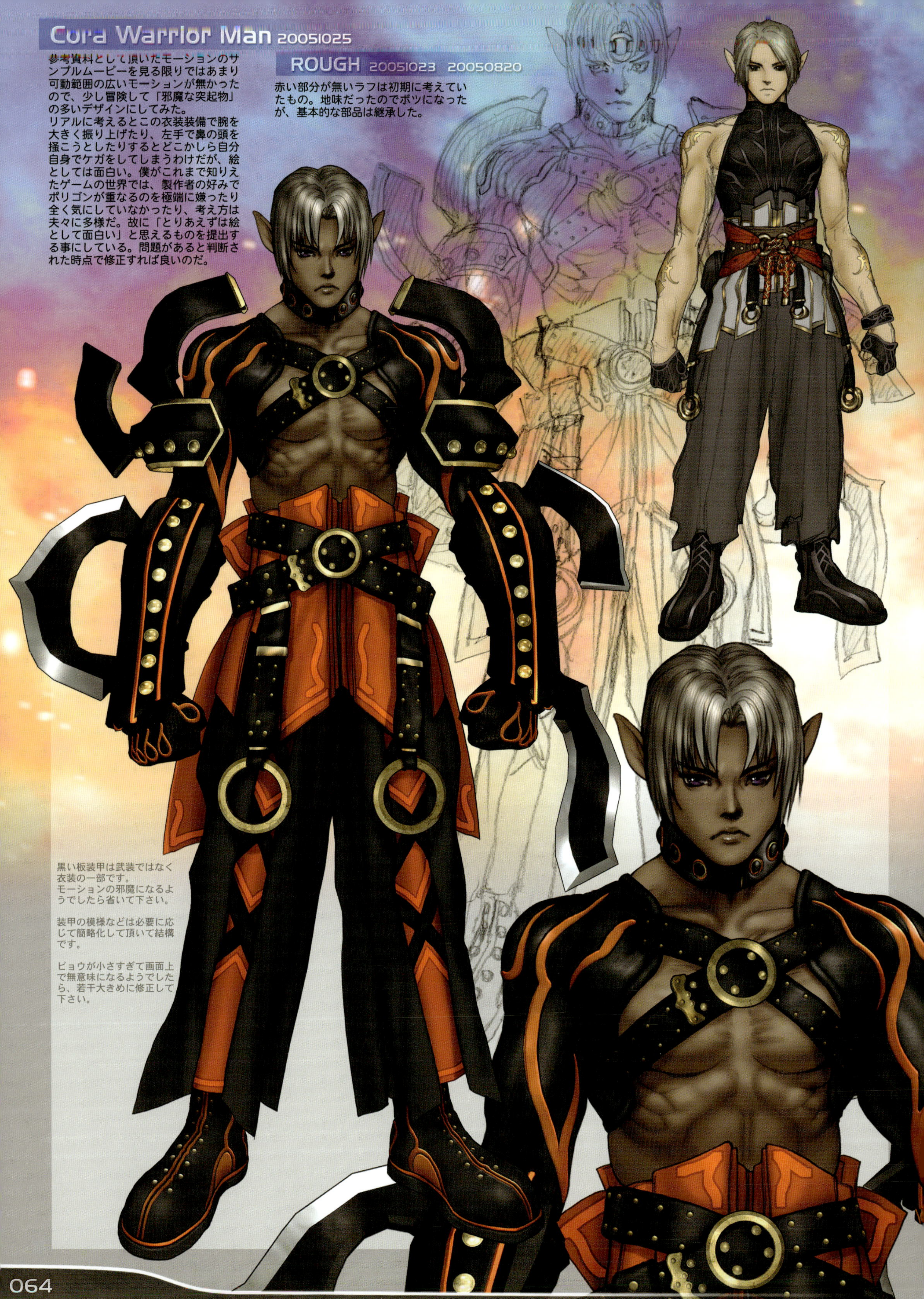

Cora Warrior Man 20051025

参考資料として頂いたモーションのサンプルムービーを見る限りではあまり可動範囲の広いモーションが無かったので、少し冒険して「邪魔な突起物」の多いデザインにしてみた。
リアルに考えるとこの衣装装備で腕を大きく振り上げたり、左手で鼻の頭を掻こうとしたりするとどこかしら自分自身でケガをしてしまうわけだが、絵としては面白い。僕がこれまで知りえたゲームの世界では、製作者の好みでポリゴンが重なるのを極端に嫌ったり全く気にしていなかったり、考え方は夫々に多様だ。故に「とりあえずは絵として面白い」と思えるものを提出する事にしている。問題があると判断された時点で修正すれば良いのだ。

ROUGH 20051023 20050820

赤い部分が無いラフは初期に考えていたもの。地味だったのでボツになったが、基本的な部品は継承した。

黒い板装甲は武装ではなく衣装の一部です。
モーションの邪魔になるようでしたら省いて下さい。

装甲の模様などは必要に応じて簡略化して頂いて結構です。

ビョウが小さすぎて画面上で無意味になるようでしたら、若干大きめに修正して下さい。

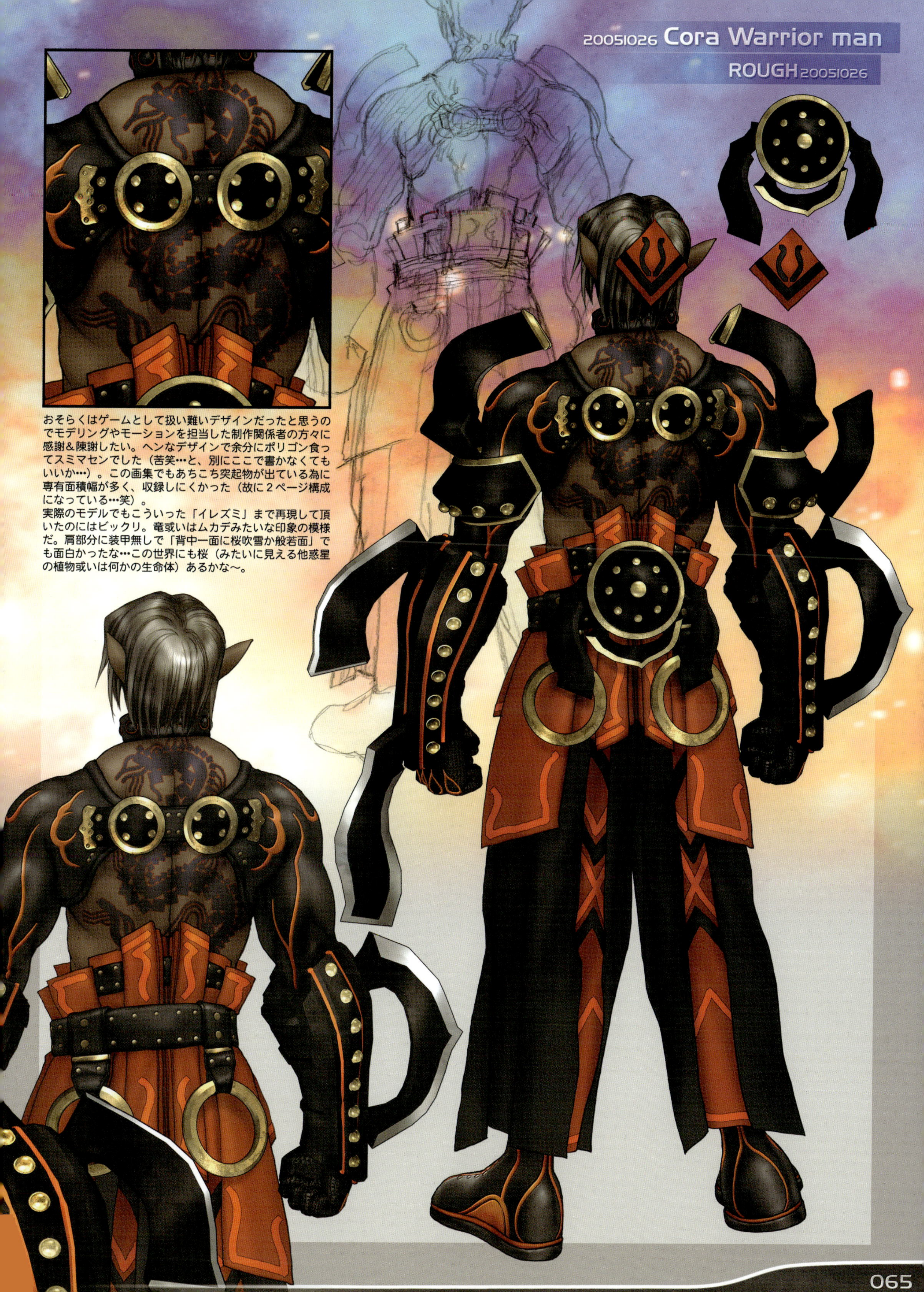

おそらくはゲームとして扱い難いデザインだったと思うのでモデリングやモーションを担当した制作関係者の方々に感謝＆陳謝したい。ヘンなデザインで余分にポリゴン食ってスミマセンでした（苦笑…と、別にここで書かなくてもいいか…）。この画集でもあちこち突起物が出ている為に専有面積幅が多く、収録しにくかった（故に２ページ構成になっている…笑）。
実際のモデルでもこういった「イレズミ」まで再現して頂いたのにはビックリ。竜或いはムカデみたいな印象の模様だ。肩部分に装甲無しで「背中一面に桜吹雪か般若面」でも面白かったな…この世界にも桜（みたいに見える他惑星の植物或いは何かの生命体）あるかな～。

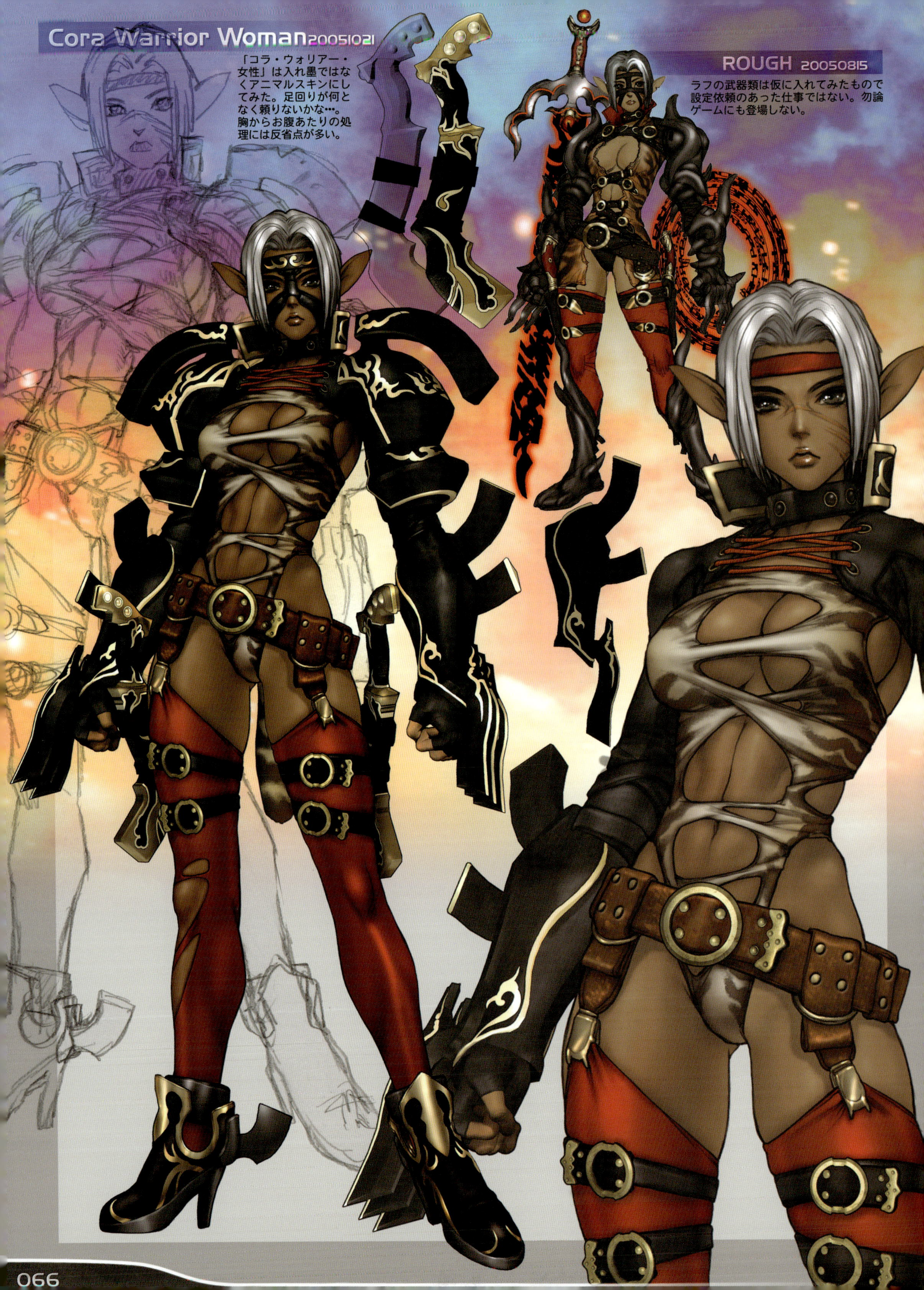

Cora Warrior Woman 20051021

「コラ・ウォリアー・女性」は入れ墨ではなくアニマルスキンにしてみた。足回りが何となく頼りないかな…。胸からお腹あたりの処理には反省点が多い。

ROUGH 20050815

ラフの武器類は仮に入れてみたもので設定依頼のあった仕事ではない。勿論ゲームにも登場しない。

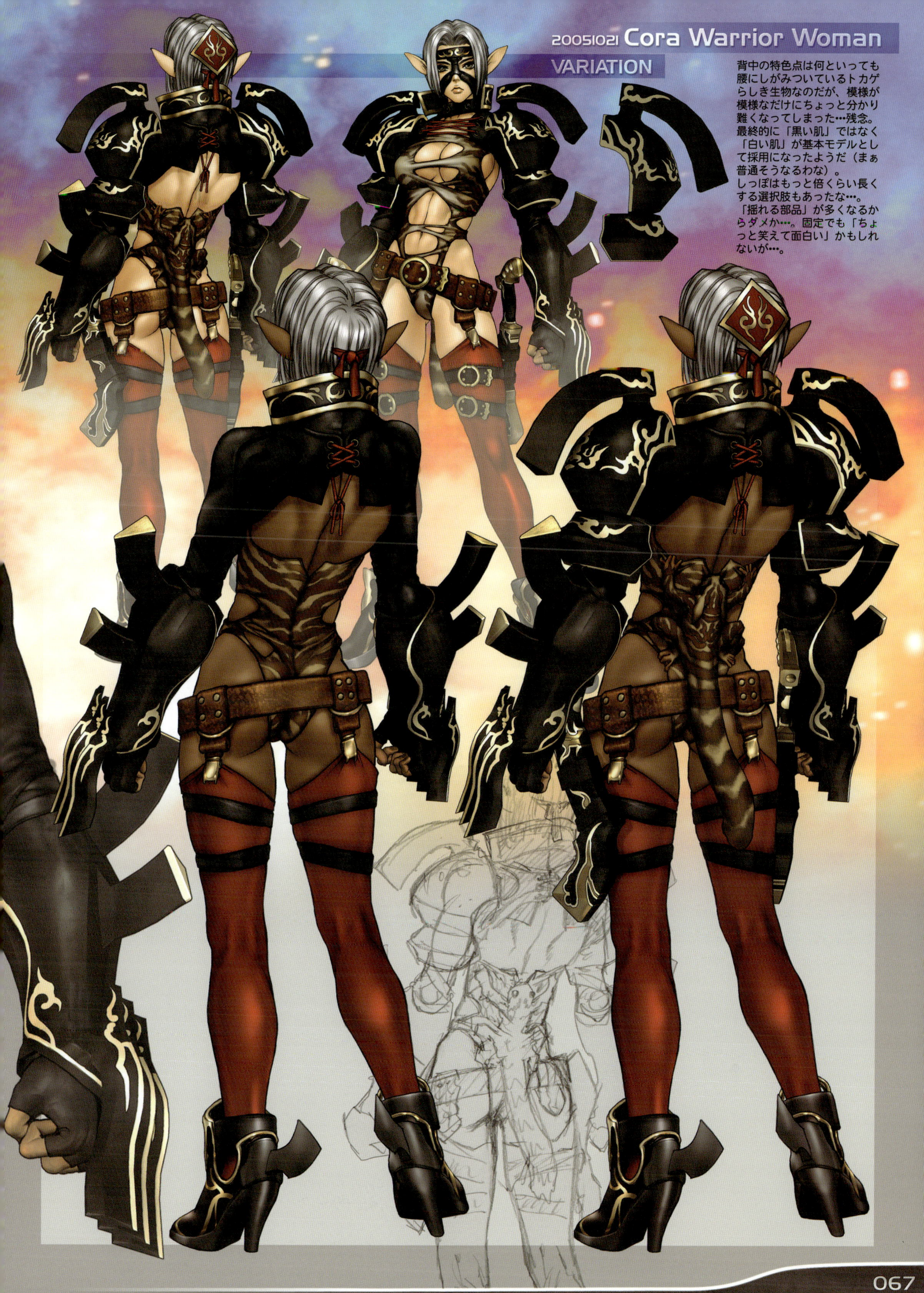

20051021 **Cora Warrior Woman**

VARIATION

背中の特色点は何といっても腰にしがみついているトカゲらしき生物なのだが、模様が模様なだけにちょっと分かり難くなってしまった…残念。最終的に「黒い肌」ではなく「白い肌」が基本モデルとして採用になったようだ（まぁ普通そうなるわな）。
しっぽはもっと倍くらい長くする選択肢もあったな…。「揺れる部品」が多くなるからダメか…。固定でも「ちょっと笑えて面白い」かもしれないが…。

Cora Force Man 20051102

「コラ・フォース・男性」は「コラ・ウォリアー・男性」と同じラフをベースに、特徴的な帽子・袖・襟を追加して作った。靴の爪先を尖らせて反らせようかとも思ったが、あまりにお約束過ぎるかもしれないのでやめた。あらためて見るとあっても良かったな…。単にデザインだけで言うと、腰から下がっている布類を重厚にする選択肢があるが、脚のモーションの邪魔になるので（ポリゴンの重なりを無視しないなら）「柔らかい下がりもの」は無い方が好ましいのだ。格闘系ゲームのキャラクターならもっと凝った付属物もアリなのかもしれないが、様々なマシンで参加するオンライン系では難しい、と、当時判断したのだ。今やかなり複雑な構造を伴った重いキャラクターがサクサク動かせるようになって…時代が進むのは早いなぁ…。

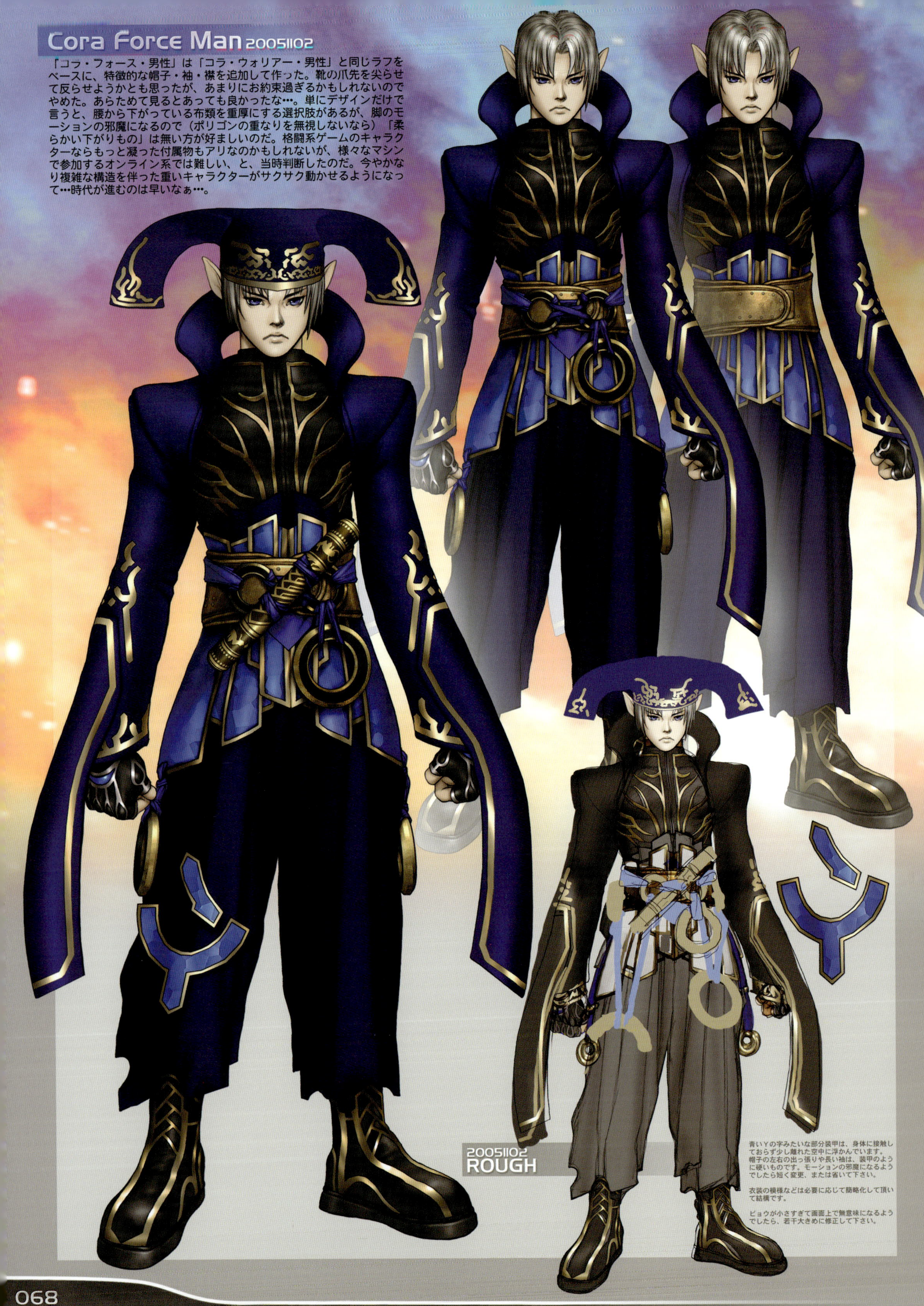

20051102 Cora Force Man

とは書いたが、この『RF-Online』というゲームはかなり精度の高いグラフィックのゲームだ。やはりこのジャンルに関しては韓国がアジア最強であろう。
帽子は絵面優先でポリゴン数無視で作った。
ところでこのキャラクターを見るといつも「キノコの図鑑」を連想する。この帽子はマズかっただろうか…
そんなつもりは無かったのだが…。

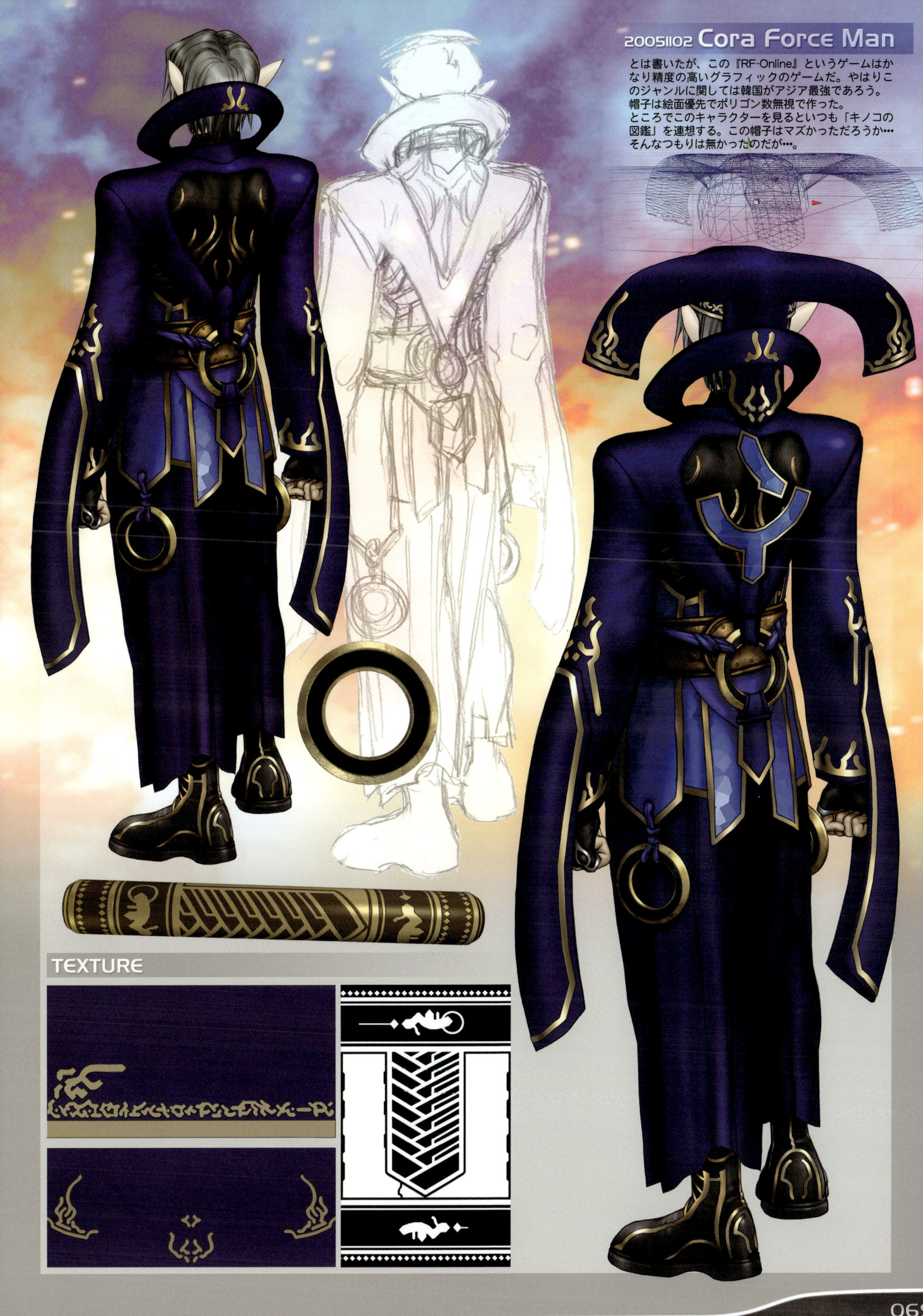

TEXTURE

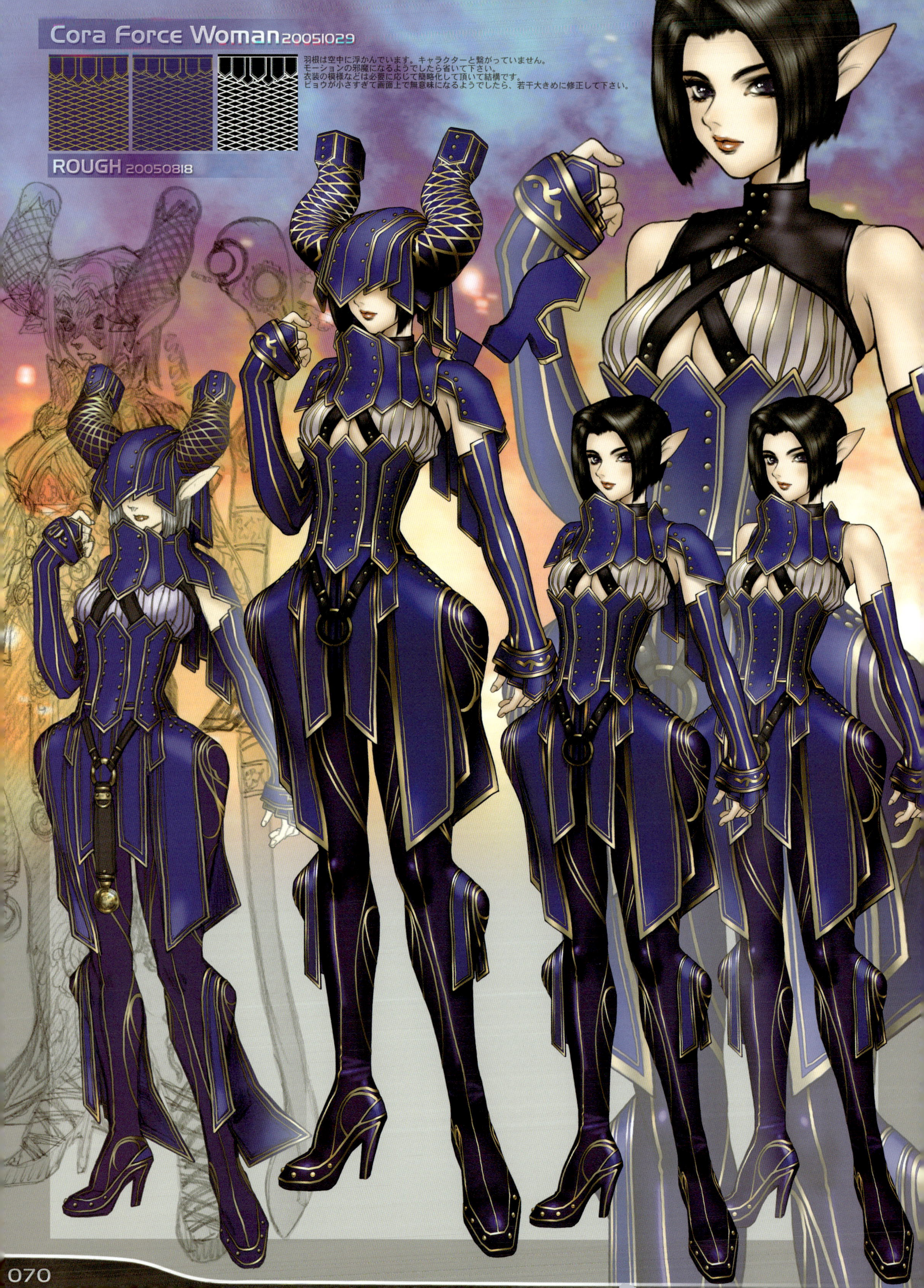
Cora Force Woman 20051029
羽根は空中に浮かんでいます。キャラクターと繋がっていません。
モーションの邪魔になるようでしたら省いて下さい。
衣装の模様などは必要に応じて簡略化して頂いて結構です。
ビョウが小さすぎて画面上で無意味になるようでしたら、若干大きめに修正して下さい。
ROUGH 20050818

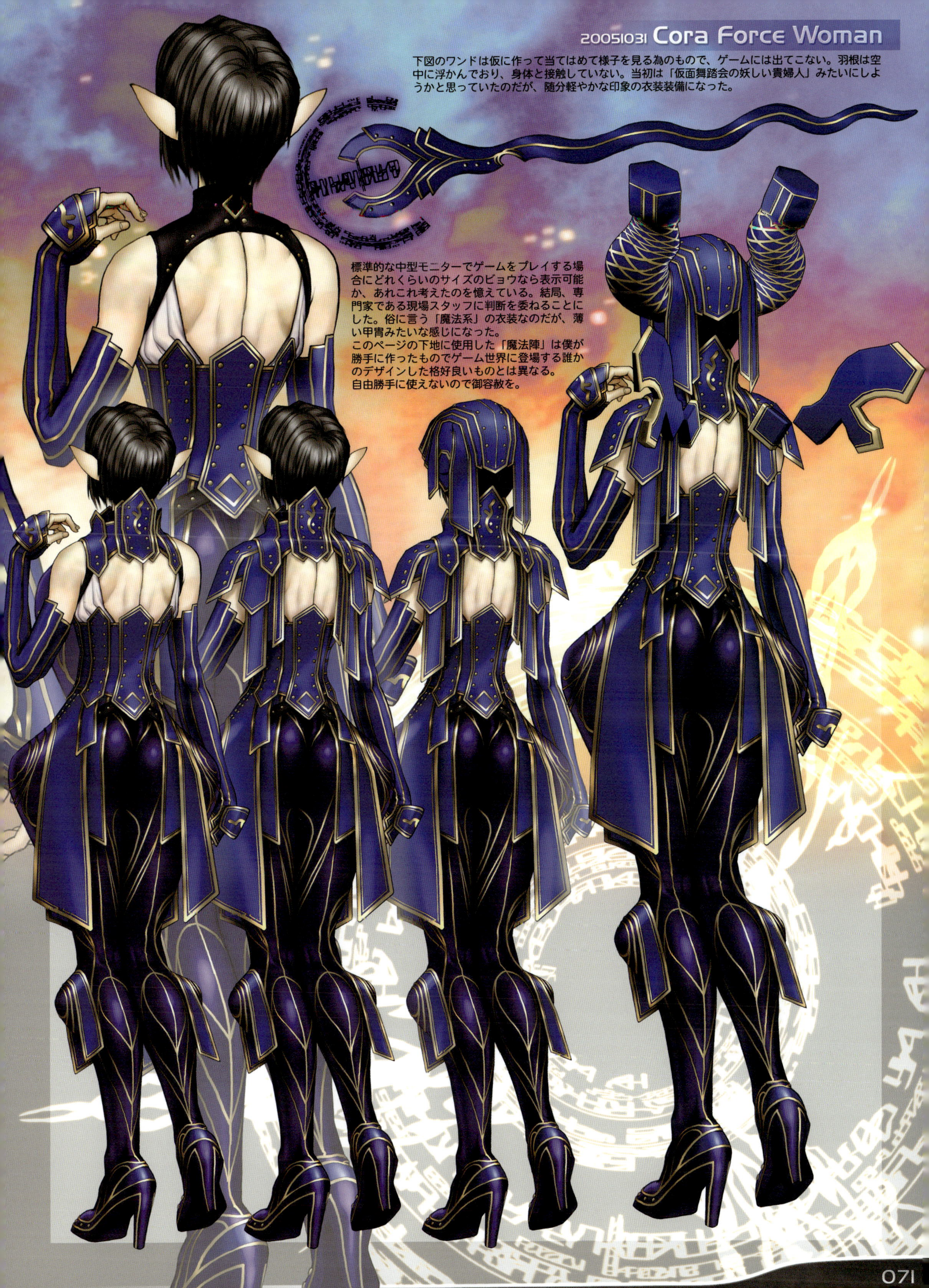

20051031 Cora Force Woman

下図のワンドは仮に作って当てはめて様子を見る為のもので、ゲームには出てこない。羽根は空中に浮かんでおり、身体と接触していない。当初は「仮面舞踏会の妖しい貴婦人」みたいにしようかと思っていたのだが、随分軽やかな印象の衣装装備になった。

標準的な中型モニターでゲームをプレイする場合にどれくらいのサイズのビョウなら表示可能か、あれこれ考えたのを憶えている。結局、専門家である現場スタッフに判断を委ねることにした。俗に言う「魔法系」の衣装なのだが、薄い甲冑みたいな感じになった。
このページの下地に使用した「魔法陣」は僕が勝手に作ったもので゙ゲーム世界に登場する誰かのデザインした格好良いものとは異なる。
自由勝手に使えないので御容赦を。

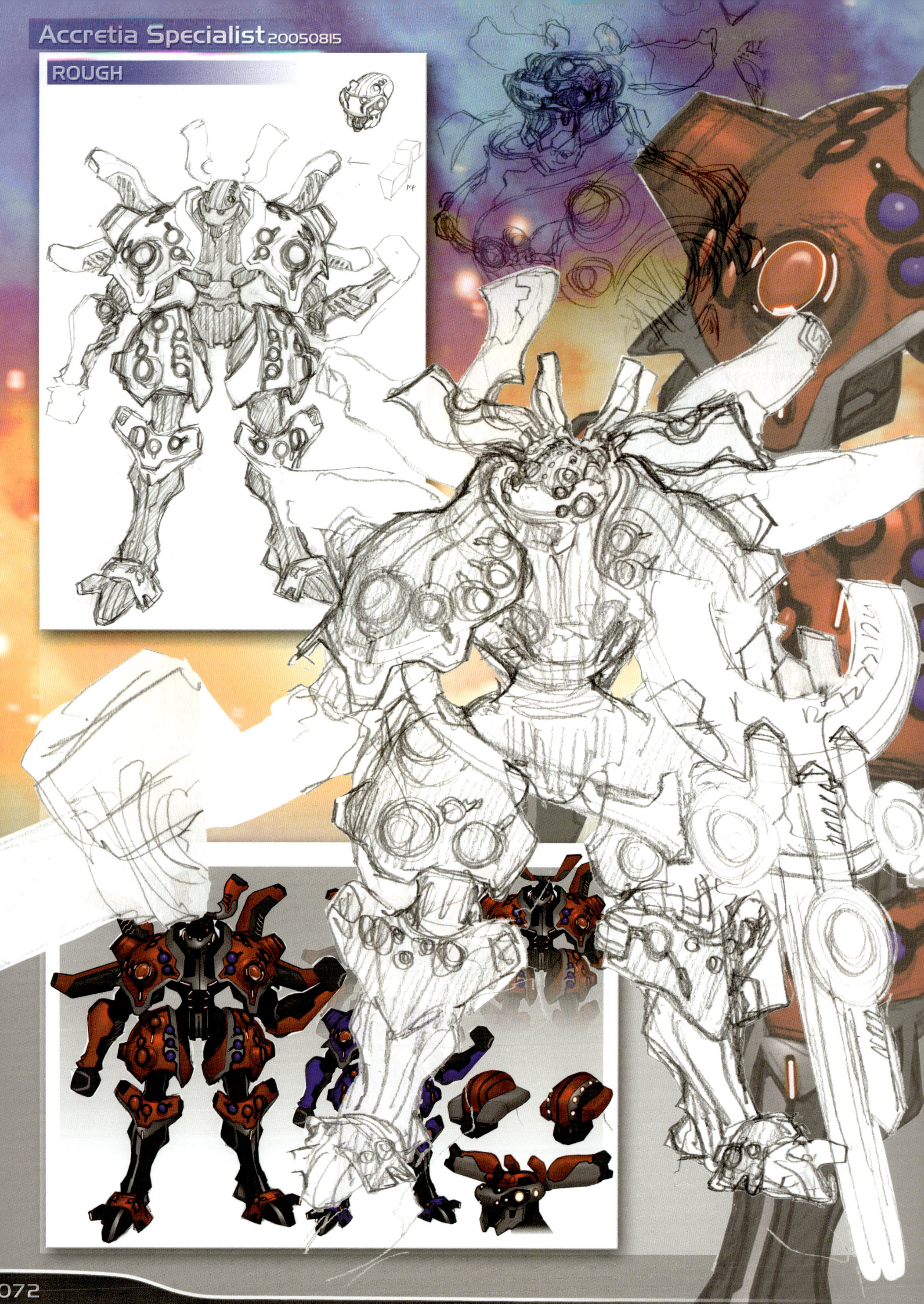
ROUGH

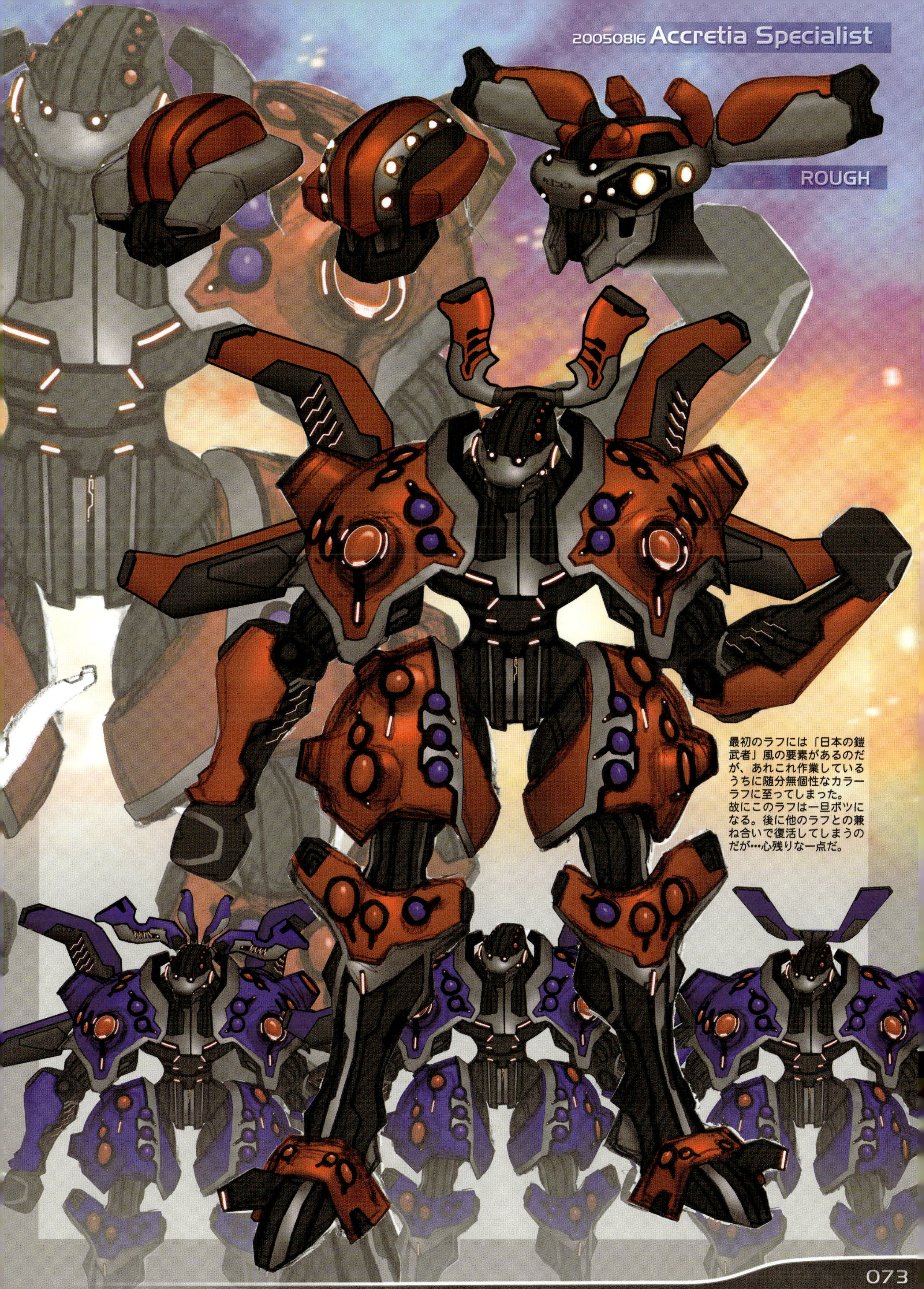

20050816 Accretia Specialist

ROUGH

最初のラフには「日本の鎧武者」風の要素があるのだが、あれこれ作業しているうちに随分無個性なカラーラフに至ってしまった。故にこのラフは一旦ボツになる。後に他のラフとの兼ね合いで復活してしまうのだが•••心残りな一点だ。

Accretia Warrior 20050815

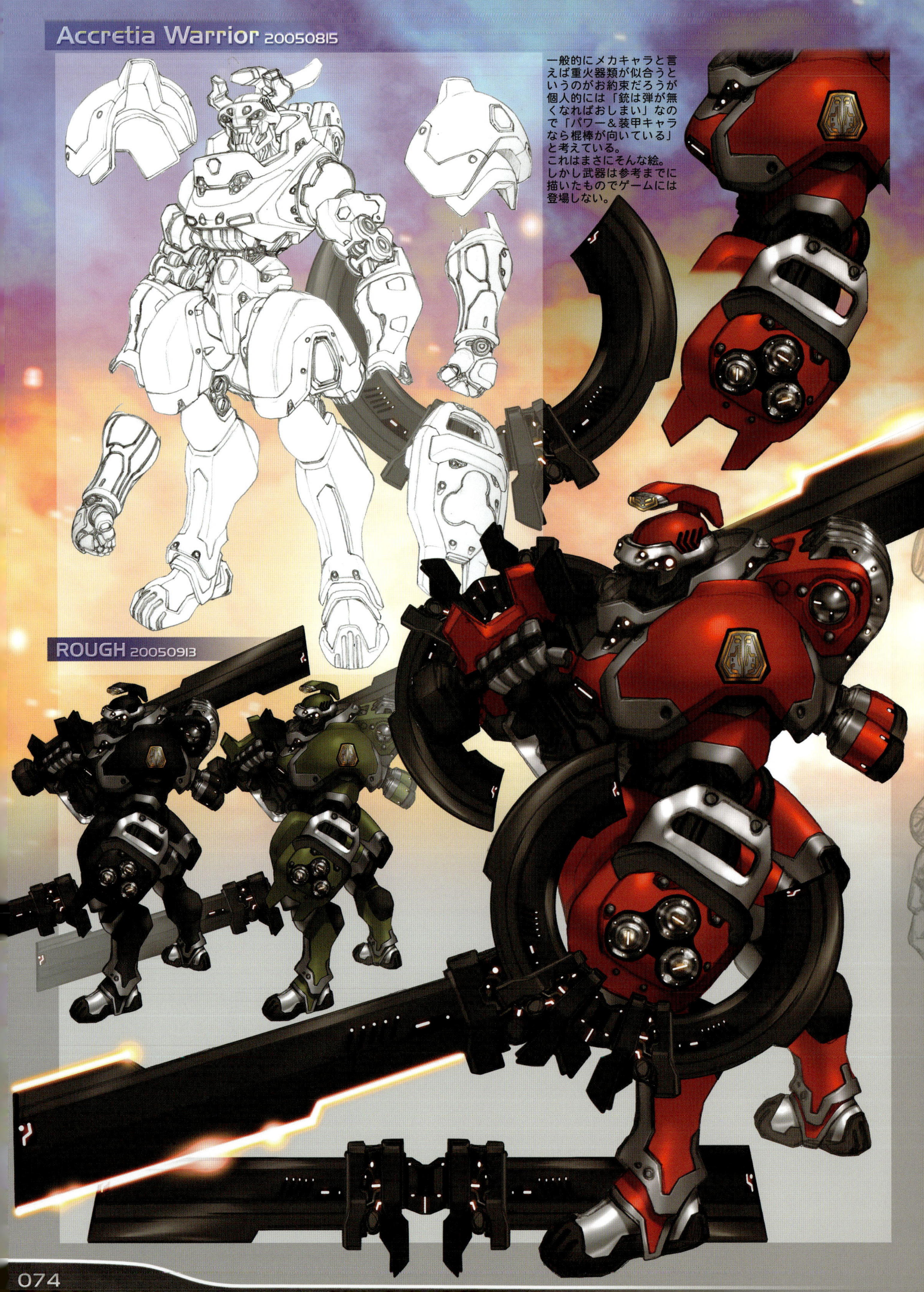

一般的にメカキャラと言えば重火器類が似合うというのがお約束だろうが個人的には「銃は弾が無くなればおしまい」なので「パワー＆装甲キャラなら棍棒が向いている」と考えている。
これはまさにそんな絵。
しかし武器は参考までに描いたものでゲームには登場しない。

ROUGH 20050913

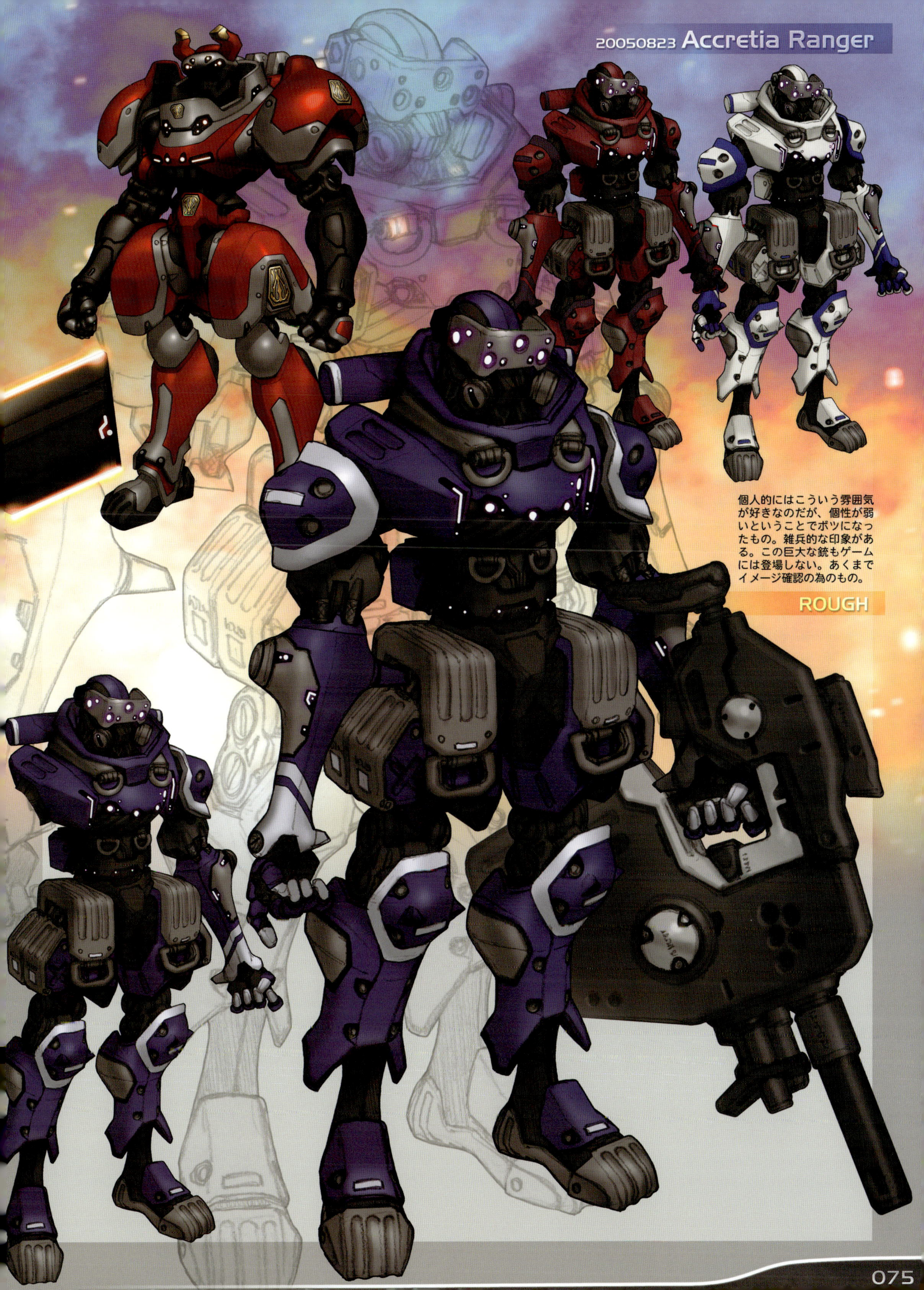

個人的にはこういう雰囲気が好きなのだが、個性が弱いということでボツになったもの。雑兵的な印象がある。この巨大な銃もゲームには登場しない。あくまでイメージ確認の為のもの。

ROUGH

Accretia Warrior 20050920

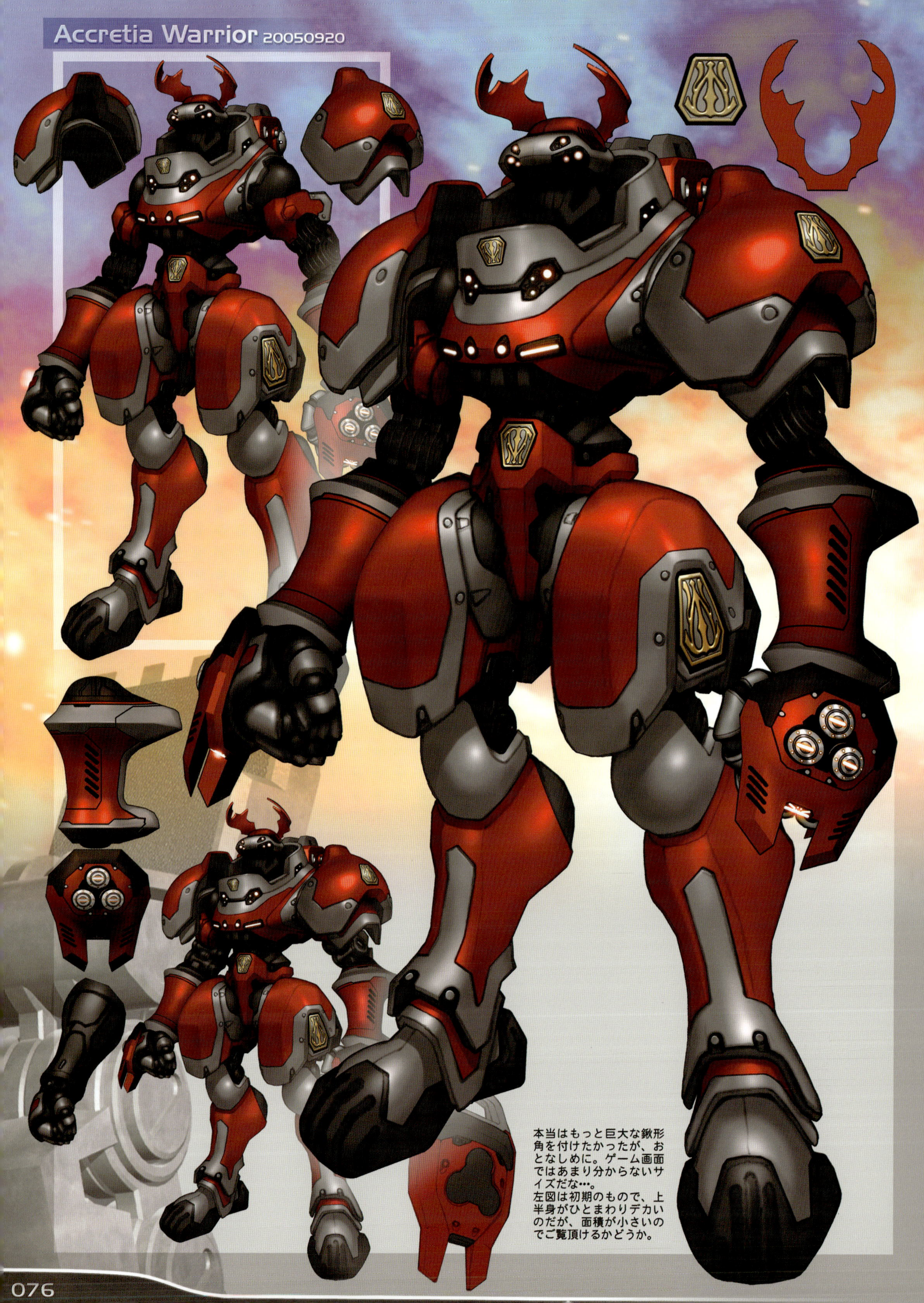

本当はもっと巨大な鍬形角を付けたかったが、おとなしめに。ゲーム画面ではあまり分からないサイズだな…。
左図は初期のもので、上半身がひとまわりデカいのだが、面積が小さいのでご覧頂けるかどうか。

20050920 Accretia Warrior

このメカはランドセルを背負っている。エフェクトＯＫなら、攻撃に合わせてここから排気するとか、光るとか出来そうに見える。イメージボディラインがあまり詰められなくて反省点があるが、大体思ったような方向性のルックスになったと思う。

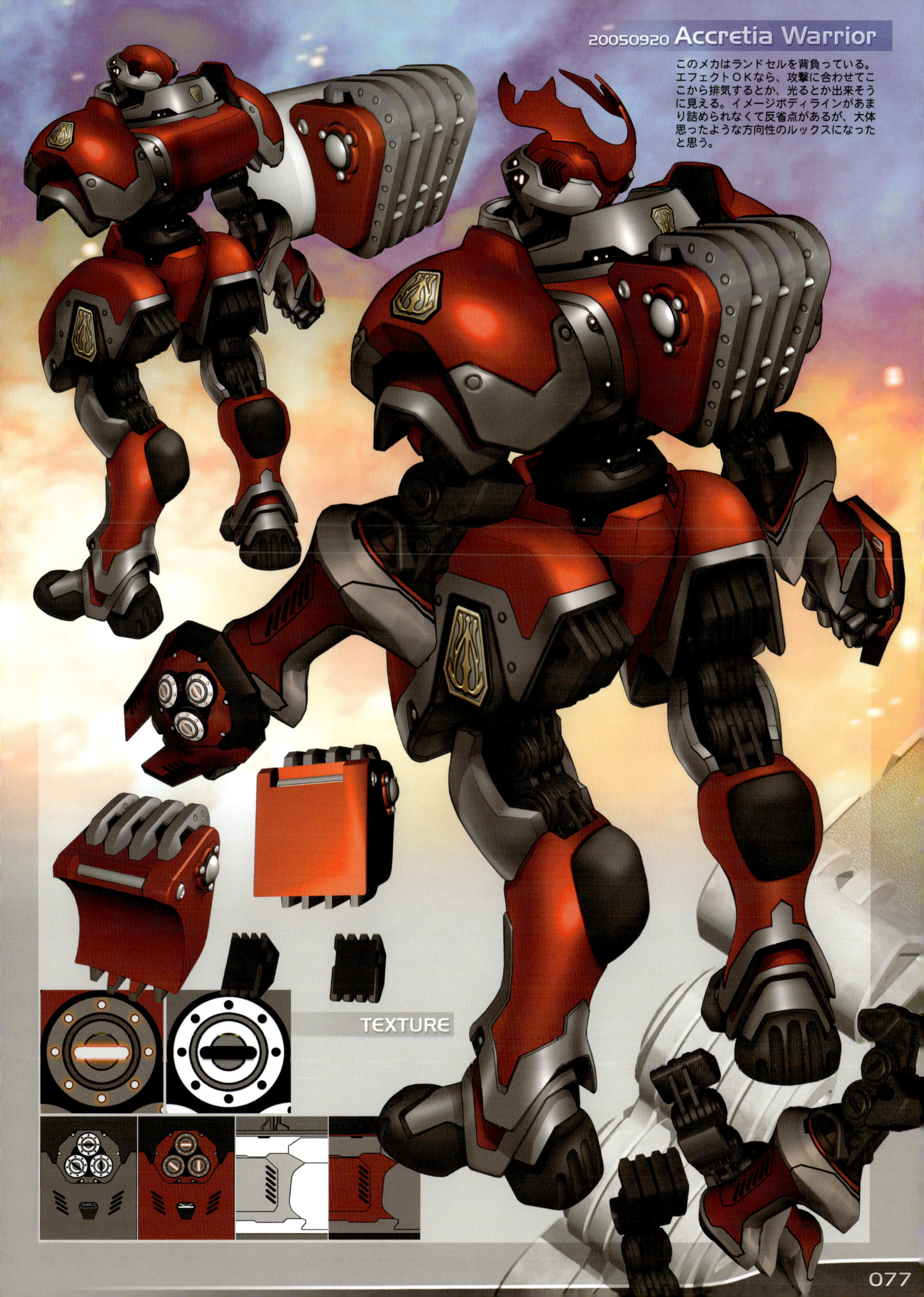

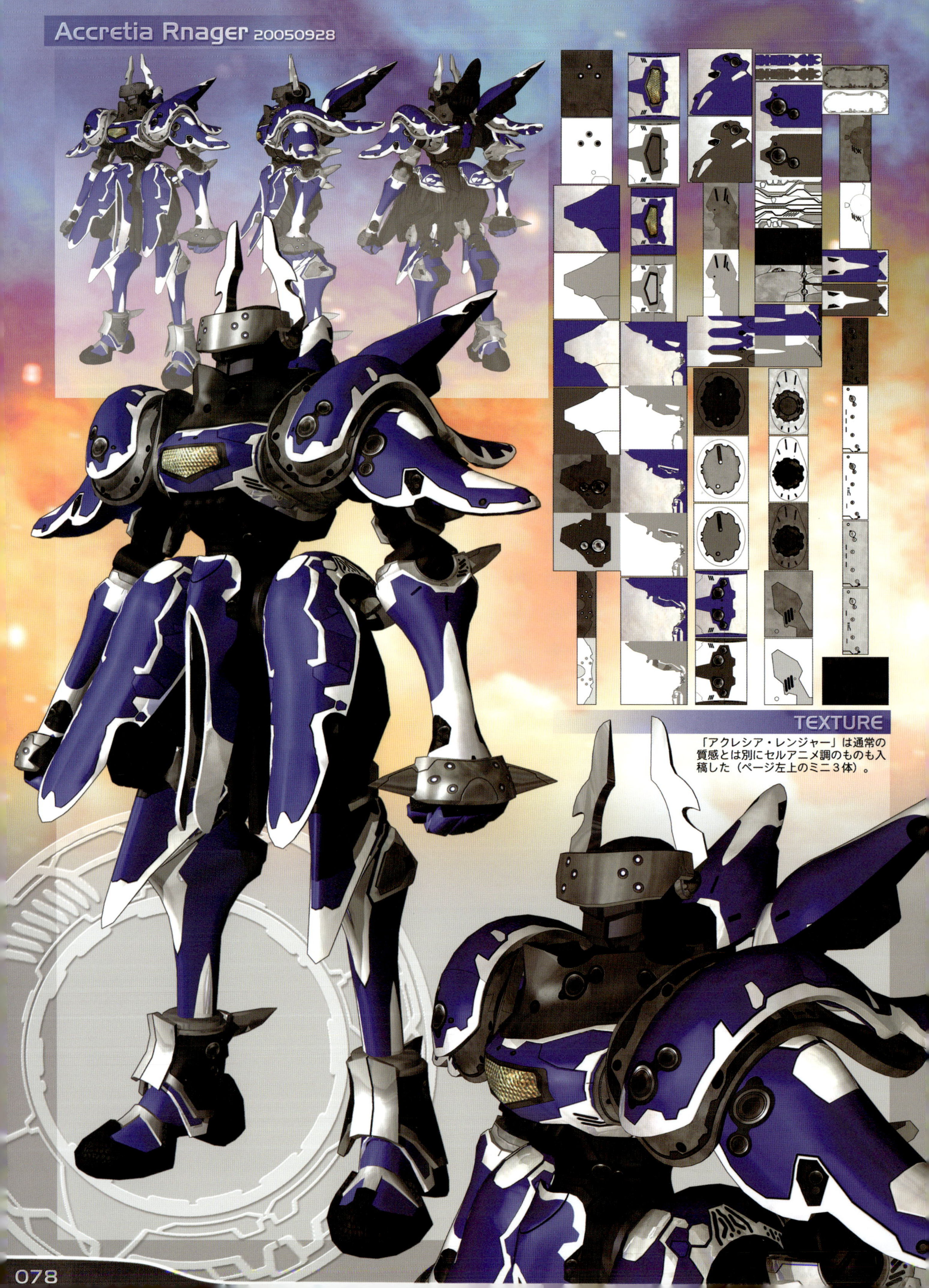

TEXTURE

「アクレシア・レンジャー」は通常の質感とは別にセルアニメ調のものも入稿した（ページ左上のミニ３体）。

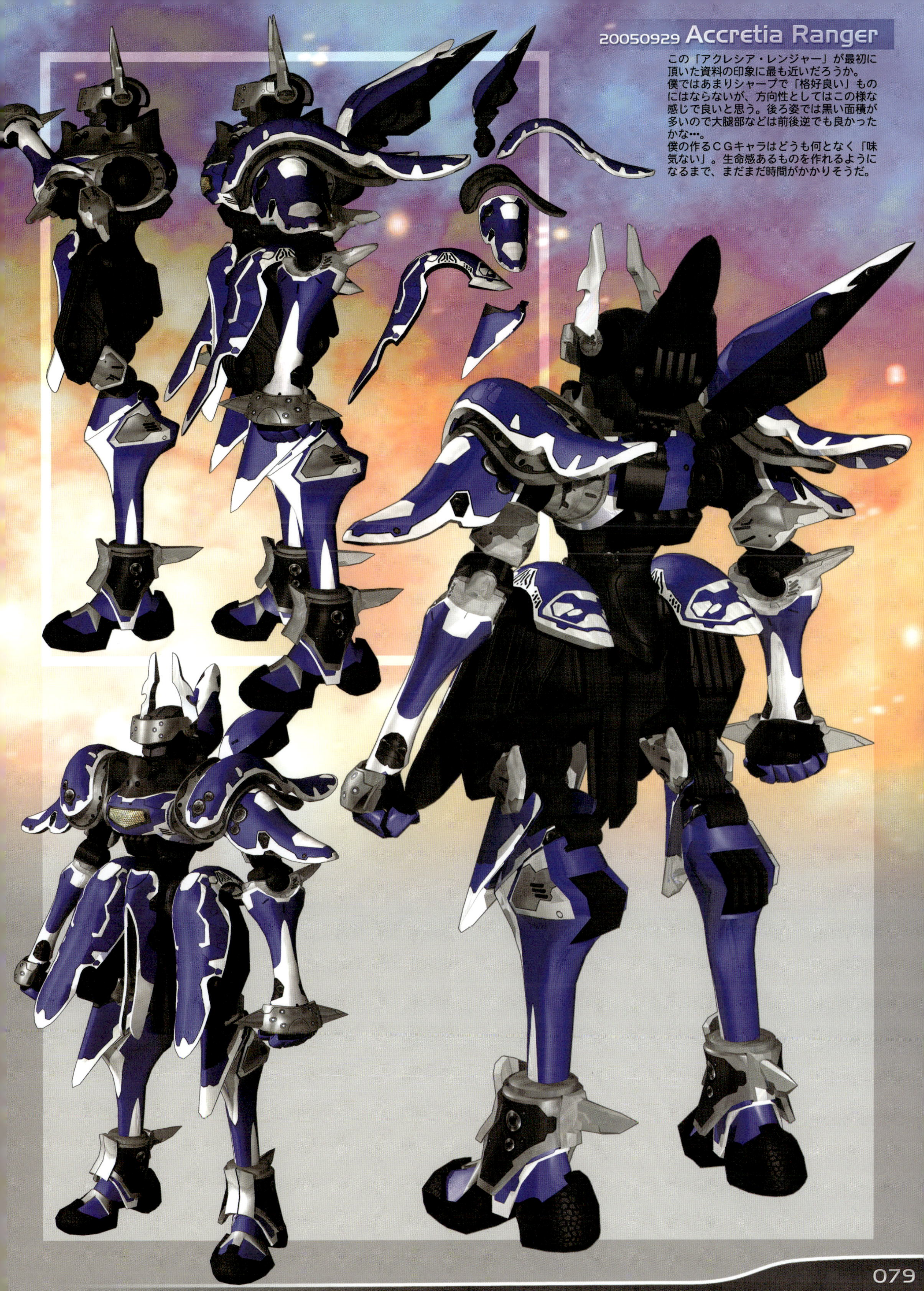

20050929 Accretia Ranger

この「アクレシア・レンジャー」が最初に頂いた資料の印象に最も近いだろうか。
僕ではあまりシャープで「格好良い」ものにはならないが、方向性としてはこの様な感じで良いと思う。後ろ姿では黒い面積が多いので大腿部などは前後逆でも良かったかな…。
僕の作るＣＧキャラはどうも何となく「味気ない」。生命感あるものを作れるようになるまで、まだまだ時間がかかりそうだ。

Accretia Launcher 20051125

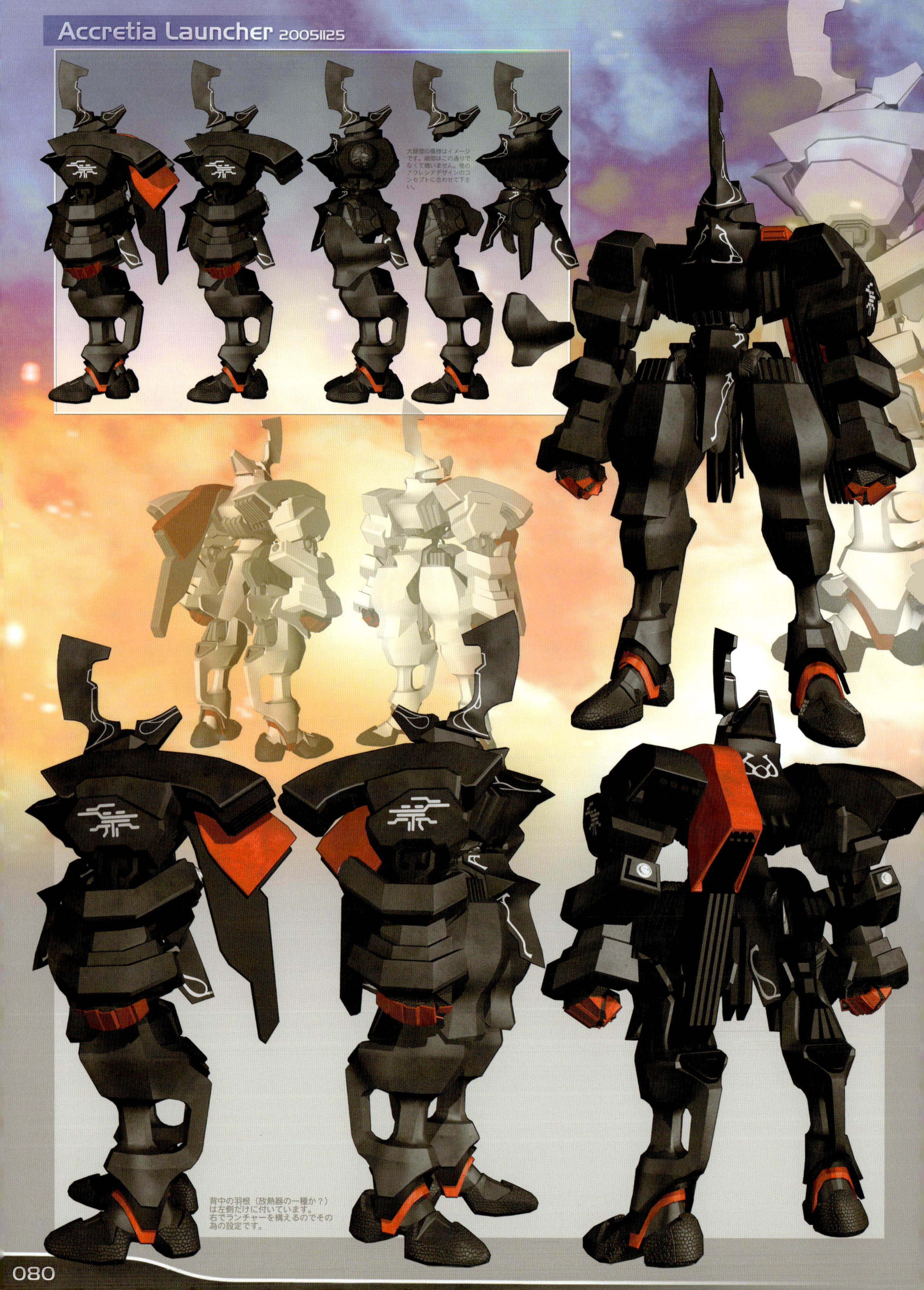

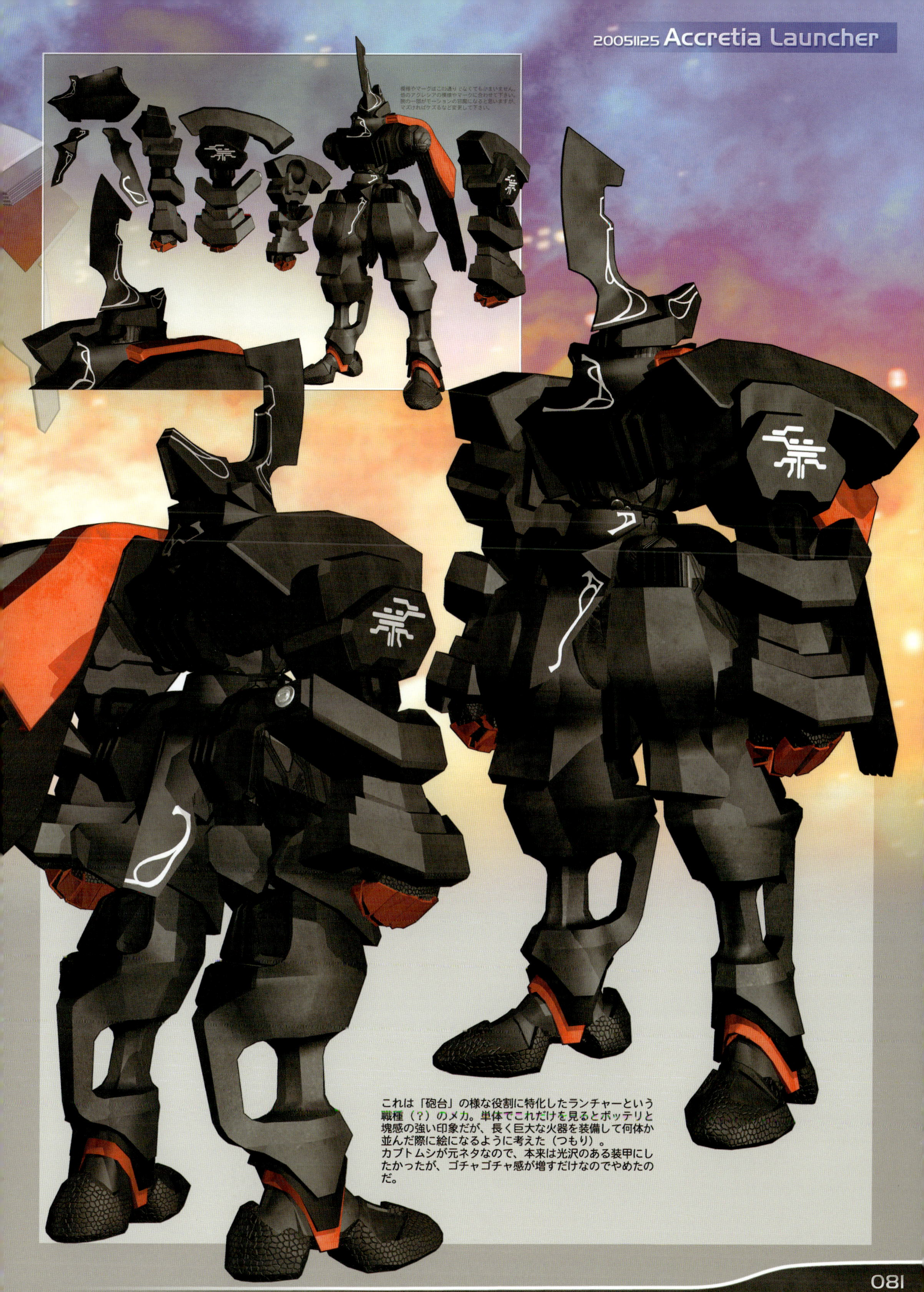

これは「砲台」の様な役割に特化したランチャーという職種（？）のメカ。単体でこれだけを見るとボッテリと塊感の強い印象だが、長く巨大な火器を装備して何体か並んだ際に絵になるように考えた（つもり）。
カブトムシが元ネタなので、本来は光沢のある装甲にしたかったが、ゴチャゴチャ感が増すだけなのでやめたのだ。

Online Network Game C

『C』は某有名ゲーム会社がM氏を通じて発注してきた企画で、ポリゴンのキャラが動き始める辺りまで進んでいたのだが、発注会社の「やはりオンラインゲームはヤメだ」との方針変更により、突然バッサリ消滅した仕事（爆）。
人間・サイボーグ・半獣人の３種族（？）が混在する世界で、オンラインの参加者達が協力して目標をクリアする、といった感じのものだった。
僕の作業はキャラクターのイメージイラスト作成がメインだが、労力の多くは契約書の作成に費やされた。それらはここには収録しないので少し残念だが、その作業をしたおかげで、企画が消えた後でもこうしてこの画集に収録できるのだから無駄では無かったと考えるべきか…。
キャラクターのサイズや衣装の色など多くの要素が「参加者がある程度カスタマイズ可能」なゲームという想定なので、僕の作業も決め撃ちではなく「大体こんな目標」といった「幅のある」ものになっている。カラーバリエーションが多く含まれるのは、遊んでいるのではなく、参加者たちが自由にカスタマイズした場合にどんな感じになるのか（おおよその感覚としてだが）様子を見る為のもの。

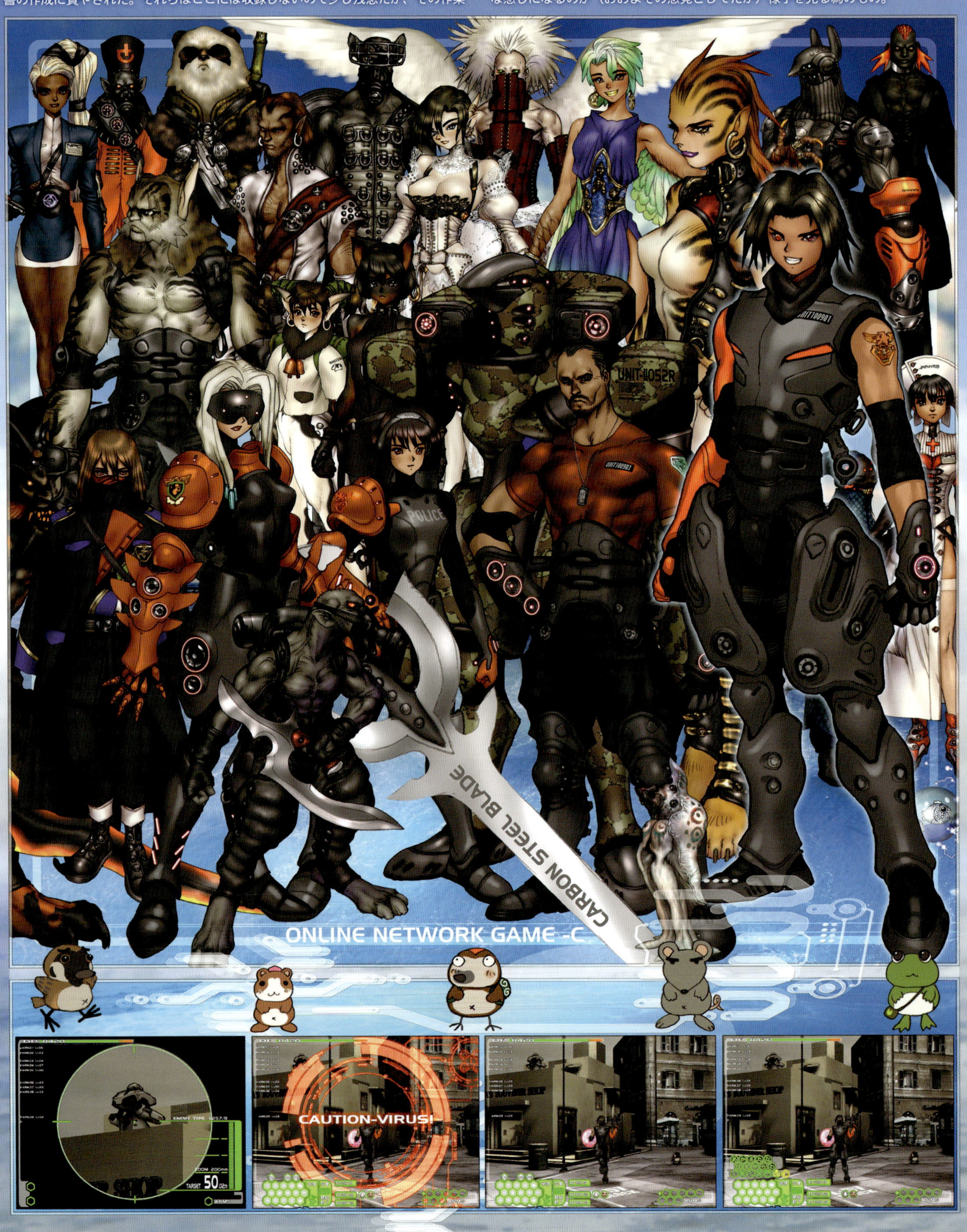

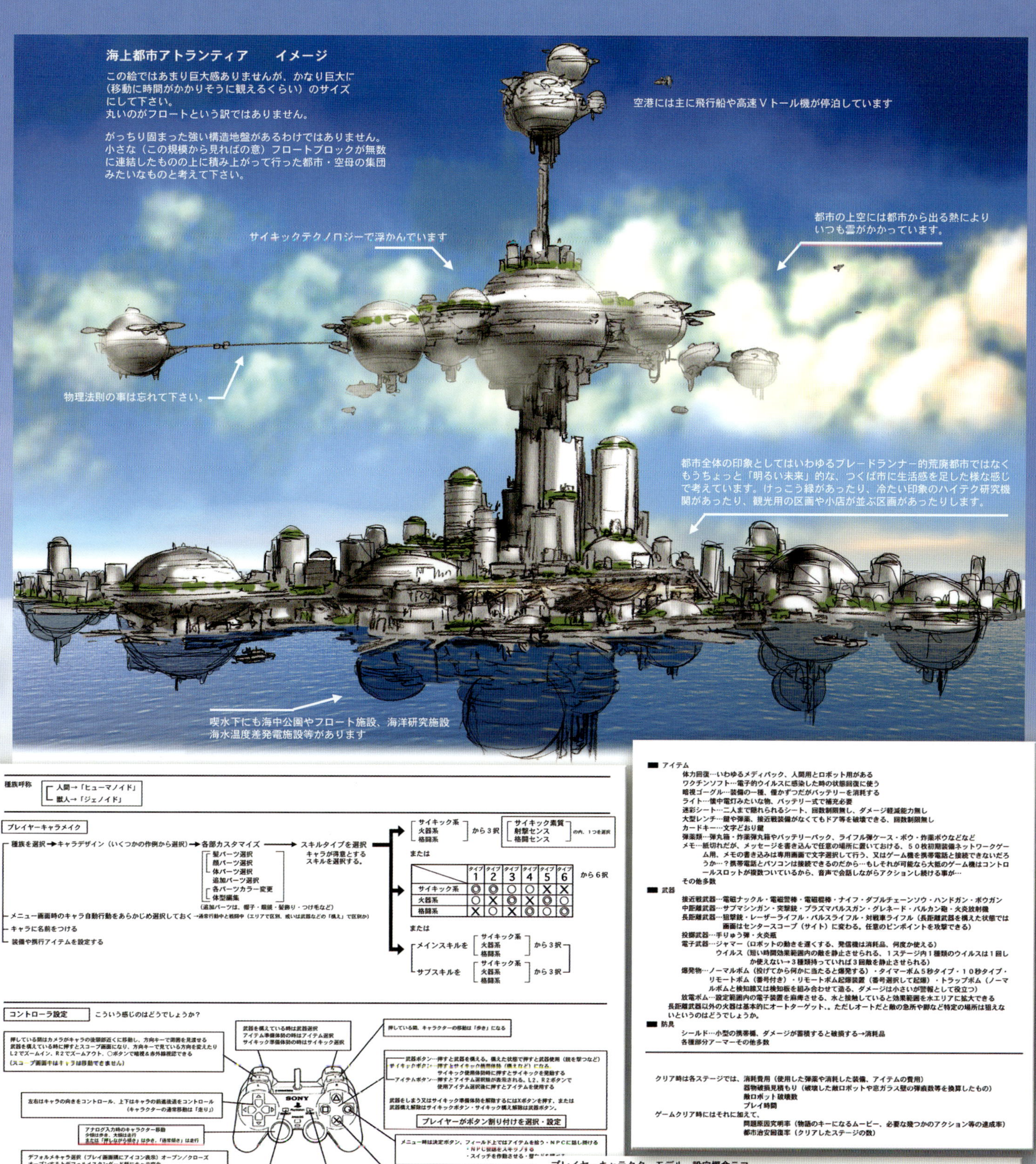

種族呼称

- 人間→「ヒューマノイド」
- 獣人→「ジェノイド」

プレイヤーキャラメイク

- 種族を選択 → キャラデザイン（いくつかの作例から選択）→ 各部カスタマイズ ——→ スキルタイプを選択（キャラが得意とするスキルを選択する。）
  - 髪パーツ選択
  - 顔パーツ選択
  - 体パーツ選択
  - 追加パーツ選択
  - 各パーツカラー変更
  - 体型編集

  （追加パーツは、帽子・眼鏡・髪飾り・つけ毛など）
- メニュー画面時のキャラ自動行動をあらかじめ選択しておく→通常行動中と戦闘中（エリアで区別、或いは武器などの「構え」で区別か）
- キャラに名前をつける
- 装備や携行アイテムを設定する

スキルタイプを選択 →

サイキック系／火器系／格闘系　から３択　［サイキック素質／射撃センス／格闘センス　の内、１つを選択］

または

	タイプ1	タイプ2	タイプ3	タイプ4	タイプ5	タイプ6
サイキック系	◎	◎	○	○	×	×
火器系	○	×	◎	×	◎	○
格闘系	×	○	×	◎	○	◎

から６択

または

- メインスキルを　サイキック系／火器系／格闘系　から３択
- サブスキルを　サイキック系／火器系／格闘系　から３択

コントローラ設定　こういう感じのはどうでしょうか？

- 押している間はカメラがキャラの後頭部近くに移動し、方向キーで周囲を見渡せる　武器を構えている時に押すとスコープ画面になり、方向キーで見ている方向を変えたり　L2でズームイン、R2でズームアウト、○ボタンで暗視＆赤外線視認できる　（スコープ画面中はキャラは移動できません）
- 武器を構えている時は武器選択　アイテム準備体勢の時はアイテム選択　サイキック準備体勢の時はサイキック選択
- 押している間、キャラクターの移動は「歩き」になる
- 左右はキャラの向きをコントロール、上下はキャラの前進後退をコントロール　（キャラクターの通常移動は「走り」）
- アナログ入力時のキャラクター移動　少傾は歩き、大傾は走行　または「押しながら傾き」は歩き、「通常傾き」は走行
- 武器ボタン…押すと武器を構える。構えた状態で押すと武器使用（銃を撃つなど）
- サイキックボタン…押すとサイキック使用体勢（構えなど）になる。サイキック使用体勢時に押すとサイキックを発動する
- アイテムボタン…押すとアイテム選択肢が表示される。L2、R2ボタンで使用アイテム選択後に押すとアイテムを使用する
- 武器をしまう又はサイキック準備体勢を解除するにはXボタンを押す。または武器構え解除はサイキックボタン・サイキック構え解除は武器ボタン。
- プレイヤーがボタン割り付けを選択・設定
- メニュー時は決定ボタン、フィールド上ではアイテムを拾う・NPCに話し掛ける・NPC會話をスキップする・スイッチを作動させる・扉を[illegible]
- デフォルメキャラ選択（プレイ画面隅にアイコン表示）オープン／クローズ　オープンするとデフォルメスタンダード顔にキャラ変化　クローズすると通常キャラに復帰　デフォルメスタンダード顔からL2・R2で表情選択、○ボタンで決定、表情変化　再度L2・R2で表情選択、○ボタンで決定するまで表情はそのまま継続　（一定時間でデフォルメスタンダード顔に戻った方が良いですか？）
- SELECTボタン
- STARTボタン　メニューオープン／クローズ：
- メニュー時はキャンセルボタン

メニュー画面の一項目に「自動行動」の項目を置いておく→選択すると幾つかの自動行動の項目→項目

■ アイテム

体力回復…いわゆるメディパック、人間用とロボット用がある
ワクチンソフト…電子的ウイルスに感染した時の状態回復に使う
暗視ゴーグル…装備の一種、僅かずつだがバッテリーを消耗する
ライト…懐中電灯みたいな物、バッテリー式で補充必要
迷彩シート…二人まで隠れられるシート、回数制限無し、ダメージ軽減能力無し
大型レンチ…鍵や弾薬、接近戦装備がなくてもドア等を破壊できる、回数制限無し
カードキー…文字どおり鍵
弾薬類…弾丸箱・炸薬弾丸箱やバッテリーパック、ライフル弾ケース・ボウ・炸薬ボウなどなど
メモ…紙切れだが、メッセージを書き込んで任意の場所に置いておける、５０枚初期装備ネットワークゲーム用、メモの書き込みは専用画面で文字選択して行う、又はゲーム機を携帯電話と接続できないだろうか…？携帯電話とパソコンは接続できるのだから…もしそれが可能なら大抵のゲーム機はコントロールスロットが複数ついているから、音声で会話しながらアクションし続ける事が…
その他多数

■ 武器

接近戦武器…電磁ナックル・電磁警棒・電磁棍棒・ナイフ・ダブルチェーンソウ・ハンドガン・ボウガン
中距離武器…サブマシンガン・突撃銃・プラズマパルスガン・グレネード・バルカン砲・火炎放射機
長距離武器…狙撃銃・レーザーライフル・パルスライフル・対戦車ライフル（長距離武器を構えた状態では画面はセンタースコープ（サイト）に変わる。任意のピンポイントを攻撃できる）
投擲武器…手りゅう弾・火炎瓶
電子武器…ジャマー（ロボットの動きを遅くする、発信機は消耗品、何度か使える）
ウイルス（短い時間効果範囲内の敵を静止させられる、１ステージ内１種類のウイルスは１回しか使えない→３種類持っていれば３回敵を静止させられる）
爆発物…ノーマルボム（投げてから何かに当たると爆発する）・タイマーボム５秒タイプ・１０秒タイプ・リモートボム（番号付き）・リモートボム起爆装置（番号選択して起爆）・トラップボム（ノーマルボムと検知線又は検知板を組み合わせて造る、ダメージは小さいが警報として役立つ）
放電ボム…設定範囲内の電子装置を麻痺させる、水と接触していると効果範囲を水エリアに拡大できる
長距離武器以外の火器は基本的にオートターゲット、。ただしオートだと敵の急所や脚など特定の場所は狙えないというのはどうでしょうか。

■ 防具

シールド…小型の携帯楯、ダメージが蓄積すると破損する→消耗品
各種部分アーマーその他多数

クリア時は各ステージでは、消耗費用（使用した弾薬や消耗した装備、アイテムの費用）
器物破損見積もり（破壊した敵ロボットや窓ガラス壁の弾痕数等を換算したもの）
敵ロボット破壊数
プレイ時間
ゲームクリア時にはそれに加えて、
問題原因究明率（物語のキーになるムービー、必要な幾つかのアクション等の達成率）
都市治安回復率（クリアしたステージの数）

プレイヤーキャラクター設定について

・キャラクターのタイプは職種設定別か、モデル設定か
＊職種設定の場合…キャラ達は元〜のバウンサー又は賞金稼ぎみたいな設定になる（ＲＰＧでよくある「様々な立場のキャラがパーティを組み、カウンターで仕事の依頼や報酬を受ける〜」というタイプの設定）
＊モデル設定の場合…キャラ職業は警察か軍の単種、キャラ個性は職業とは別のものになる（一般的に好まれ易い設定では無いが士郎的かも。キャラ個性については元軍人とか、電子捜査研究所所属とか、オリンピック代表とか、実験配備の〜、など）

・設定関係
＊練度は銃の命中率に集約するのはどうか（各火器毎にパラメータ変化、長く装備して使用した武器は実質的には単位時間当たりの攻撃力が上がる事になり信頼性が高くなる）…特に連射時の命中率が向上すると判り易いかも
＊体力は減る一方と言う寿命的な考え方もある。ＨＰは体力では無く、「サイボーグボディの構造疲労」であるダメージポイント「ＤＰ」になる（走り回っているだけでも僅かずつ疲労は貯まっていく）。蓄積して一杯になるとパラメータ更新で全ての武器練度無しに戻る・サイボーグボディを初期化するというのはどうか）メディパックは敵からの攻撃やトラップなどによる疲労の急速な蓄積をくい止めるだけ・手当てしないとケズリ（疲労蓄積）は進行する。ゲーム中、疲労は蓄積する一方（＝総ＨＰは減る一方）、ＤＰの貯まり方（ＨＰの減り方）が少しづつか、敵の攻撃やトラップでダメージを受けて一気に貯まるか（減るか）の差があるだけ。
別の考え方として、ＤＰと、ＨＰ両方という方法もある…ＤＰは蓄積一方、ＨＰは普通のゲームにおける体力ゲージ。
＊スキルはプレイヤーに選択を委ねる為、携帯装備可能な装具の数を限定し選択できる装具の種類を多くしておく。山の様なアイテムや装備火器を携帯して走り回るのは避ける。装備火器を限定する事で戦略性やチームワークを重視せざるを得ない様にする。基本的に攻撃火器はメイン２種とサブの合計３種くらいか

・ウイルス戦
ミニパズルゲームみたいな物にする　感染すると警告表示がプレイ画面に重なり、一定時間経過するとキャラが一定時間行動不能になる又はステータス異常になるなど（プレイヤーの不快感を招かない程度のもの）し、一定時間で回復（設定的には自動再起動ということに）する。　ワクチン装備をしている場合、感染すると警告＆ワクチン作成パレットがプレイ画面（ゲームは進行し続ける）に重なり、ミニパズルゲーム（ウイルスに対してワクチンを作成する…落ちもの系みたいなものか、進行中のプレイ画面がマークで埋まっていくなど）でウイルスを消去する。セット対応（ワクチンの登録）＆中和（他のキャラのステータス異常防止と回復）などできる装具を設定しウイルス戦に、より特化できるキャラを作れる様にしておく。ミニパズルは中和できないとキャラが一定時間行動不能になる。一度対処したウイルスは１ステージの間、再び感染しても発動しない。　ワクチン装備は「撃つ」事が出来、感染している又は活動停止している特定または全体のキャラの状態を回復させる事ができる。

・メール作成
メール文章作成時・次期使用アイテム選択時に、キャラ操作はオートに切り替える（オート時の行動はあらかじめおおまかな設定をしておく・周辺を逃げ回る、攻撃しながら周辺を逃げ回る、攻撃と防御をその場で〜などなど）のはどうか。

何が役に立つのか全く分からなかったので、とりあえず思いついた事を既存の例に倣って色々と提出した。基本的には「実際に動かしてみないと分からない事」が多いだろうから「初期の叩き台」程度のものだ。素人なりに頑張ったつもりなのだが、その意味や効果の有無は確認する機会が無いままになってしまった（残念だが仕方ない）。この画集に収録したメモ類は「読みたい人だけが拡大して読む」想定で、文字が非常に小さいが御容赦を。

プレイヤーキャラクターモデル　設定概念ラフ

		スタンダードタイプのミッドフィルダー		ダメージが蓄積し易いフォワードタイプ		クセのあるバックアップタイプ			
キャラクターモデル		01	02	03	04	05	06		
キャラクターデザイン									キャラクターデザインとモデルの関連性はプレイヤーの選択でも良いかもしれません
自己移動速度		中	速	遅	中	遅	速		移動速度の差はほとんど無くても良いと思います
可動物移動速度（ドラム缶や箱の移動）		中	遅	中	遅	速	速		
アモドライブスロット（火器を使用する手）		片手	片手	両手	両手	両手	片手		両手の火器は同種のもので、片手の場合に比べ倍の攻撃力がある（全弾命中の場合。実際は命中率が低くなる為、２倍では無い）
アモベイスロット（携帯可能な火器数）		3	4	4x2（両手持ち）	3x2（両手持ち）	8	8		携帯可能な武器の数を制限する設定です
シールドジェネレーター（自動防御又はグラフィック上の問題）		有り	有り	無し	無し	有り	無し		
アイテムベイ（携帯可能なアイテム数）		8	8	4	4	8	24		携帯可能なアイテムの数を制限する設定です
両手持ち大型火器発射時の硬直時間		中	長	無し	短	使用不可	使用不可		
ウイルス感染時の硬直時間（ワクチン不使用の場合）		短	短	中	中	長	無し		
物理的基本防御力		中	中	低	中	高	低		軽装備キャラモデル使用時には防御力は半減します
火器習熟速度	近接武器	速い	中	遅い	速い	無し	無し		火器習熟度は命中率と同じ概念です
	遠隔武器	中	速い	速い	遅い	無し	無し		
近接武器のリーチ		中	中	短	長	短	長		ここでいう近接武器とはナイフや棍など格闘武器の事です　手榴弾等の飛距離も含んでいます

★ ただキャラクターの絵を並べただけでは中途半端な感じがしたので仮にこの様な設定を考えてみました。
実際の設定（パラメータ項目＆内容など）は専門の方々にお願いします。

Item 20010812

基本的にメモ類はお読み頂く為に収録したものではなく、「あぁこういう作業をしたのね」という程度に漠然とご覧頂く趣旨で収録した。が、ど～してもメモの内容をお読みになりたい方は、どこかで拡大コピーなどしてご覧になると目に良いと思います（コストがかかるのでお勧めではありませんが）。

サイキックアイテム（装置）…「機能性神経束」または「サイキックディスク」

樹脂シャーレに特別な機能（サイキック）を持つ人工的ヒト脳神経束を封入・生体維持（一定期間？）、ユニットアイテム化したもの。神経機能を解釈するドライブ（名称はサイキックドライブ？）に装着してユーザーとリンクしておく（ゲーム上ではアイテムゲットまたは購入した時点で装着終了とみなす・装着のキャラモーションも無し、ただしディスク所有数が装備可能数を上回る場合は装備選択画面でどのディスクを装備しておくか設定が必要）。ディスク毎にどのような効果（サイキック）が決まっているが、スキルアップによりディスクの能力をより引き出す事が可能（同じ属性のディスクでも熟練度が高い方がより高度な効果を期待できる）。

※　装備可能ディスク枚数に制限を設けるかどうか
※　ディスクの効果量に制限を設けるかどうか（使用回数制限か、燃料の様な発想で量的制限か…その場合、総量制限？　スキルアップと個々のディスクとの関連性は無し）

使い終わったディスクは自動的にドライブから廃棄されるとそれらしいかもしれない。プレイグラフィックが必要になるが…薬莢廃棄と同様に、ドライブから吐き出されて地面に落ち（ＳＥ）すぐに消えて無くなる、又はその場にずっと落ちているとか。ポリゴンは「６角柱で１８ポリ」か「丸いマスクとTEXを張り付けた四角板ポリ２枚に挟まれたキャップ無し６角柱で８ポリ」か、あるいはもっとちゃんと作るか。また、サイキック発動時にドライブのリング部分が発光するとか。

サイズは直径５、５センチ

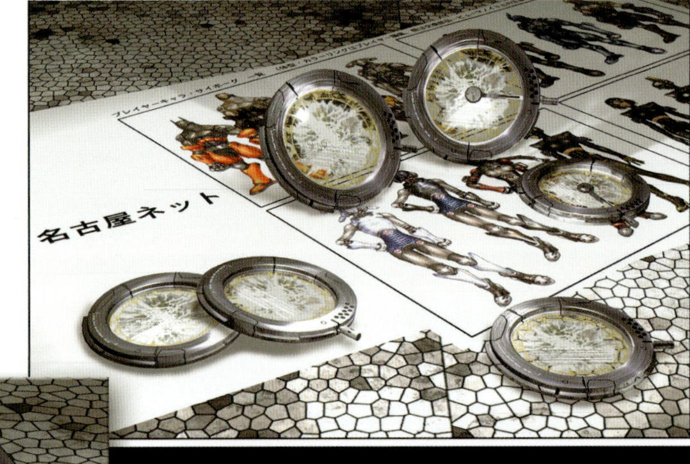

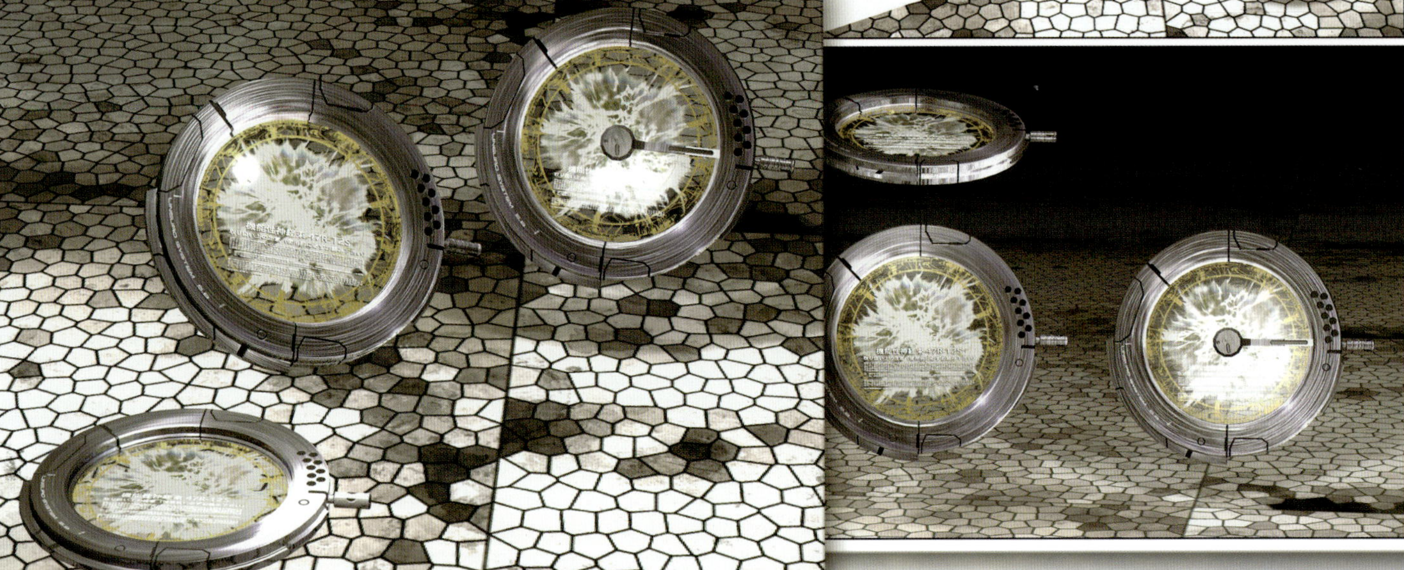

20010811 TEXTURE

ネットワークゲーム企画　ラフ

基本世界観…次々に犯罪が起こる近未来サイバーワールド
設定　２２０２年の産学共同型科学実験都市・碧浜市
市内にはハイテク企業のオフィスビルや実験工場・コンテナエリア、学園（教室等学校施設、研究室、実験ドーム、学生寮、スポーツ施設等の娯楽施設）、食堂街、公園、建設現場、地下小型電車網、地下駐車場、海岸沿いから海の方に突き出た形で存在する実験衛星打ち上げ施設・廃棄物処理施設・違法なゴミの小山・都市外周をまわっているモノレールなどがある。（モノレールの上には衝突判定が１枚置いてあり、キャラクターがジャンプ又は上に落下して乗る事ができる。乗ったままキャラを動かさなくてもモノレールの移動により都市の外観を観覧できる。都市そのものをどこまで描写できるか、或いは駅で止まってその間に隣のステージをローディングするのか、又は近景だけポリゴンエリアで遠景を板ポリと２Ｄで処理するか…あるいは各ステージ限定で走っているモノレールとかなら可能かも）
（チーム対戦に適した専用エリア＝複雑に入り組んだ廃ビルや、広めで起伏や障害物に富んだ野外等もあった方が嬉しいが、ストーリーモードと対戦モードで同じポリゴン空間を使うかどうか。サバイバルゲームのフラッグ系戦闘等する場合回り込めたり、リスクのある抜け道があったり障害物や遮蔽物がたくさんあると楽しいが、ストーリーモードでポリゴンキャラ+エフェクトが乗っても大丈夫なレベルに抑える気持ち必要有り？）

碧浜市では様々な自立ロボット達が活動して人間の都市生活を支えていた。掃除ロボ、運搬車両ロボ、メイドロボ等等は勿論、それに都市の公共器材が破損すると集まって来て一定時間で修復する「目に見えないマイクロマシン達」である。（ゲーム中に壊せるポリゴンも一定時間たつと修復しているといった描写可能な設定、ただしボスキャラ等は復活しない）　又、動物の高度知能化の研究も始まっており、遺伝子改造により喋れる様になった動物もいくらか存在している。

そんな碧浜市にある日突然、緊急避難警報が発令され、住民達は訳も判らないまま一斉に都市を後にした。街は封鎖され、無人になった。（実は居残っている人達も結構いる・研究一筋の学者、二日酔いで寝ていた学生、メンテナンス中で動けなかったロボット、機密情報を横流ししようと画策している犯罪者などなど）

プレイヤー１は特殊警察「機甲特科隊」の若きエース隊員として封鎖されている碧浜市に入り、（スタート時、あちこちに走り去る他の隊員もグラフィック的には欲しい、後にステージ各所で倒れていたり敵と紛らわしかったりするＮＰＣ達）何が起こったか探り、可能な場合は危機を回避する任務を遂行する。都市外周の封鎖網の一角に停車している黒塗りのトラックで消耗品の補給や装備交換、軽いキズの手当てが可能。男女いずれの場合も難易度低めの基本キャラ。
プレイヤー２は都市の娯楽施設で働いていたロボット。人間にとって好ましからざる事態を何とかしようと、規定の活動エリアから街中に出て事態の解明と改善にのぞむ。男キャラの場合は重装備装甲系に向いたキャラ、女キャラの場合は軽めの装備で機動力重視のキャラ。
プレイヤー３は碧浜市であまり好ましくない活動をしていた人間キャラで、避難しそびれた為に否応なくこれから起こる事態に巻き込まれて行く。男キャラの場合は軽めの装備で機動力重視のキャラ。女キャラの場合は重装備系に向いたキャラ。
プレイヤー４は碧浜市にたまたま来ていた民間人キャラで、都市の事は全く判らない。その為避難警報に気付かずに取り残されたのだ。男女とも特殊能力系に向いたキャラ。各ステータスが低く、難易度の高いキャラ。狙撃装備で攻撃体勢時（画面はセンタースコープ）に、銃身が下がる様なクセを付けられるかどうか？

プレイヤーキャラは育成・成長しない。元々の特性はあるが、個性化は基本的に装備＆身体部品交換とカラーリング・オリジナルエンブレムで行う。あとはプレイヤーの操作と意志と戦略しだい。
ゲームの難易度は「ゲーム開始前の難易度設定」ではなく、各キャラのレベル設定で行ってはどうか？（ステージや敵キャラは皆同じで、各キャラのパラメータ全体を、高め・標準・へぼへぼの３種から選択）
各キャラ毎に総装備重量制限を設けて、それを超えると動きが遅く又は動けなくなる等はどうか？装備のうち２種までは重量合計から免除とか必要かどうか？

プレイヤーキャラは設定上死なない。プレイヤー１の場合、体力が０になると倒れてステージを終了する事になるが、簡単なムービーで救助隊に回収され、手当てを受けた後に簡単なミニ別ステージ「訓練所」に送られる。ここをクリアすると都市内部に再び戻る事ができる（ただしそれまでにクリアしたステージのうち任意の１つの外周沿い、定位置に、装備はミニステージクリア成績により再装備が可能）。
キャラクター２の場合、体力０の状態でステージ終了、ブラックアウトの後、都市のマイクロマシンに移動・修復されて、それまでにクリアしたステージのどこか（ランダム？）で再起動（装備は回復、アイテムや消耗品はやられた時のまま）。事実上はステージエリアの外に放り出されるだけ。
キャラクター３の場合、体力が０になるとステージ終了、簡単なムービーの後ミニステージ「拘置所」に送

[illegible]

ムの終了を要求する様なゲームオーバーは必要無いのでは？）ゲームユーザーは自分の意志でゲームを終了しなければならない、又セーブポイントは各ステージ上２～３箇所に設置してストレス少なくセーブ＆ロードできる様にしておく。ゲーム空間内部では朝・昼・夜のグラフィック的時間経過と（日の出や日没の太陽にレンズフレア効果をつけられるかどうか、ごく稀に出現する流れ星やトンビはどうか）、プレイ時間計算はあるが、１０分内にクリアしないとゲームオーバーと言う様な時間制限は無い。ただ、ステージ内部ではスイッチを押してから一定時間で到達しなければならないエリアや仕掛けは多数存在する。

ステージ上には様々なアイテムが必然性のある場所に置いてある又は隠してある。たとえばケガをしている機甲特科隊員からは弾薬や火器を、医療施設からはメディパックを、衣装たんすからは着替えを、敵の残骸から火器や燃料タンクをとかとか。無限に弾の出る火器等は基本的に無い。弾薬・燃料・バッテリーの補給・交換は比較的やり易く厚めに設置しておく。あるいはいずれのステージにも必ず医療関係施設（大きな病院・町医者・保健室・医学研究施設など）があり、そこへ戻るときちんとした医療対処（体力完全回復）ができ、携帯用のメディパックも予備がいくつか置いてありプレイヤーは必ずしも持ち得る限りたくさんのアイテムを常に持ち歩く必要が無い様にしておく方法もありかもしれません。

ステージ上には様々な壊せるものが存在する。一部の窓ガラス、ドア、一部の車両、コンテナ、橋、鉄塔、ミニダム、木箱、電話ボックス等等。壊すとポリゴンがバラけて無くなってしまう物や一部壊れずに残るもの、空間書き替えで異なる状態になるもの、燃えて煙が出るもの（炎＆煙は板ポリ？）等など。橋に爆発物を仕掛けて爆破したり、鉄塔を倒したりといったステージの状態変化をどれくらい描写可能か？またキャラの装備、特にシールドはダメージが一定量に達すると壊れる方が面白いがリアルタイムにグラフィックで表現可能かどうか？又、着弾している事を描写できるかどうか？実際に３Ｄ空間テクスチャ上で着弾跡が出るのは難しいとして、カメラに関係した２Ｄ的な方法で何かできないかどうか？

ステージ上には様々な押して移動可能な物、押して開くドアがある。ドアは開いているドア・閉まっているドア・ロックされているドアがある。ロックされていて壊せないドアを開くには鍵が必要。また、鍵を持っていれば開いていたドアをロックする事も可能。低レベルな敵は鍵を開けられない。ハイレベルな敵はドアを壊して移動する事がある。

ステージ上には爆発＆誘爆するものがある。ガスボンベ、ガスタンク、爆発性ドラム缶、花火屋、花火大会の準備室、タンクローリーなどなど。もちろんダメージ判定は敵味方双方に発生する。押して移動可能な誘爆オブジェも多数存在する。それにより、装備アイテムの爆発物よりも高い効果を生む様なトラップを仕掛ける事が可能。

いわゆるアイテムは取得・使用・設置できる。リモートボムは「設置」しないで「使用」すると自爆になる。アイテムは可能な限り移動しながら使用できる様にする。ただし攻撃待機状態（狙撃銃等を構えていて画面がセンタースコープになっている時等）はアイテム使用も移動もできない。アイテムの幾つかは可能なら３Ｄで作成、ポリゴンフィールド内で転がったり壁に当たって跳ね返ったりするとリアルで面白い。坂で転がる爆発物を使用したり、うまく設置しにくかったり（谷側に立って山側を向いて足元に設置すると転がらない…）などなど。設置したアイテムはあまり長い時間放置するとランダムで消失する事がある。おそらく「中途半端に知能化した動物達」が持ち去るのだろう。あるいはアイテム収集をしているヘンな趣味の「中途半端に知能化した動物」を１体ステージ上に巡回させても面白いかも知れません。

キャラクターの状態（個性化とは別に…破損・ホータイ巻き・火花・汚れ・火がつく・燃えてすすける・水に濡れるなどなど）はどの程度グラフィックに反影できるか？汚れを水で落とす等可能かどうか。

フィールドの地面をキャラクターが走ったりジャンプ着地した時等、砂をかむ足音や、水たまりではそれ

[illegible]

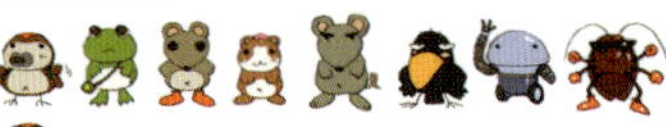

[illegible]

長距離武器…狙撃銃・レーザーライフル・パルスライフル・対戦車ライフル（長距離武器を構えた状態では画面はセンタースコープ（サイト）に変わる、任意のピンポイントを攻撃できる）
投擲武器…手りゅう弾・火炎瓶
電子武器…ジャマー（ロボットの動きを遅くする、発信機は消耗品、何度か使える）
ウイルス（短い時間効果範囲内の敵を静止させられる、１ステージ内１種類のウイルスは１回しか使えない→３種類持っていれば３回敵を静止させられる）
爆発物…ノーマルボム（投げてから何かに当たると爆発する）・タイマーボム５秒タイプ・１０秒タイプ・リモートボム（番号付き）・リモートボム起爆装置（番号選択して起爆）・トラップボム（ノーマルボムと検知線又は検知板を組み合わせて造る、ダメージは小さいが警報として役立つ）
放電ボム…設定範囲内の電子装置を麻痺させる、水と接触していると効果範囲を水エリアに拡大できる
長距離武器以外の火器は基本的にオートターゲット、。ただしオートだと敵の急所や脚など特定の場所は狙えないというのはどうでしょうか。
防具
シールド…小型の携帯楯、ダメージが蓄積すると破損する→消耗品
各種部分アーマーその他多数

敵キャラについて
ネットワークプレイ時にポリゴンキャラ８人で入り乱れて銃撃戦をしたりするならザコ敵は２Ｄの方が数を増やせて面白いのでは？３Ｄモデルを各方向からレンダリングした絵を板ポリゴンに呼び出しているだけでも結構それなりに見えたりすると思います。記憶が定かではありませんがかつて「サイキックフォース」という格闘ゲームがそんな様なシステムだったように思います。また、これ又古い話ですがかつてドゥームで１エリアに７０体以上というのがあって印象に残っています。基本３Ｄで、敵数が欲しいポイントでは２Ｄというのはどうでしょうか？

敵キャラ同士でもダメージ判定やターゲッティングがあると面白いと思います。戦略性も増すし大型のポリゴンキャラになら背中にのって敵同士で同士打ちさせたりできるかもしれません。

フィールド上には敵キャラの他に、敵ではないＮＰＣも存在する。「中途半端に知能化した動物達」で、できれば３Ｄで描写、攻撃するとひっくり返るが死にはしない。登場時にケガをしているものもいるが死体になったり死体で転がっていたりはしない。いずれも１５センチ立方くらいのサイズ。また倒れている他の機甲特科隊員もいてプレイヤーの目には見えない起動ラインを通過すると呼び掛けて来たり（音声呼び出し）、へたりこんでいる隊員の近くに行ってアクションボタンを押すと苦しそうに答えたり（情報をくれたり仲間に何かを伝えるミッションを依頼されたり）する。また研究施設内部には訳の分かっていないガンコ科学者や責任感から安全確認を続けている保安関係者なども存在する。また、ゲーム中盤からは「中途半端に知能化した動物」によるアイテム屋が登場する。ここにはそれまでに道難にあったアイテムなどが並ぶ事もある。あまり店の主人を攻撃すると要求が高くなったり店仕舞いしたりする。アイテムの購入はステージ内部で手に入れたチーズのかけらや光り物など店の主が喜びそうな物で行う。可愛い女の子のアイテム屋というのもお約束か…。

クリア時は各ステージでは、消耗費用（使用した弾薬や消耗した装備、アイテムの費用）
器物破損見積もり（破壊した敵ロボットや窓ガラス壁の弾痕数等を換算したもの）
敵ロボット破壊数
プレイ時間
ゲームクリア時にはそれに加えて、
問題原因究明率（物語のキーになるムービー、必要な幾つかのアクション等の達成率）
都市治安回復率（クリアしたステージの数）
を表示するだけで、クリアにかかった時間・残り体力・クリア方法などでのポイント評価又はランキング評価は行わない　というのはどうでしょうか。成績評価しない事で、空間探索やクリア方法への様々なアプローチの幅を拡げられるかもしれません。通常プレイヤーにははっきりとしたクリア目的とその成績評価が必要不可欠でしたが、観賞に耐えるグラフィック能力が実現した時点で「世界観に浸って自由に行動する」といった楽しみ方が可能になったのではないかと思っています（本当にそうかどうかは判りませんが）。

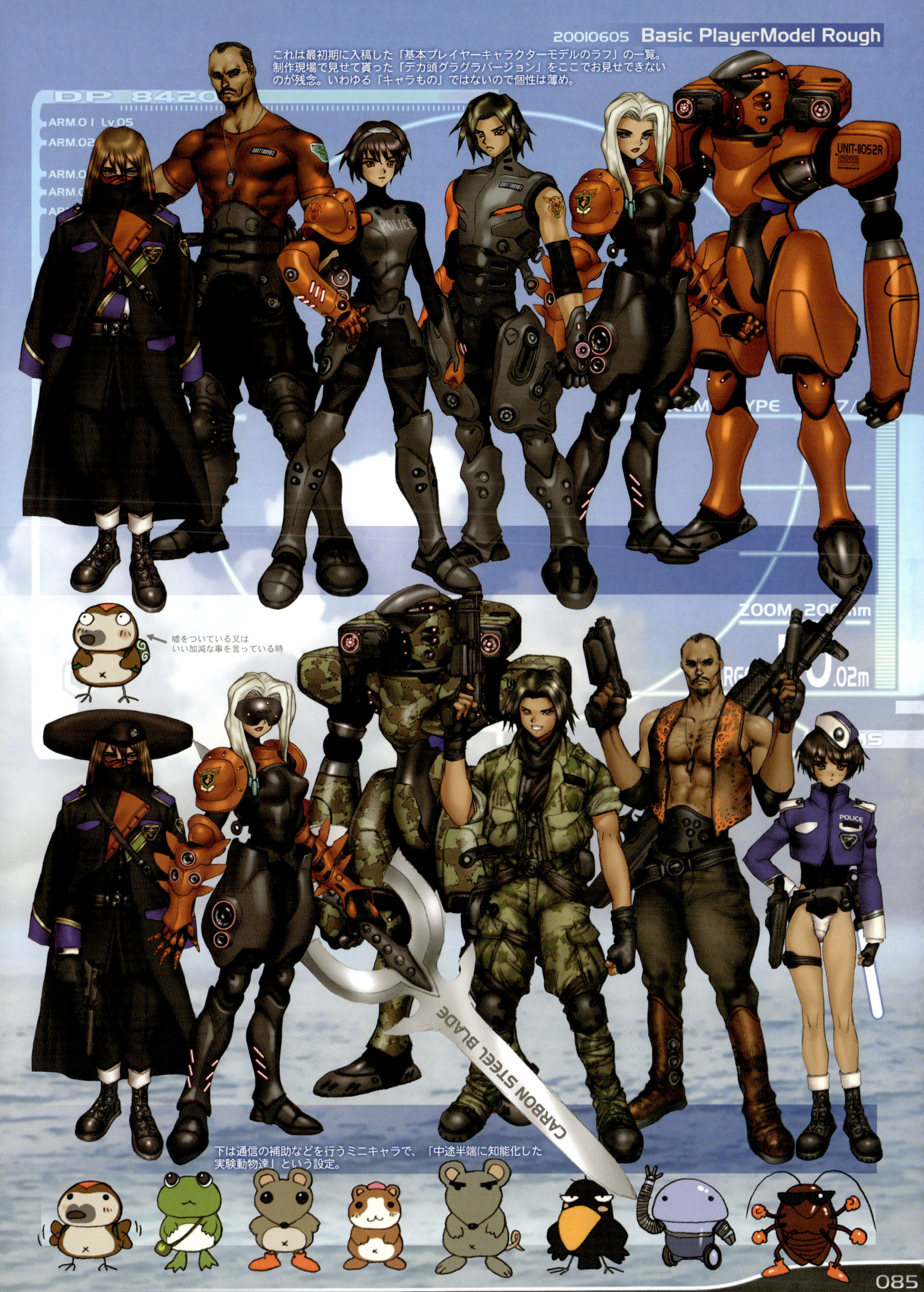

20010605 Basic PlayerModel Rough

これは最初期に入稿した「基本プレイヤーキャラクターモデルのラフ」の一覧。
制作現場で見せて貰った「デカ頭グラグラバージョン」をここでお見せできないのが残念。いわゆる「キャラもの」ではないので個性は薄め。

嘘をついている又はいい加減な事を言っている時

下は通信の補助などを行うミニキャラで、「中途半端に知能化した実験動物達」という設定。

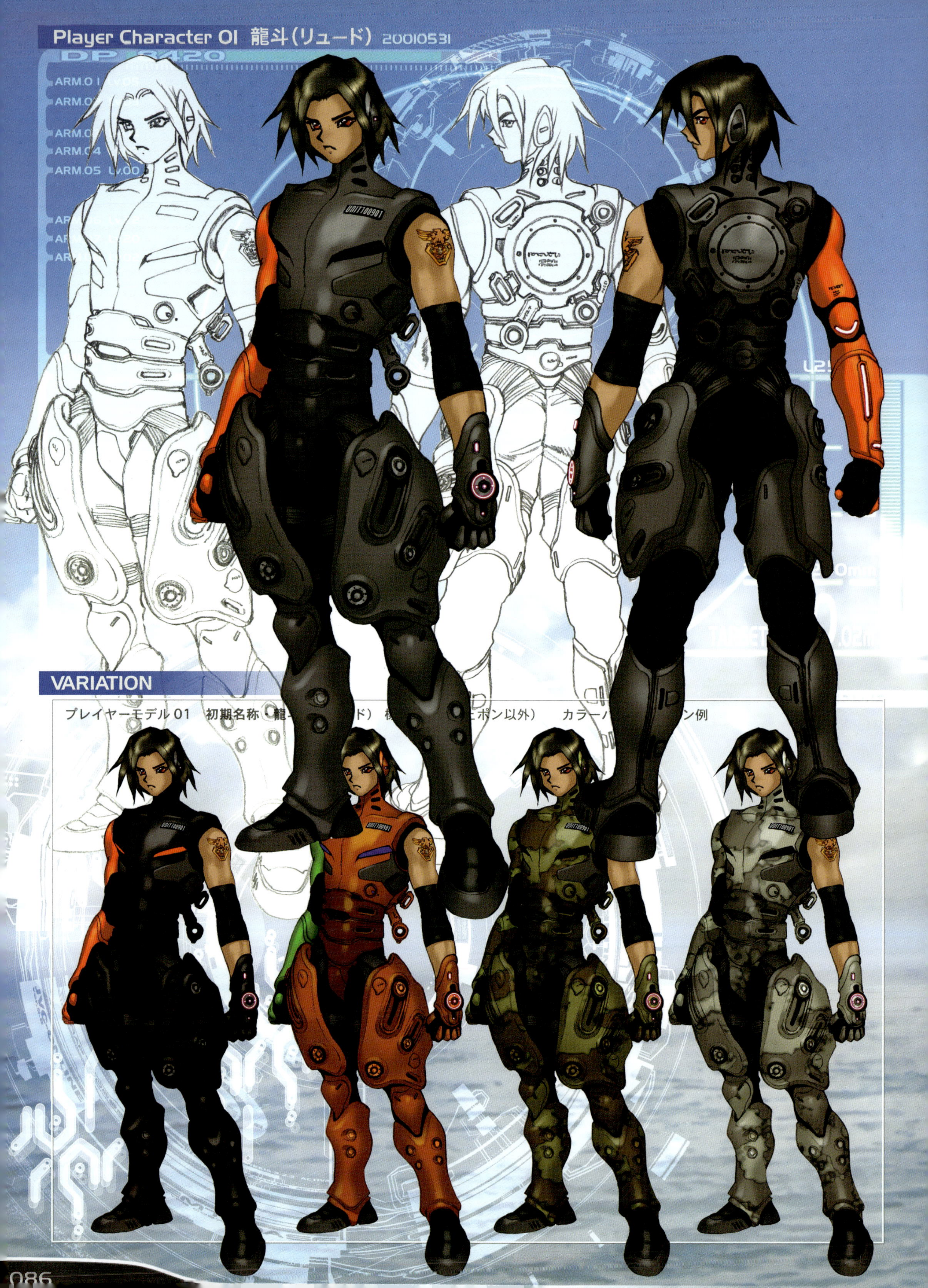
Player Character 01 龍斗(リュード) 20010531
VARIATION
プレイヤーモデル 01　初期名称・龍
カラー
ン例
UNIT100901

20010611 Player Character 01 龍斗(リュード)

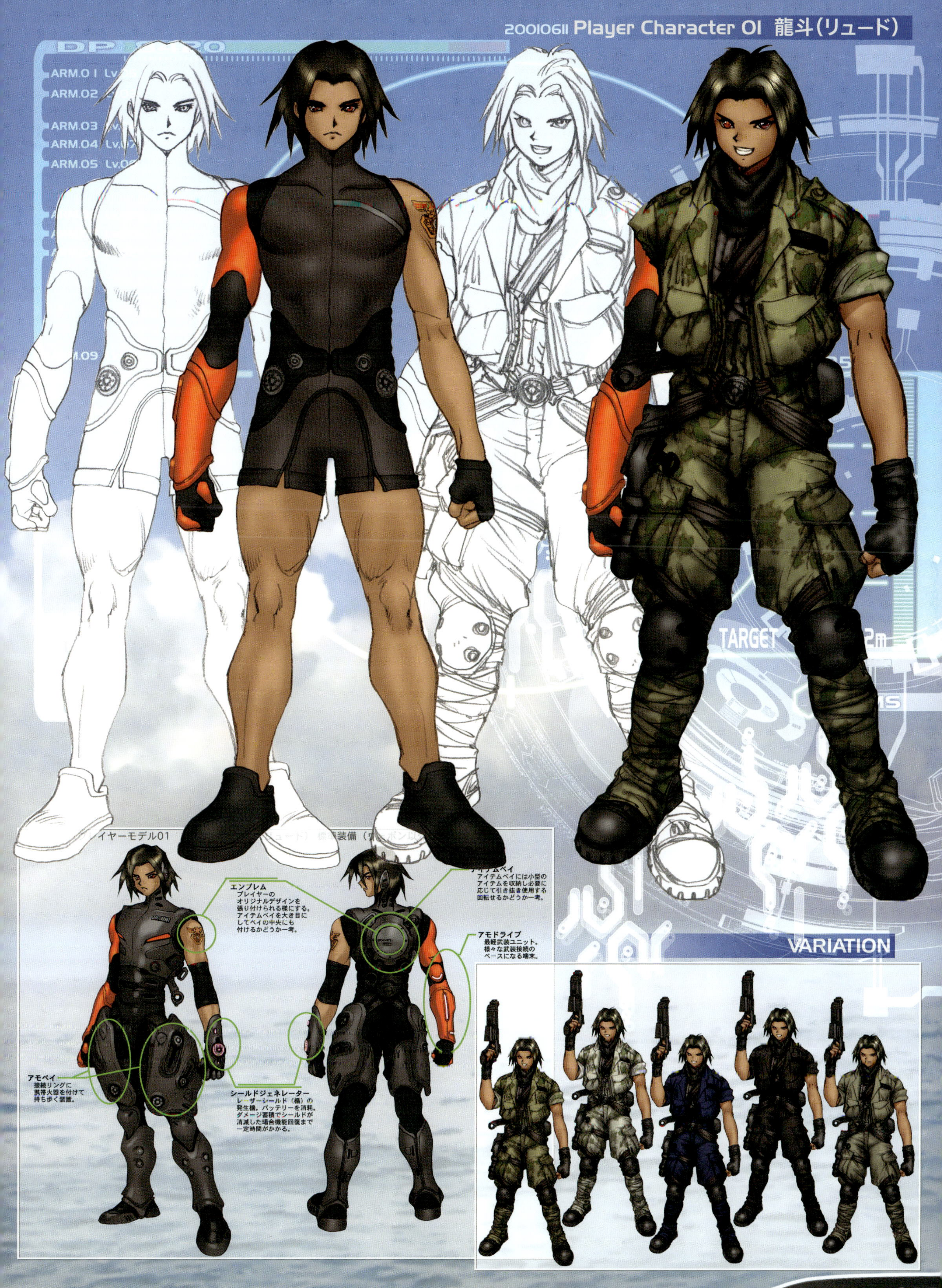

Player Character 02 凛那(リンナ) 20010602 20010715

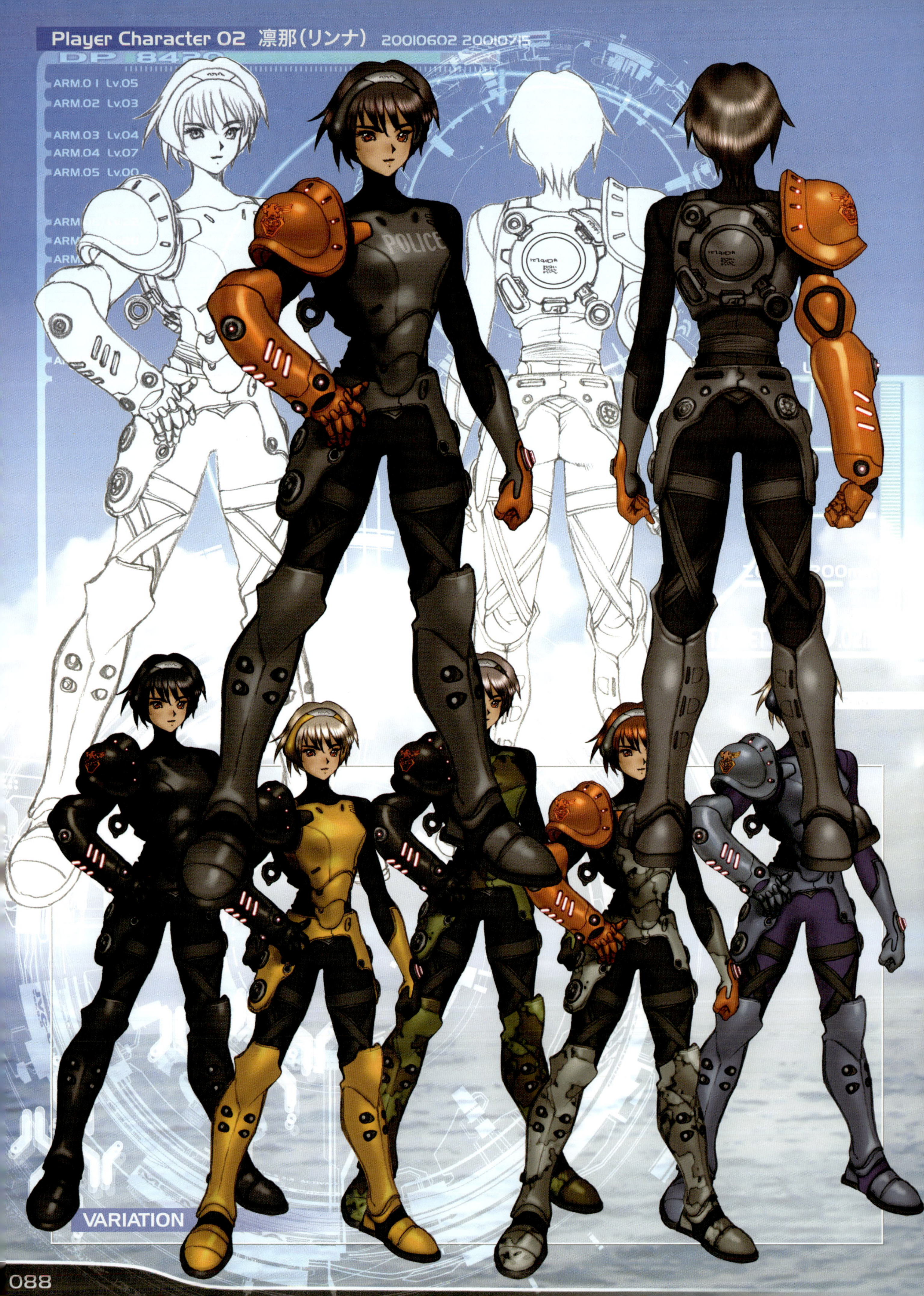

20010602 20010606 Player Character 02 凛那(リンナ)

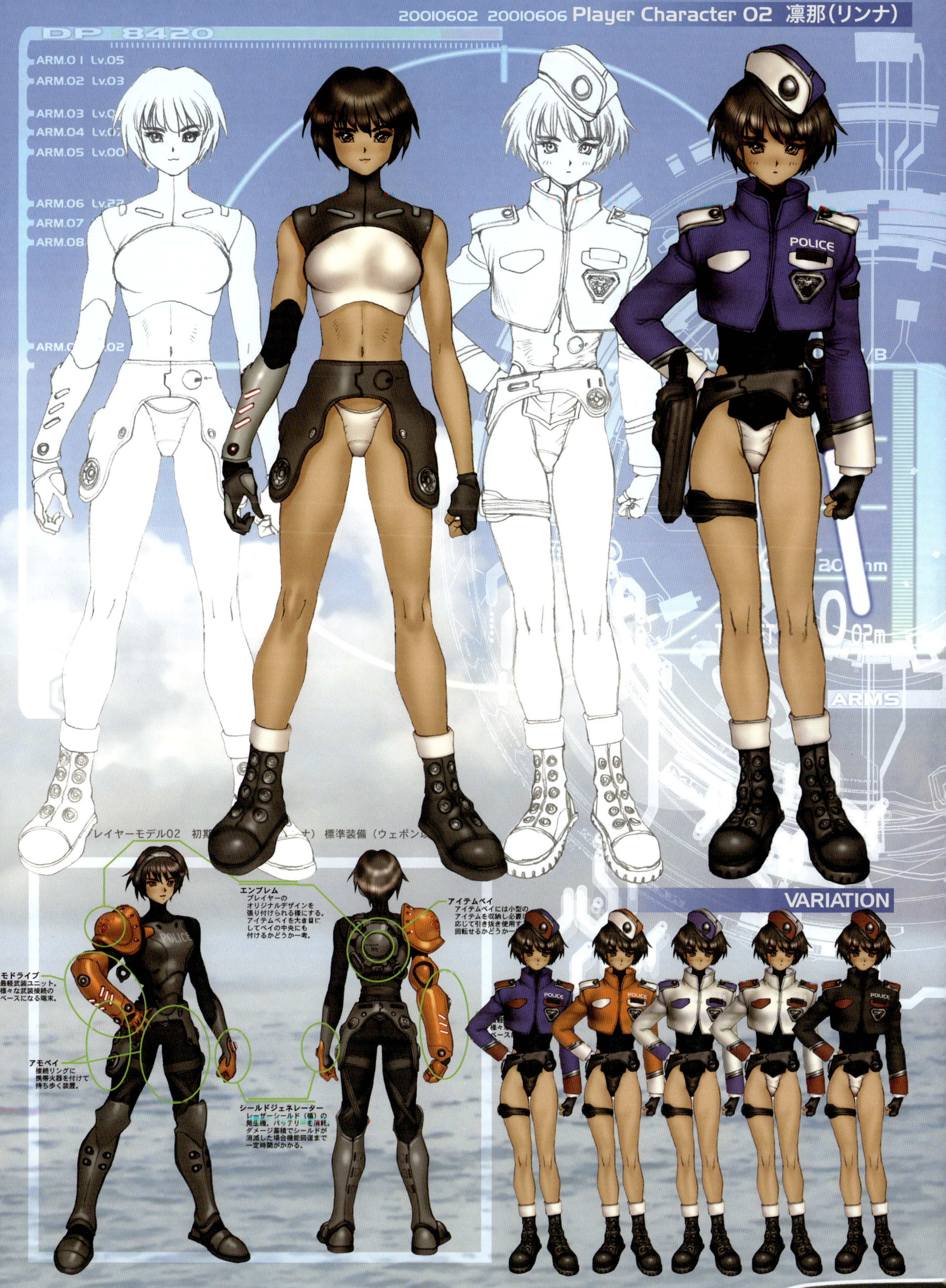

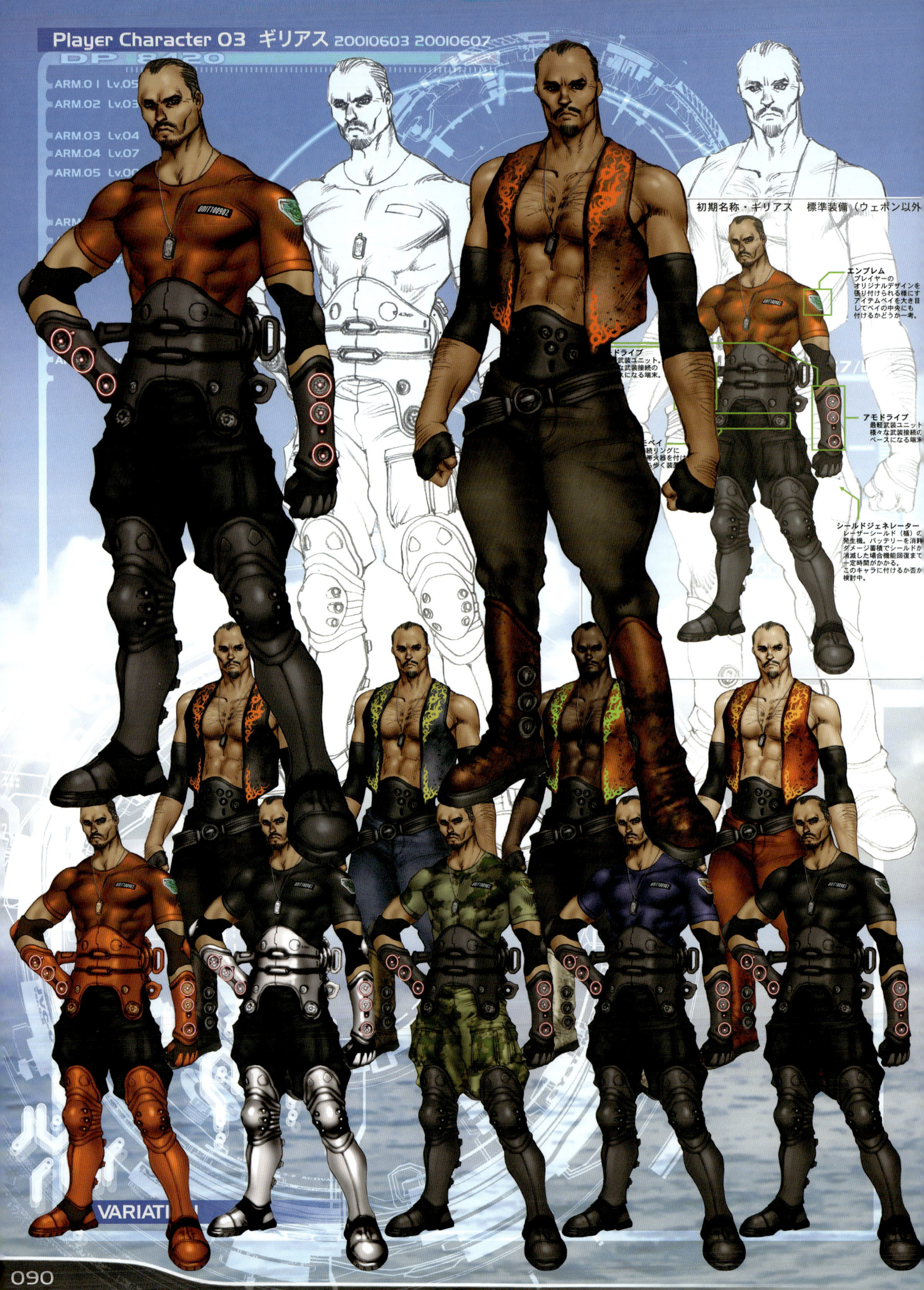
ARM.01 Lv.05
ARM.02 Lv.03
ARM.03 Lv.04
ARM.04 Lv.07
UNIT100902
初期名称・ギリアス　標準装備（ウェポン以外
エンブレム
プレイヤーの
オリジナルデザインを
張り付けられる様にす
アイテムベイを大き目
してベイの中央にも
付けるかどうか一考。
アモドライブ
最軽武装ユニット
様々な武装接続の
ベースになる端末
シールドジェネレーター
レーザーシールド（楯）の
発生機。バッテリーを消耗
ダメージ蓄積でシールドか
消滅した場合機能回復まで
一定時間がかかる。
このキャラに付けるか否か
検討中。
VARIATI

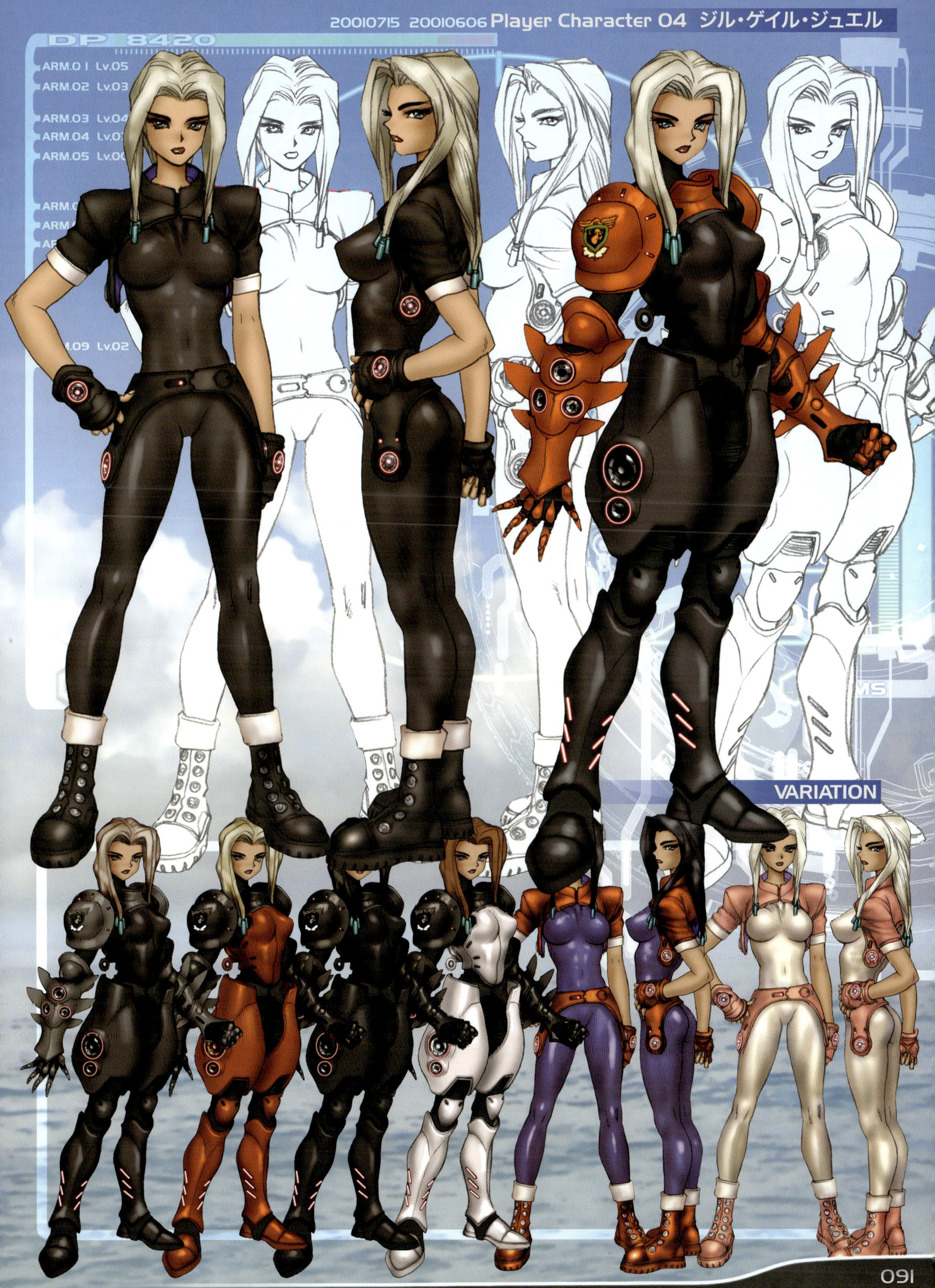
DP 8420
ARM.0 I Lv.05
ARM.02 Lv.03
ARM.03 Lv.04
VARIATION

Player Character 05 デニス 20010605

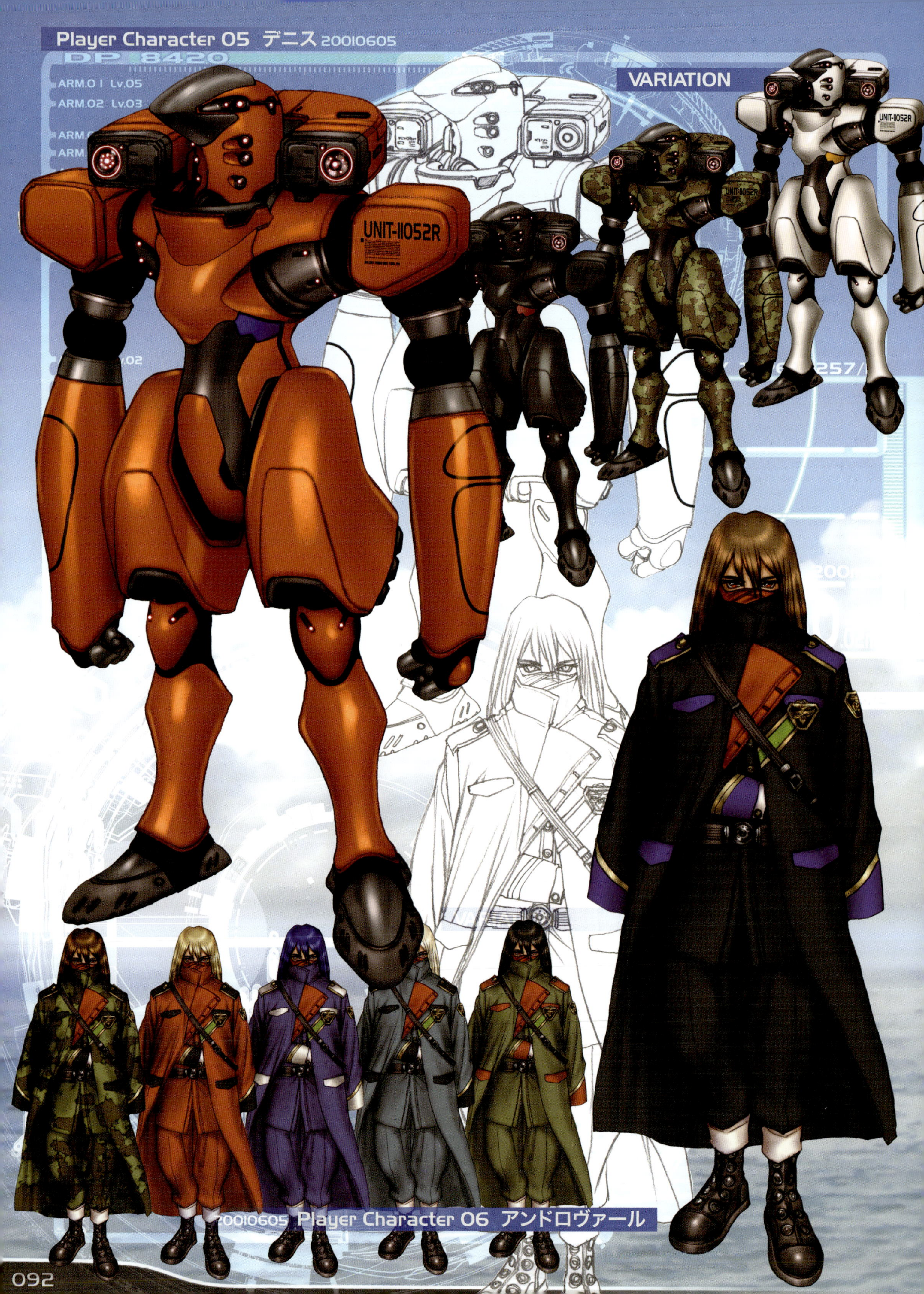

20010605 Player Character 06 アンドロヴァール

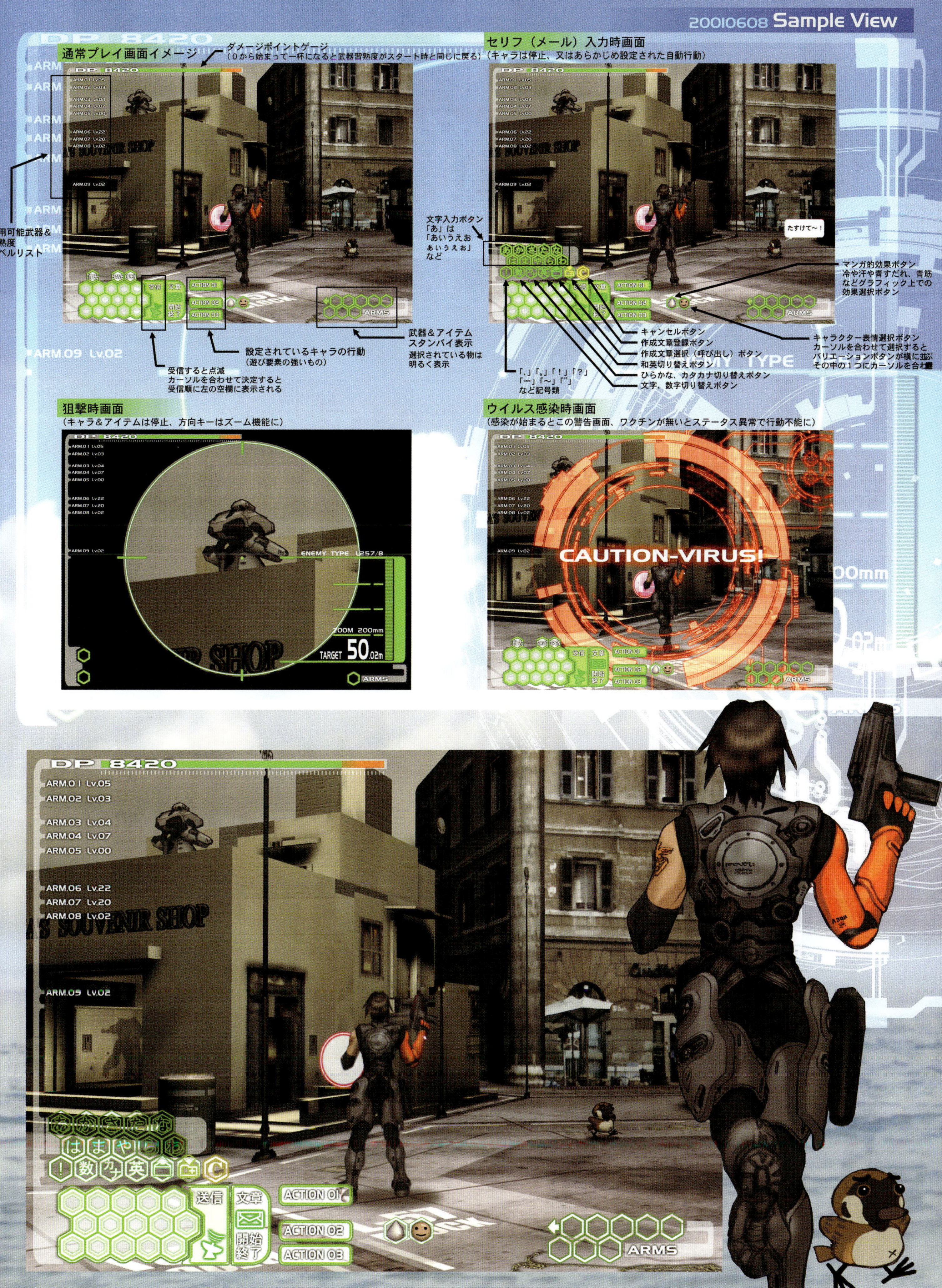
通常プレイ画面イメージ
ダメージポイントゲージ
（0から始まって一杯になると武器習熟度がスタート時と同じに戻る）
使用可能武器&
習熟度
レベルリスト
受信すると点滅
カーソルを合わせて決定すると
受信順に左の空欄に表示される
設定されているキャラの行動
（遊び要素の強いもの）
武器&アイテム
スタンバイ表示
選択されている物は
明るく表示
セリフ（メール）入力時画面
（キャラは停止、又はあらかじめ設定された自動行動）
文字入力ボタン
「あ」は
「あいうえお
ぁぃぅぇぉ」
など
たすけて～！
マンガ的効果ボタン
冷や汗や青すだれ、青筋
などグラフィック上での
効果選択ボタン
キャンセルボタン
作成文章登録ボタン
作成文章選択（呼び出し）ボタン
和英切り替えボタン
ひらかな、カタカナ切り替えボタン
文字、数字切り替えボタン
「、」「。」「！」「？」
「ー」「～」「"」
など記号類
キャラクター表情選択ボタン
カーソルを合わせて選択すると
バリエーションボタンが横に並ぶ
その中の1つにカーソルを合わ
狙撃時画面
（キャラ&アイテムは停止、方向キーはズーム機能に）
ENEMY TYPE
TARGET 50 02m
ウイルス感染時画面
（感染が始まるとこの警告画面、ワクチンが無いとステータス異常で行動不能に）
CAUTION-VIRUS!
DP 8420
ARM.01 Lv.05
ARM.02 Lv.03
ARM.03 Lv.04
ARM.04 Lv.07
ARM.05 Lv.00
ARM.06 Lv.22
ARM.07 Lv.20
ARM.08 Lv.02
ARM.09 Lv.02
送信
文章
開始
終了
ACTION 01
ACTION 02
ACTION 03
ARMS

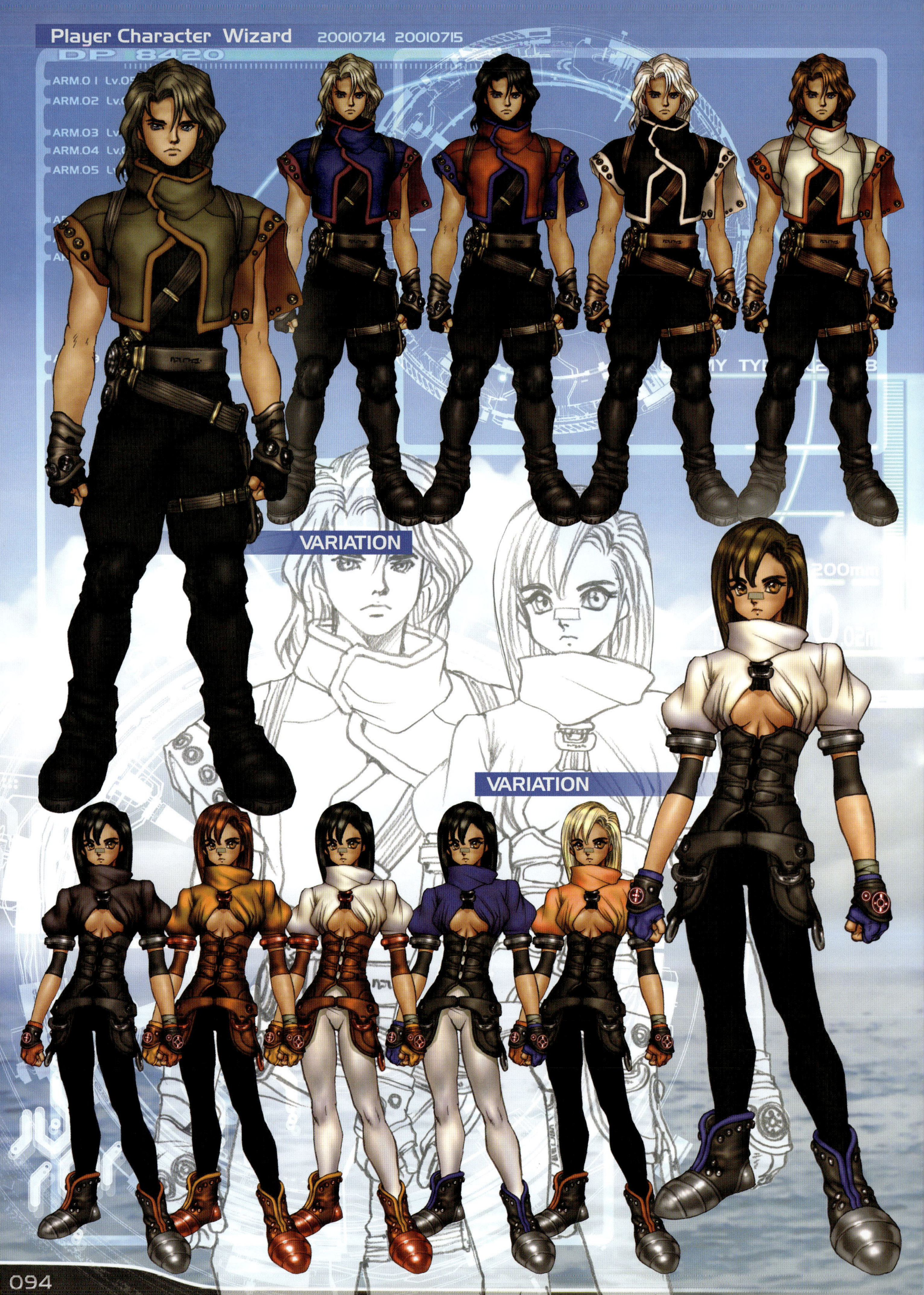
VARIATION
VARIATION

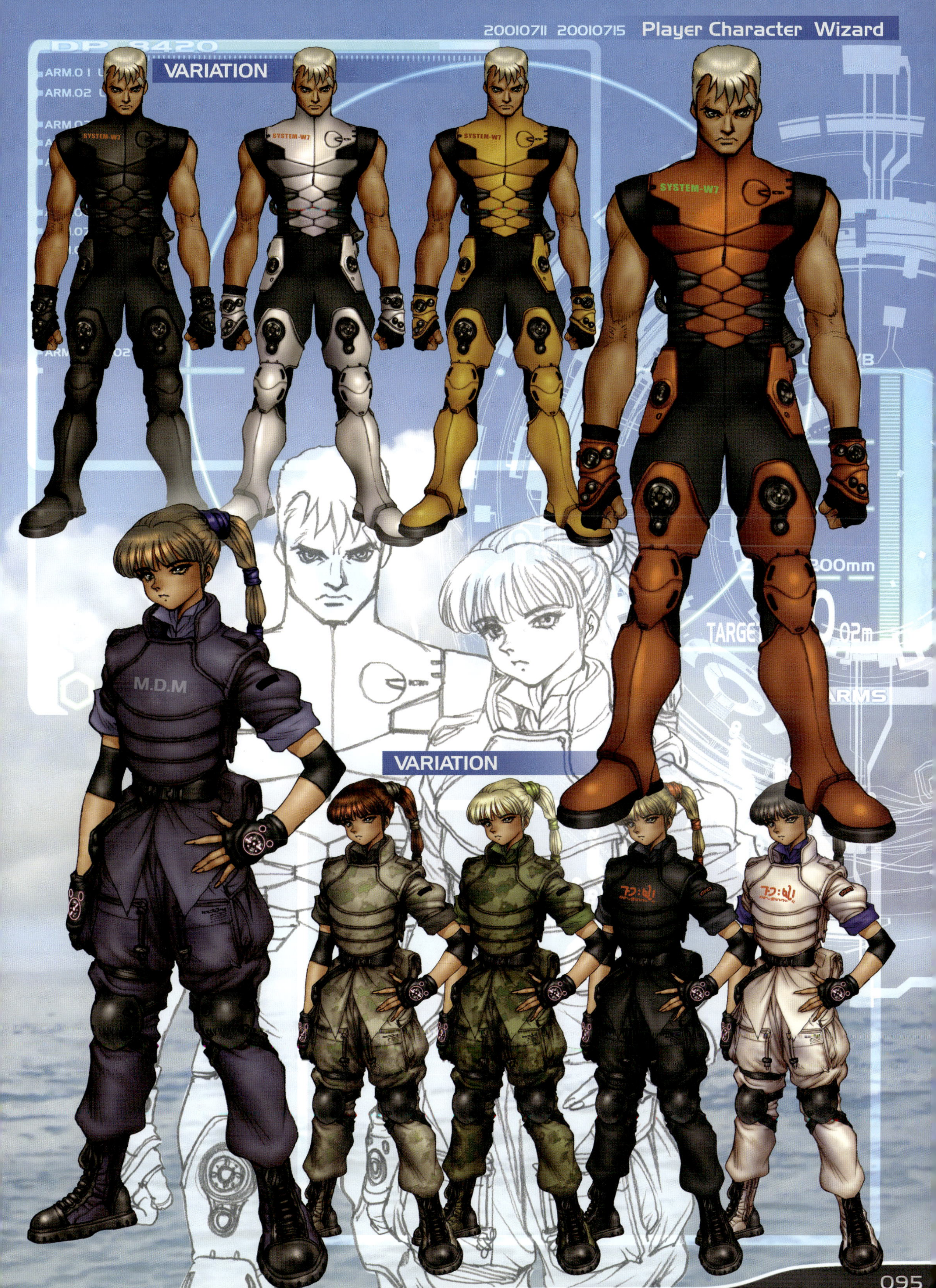
VARIATION
SYSTEM-W7
M.D.M
VARIATION

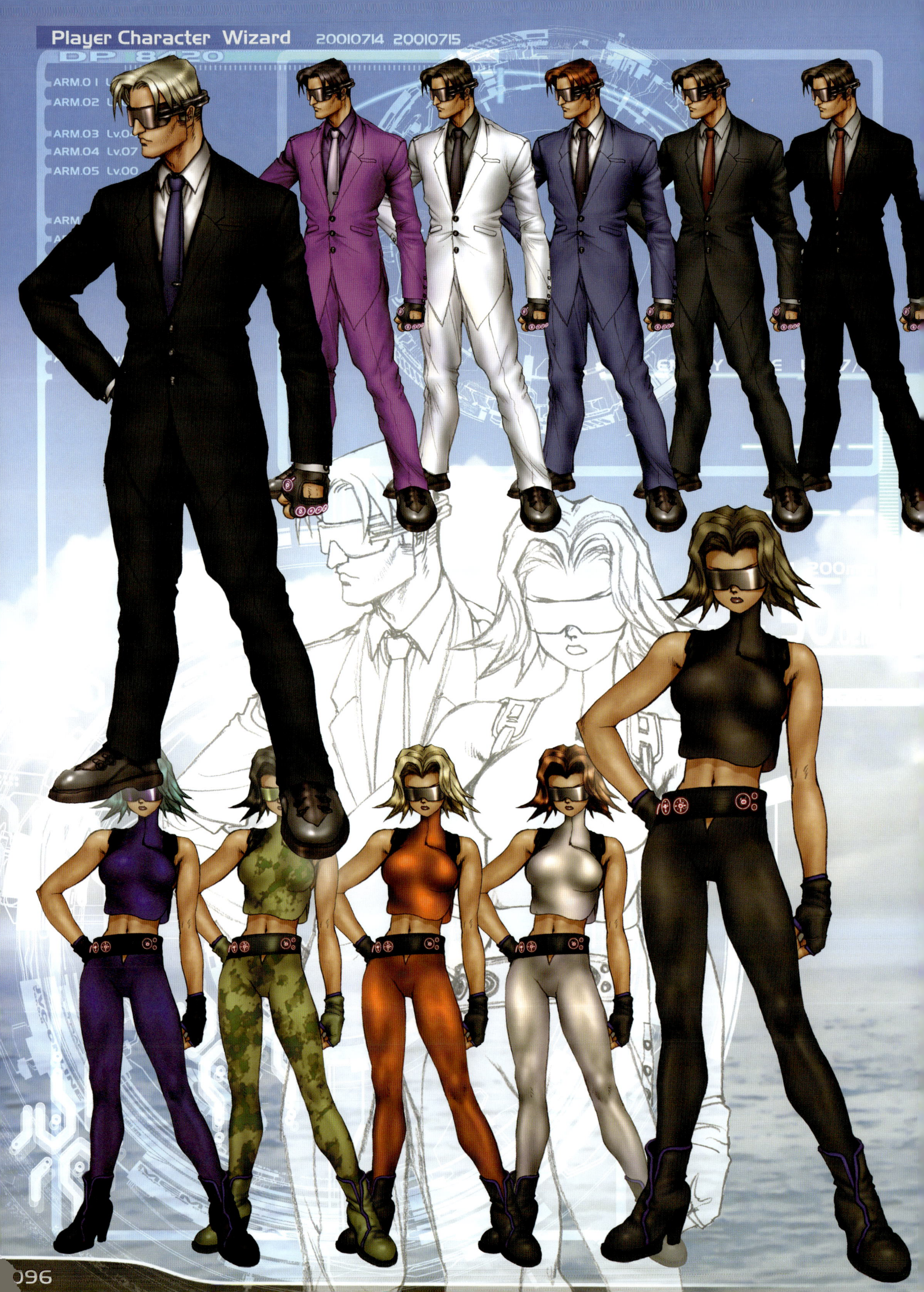
ARM.04 Lv.07
ARM.05 Lv.00

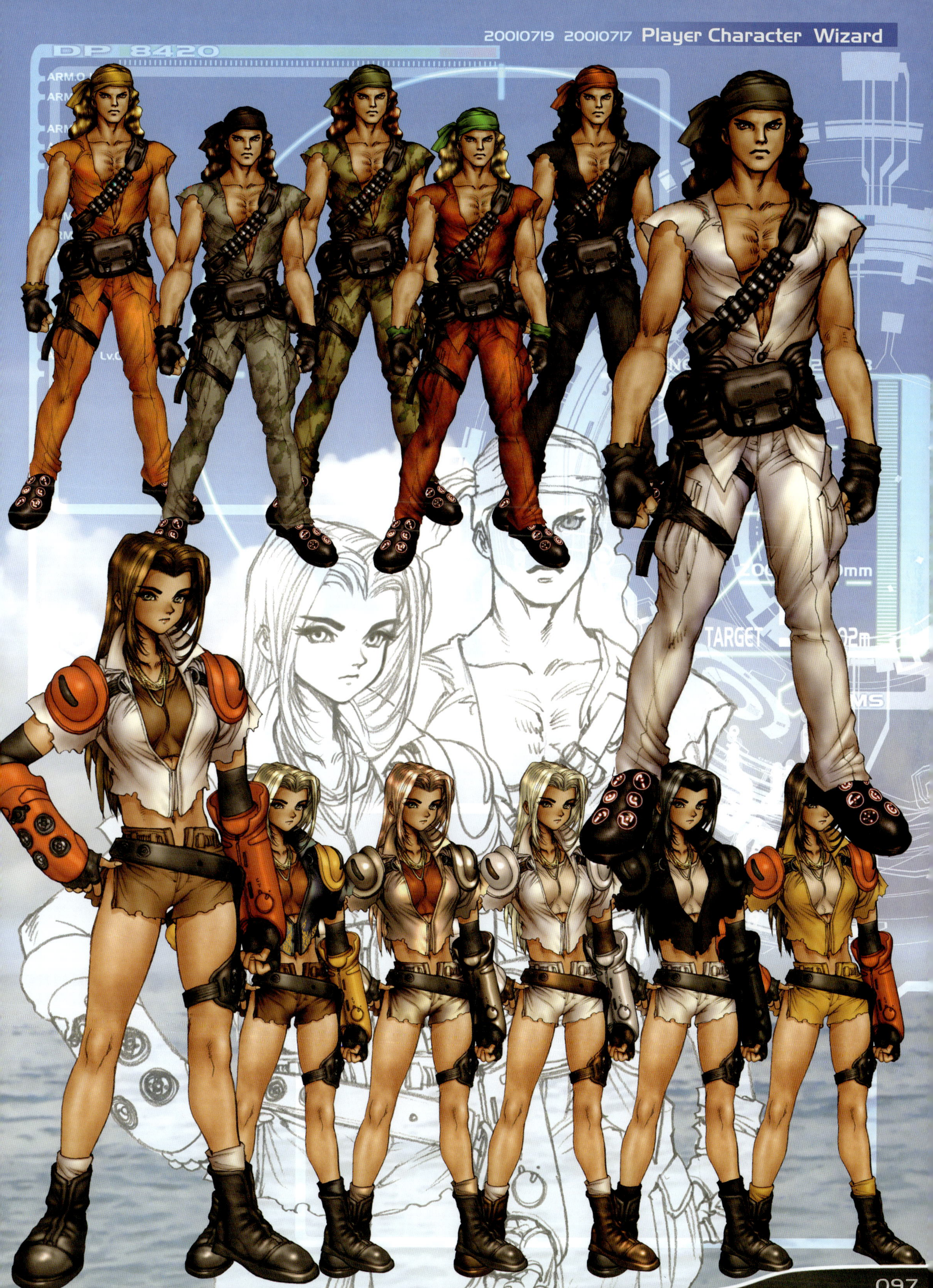
DP 8420
TARGET

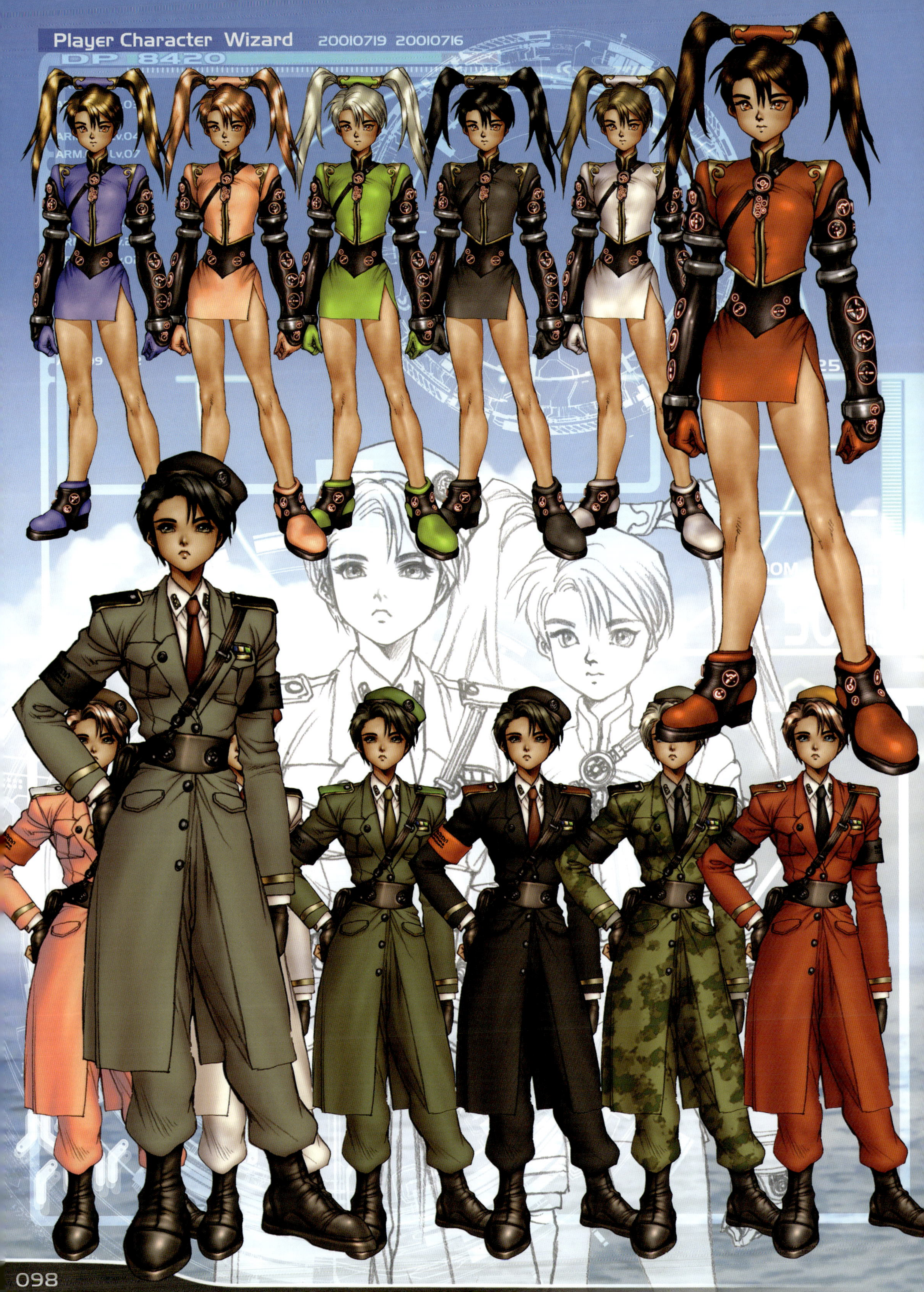
DP 8420

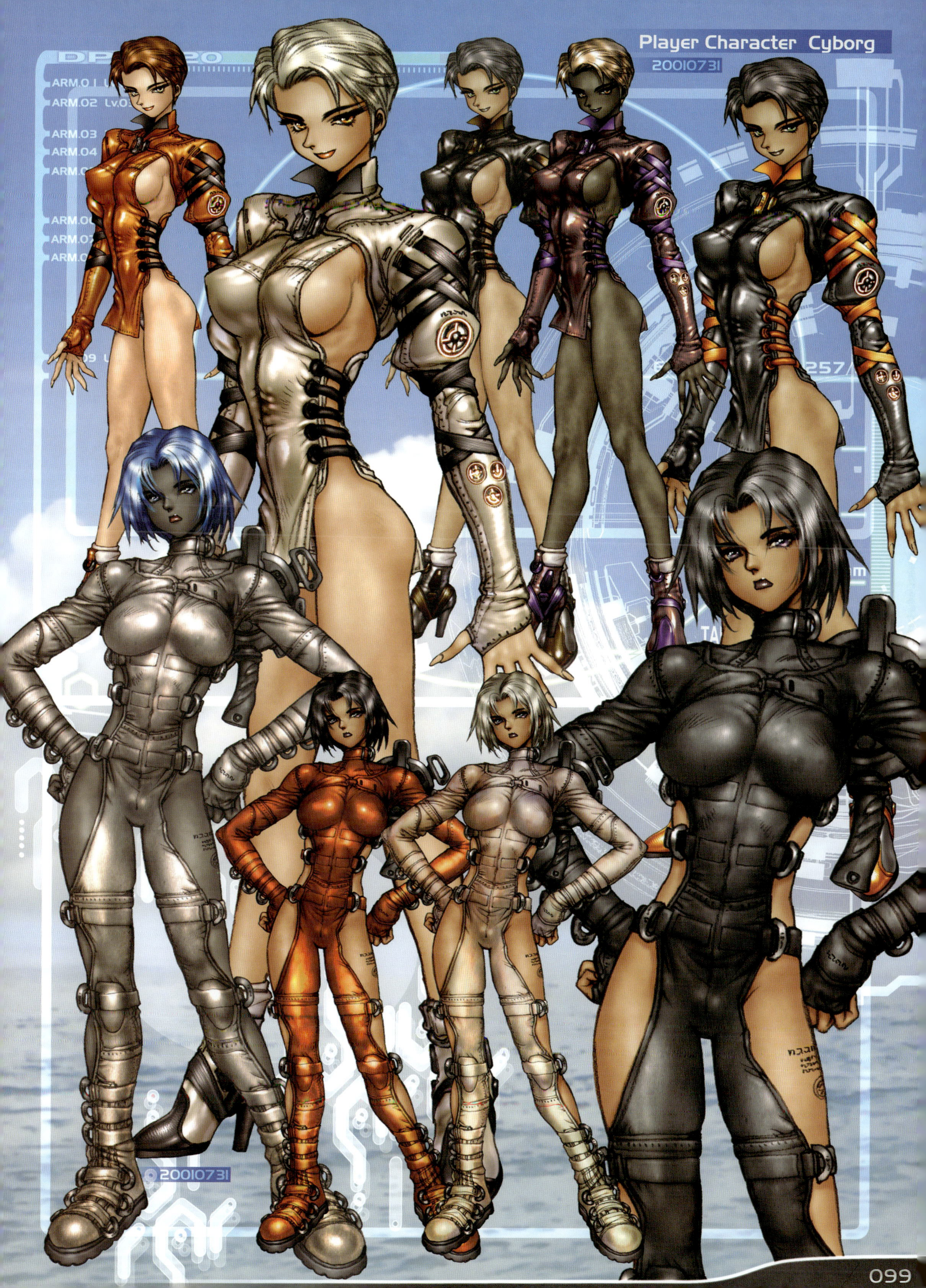
20010731
ARM.01
ARM.02 Lv.0
ARM.03
ARM.04
257
20010731

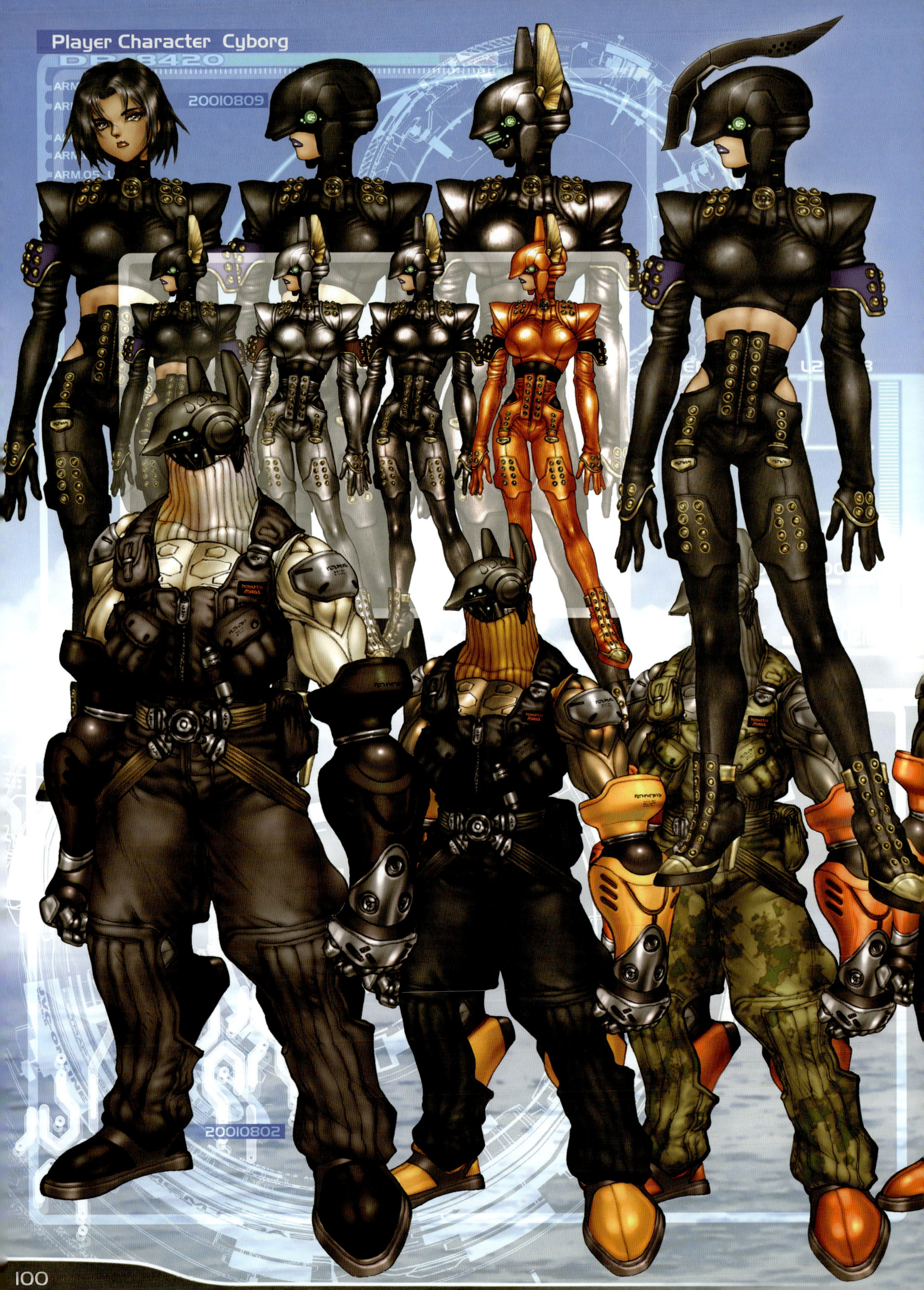
20010809
20010802

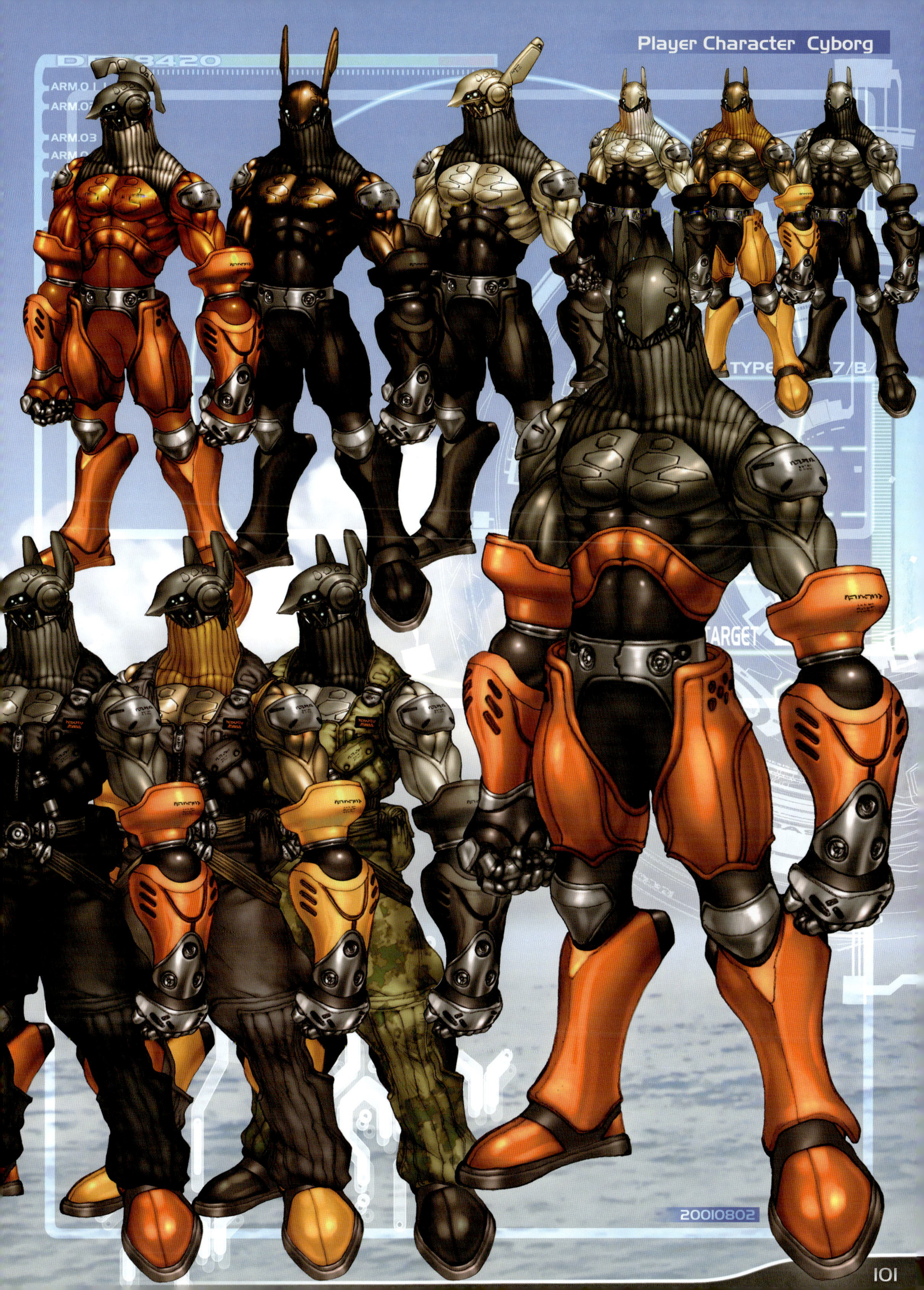
ARM.03
20010802

Player Character Cyborg

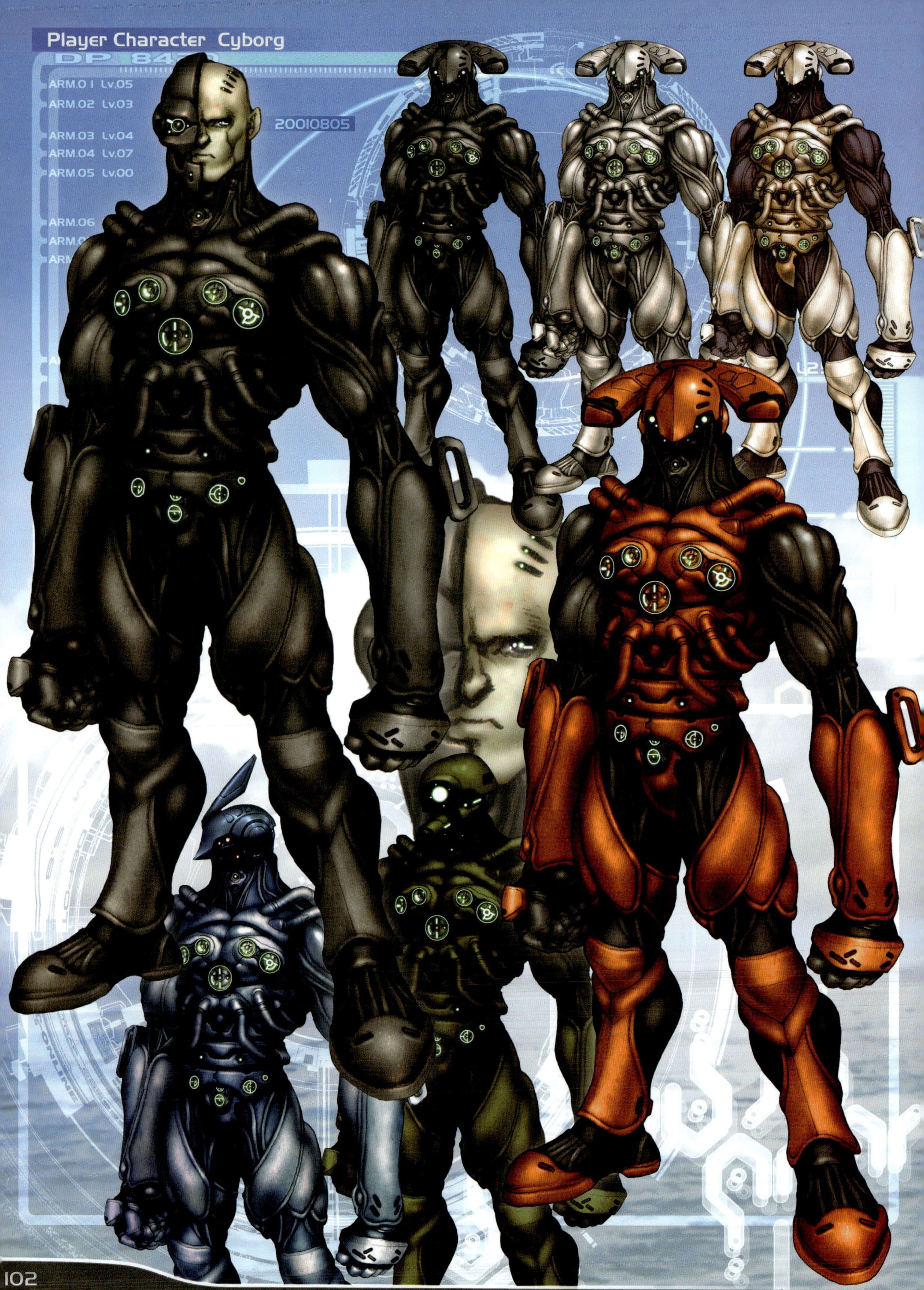

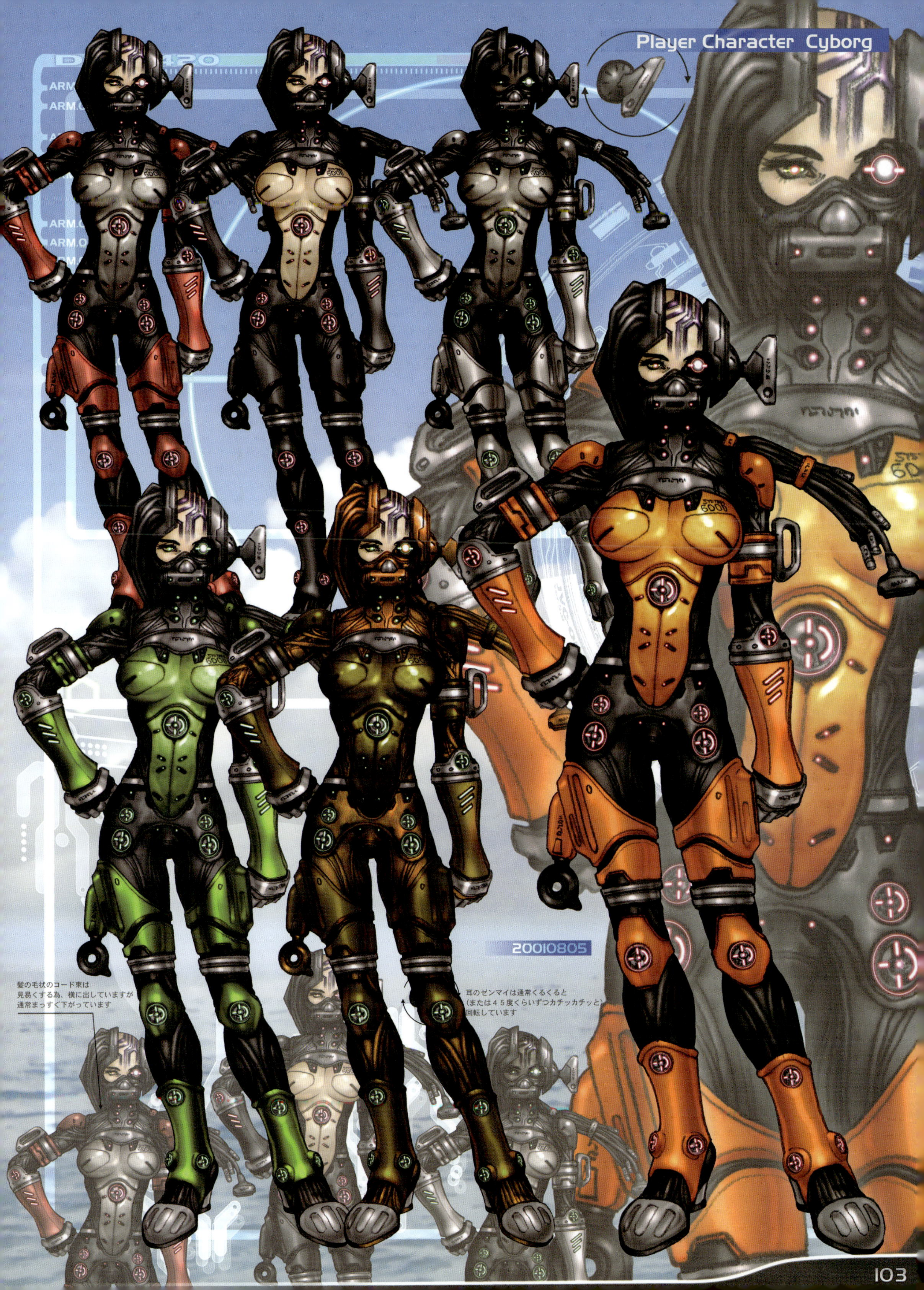
20010805
髪の毛状のコード束は
見易くする為、横に出していますが
通常まっすぐ下がっています
耳のゼンマイは通常くるくると
(または４５度くらいずつカチッカチッと)
回転しています

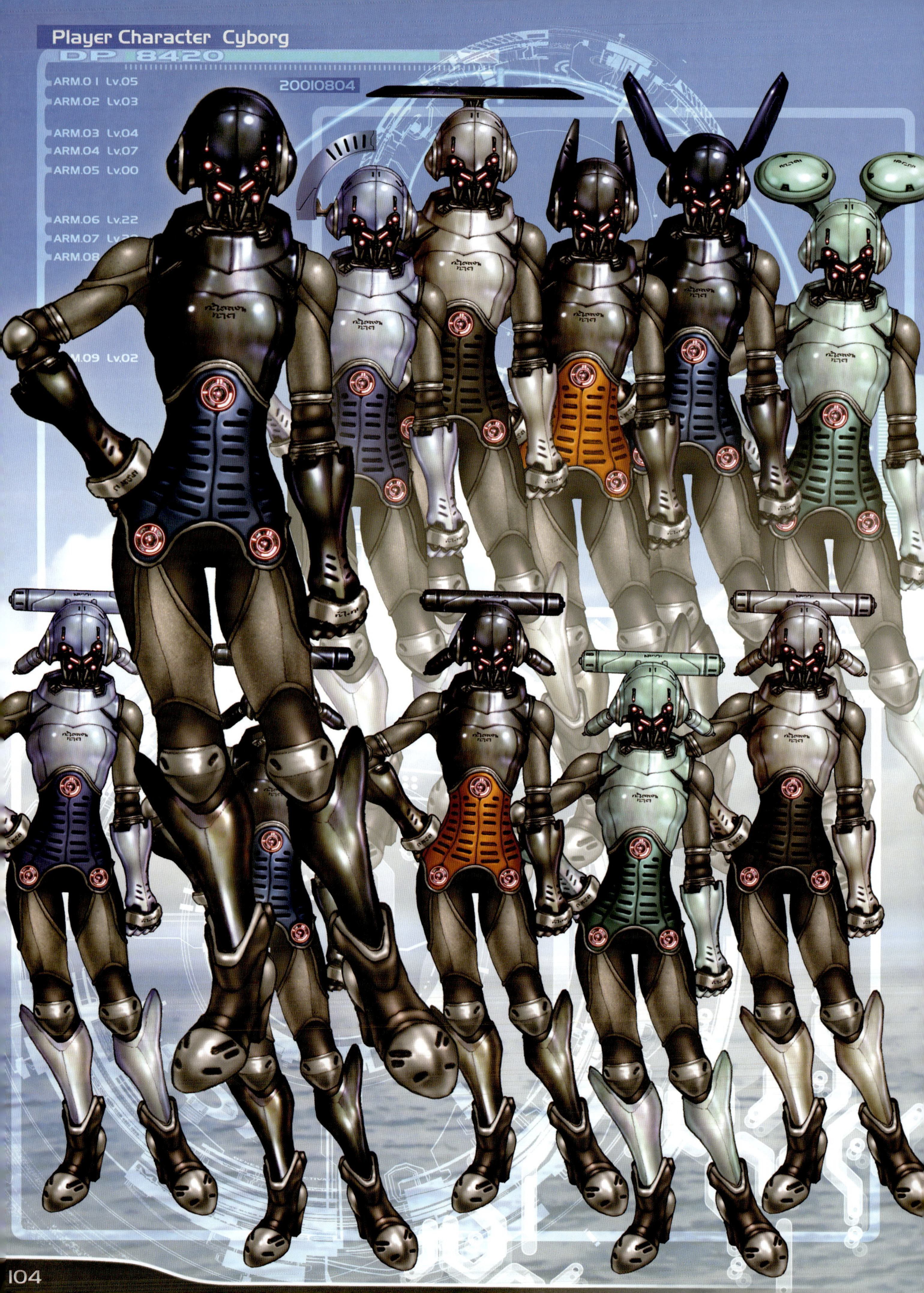
Player Character Cyborg
DP 8420
ARM.01 Lv.05
ARM.02 Lv.03
ARM.03 Lv.04
ARM.04 Lv.07
ARM.05 Lv.00
ARM.06 Lv.22
20010804

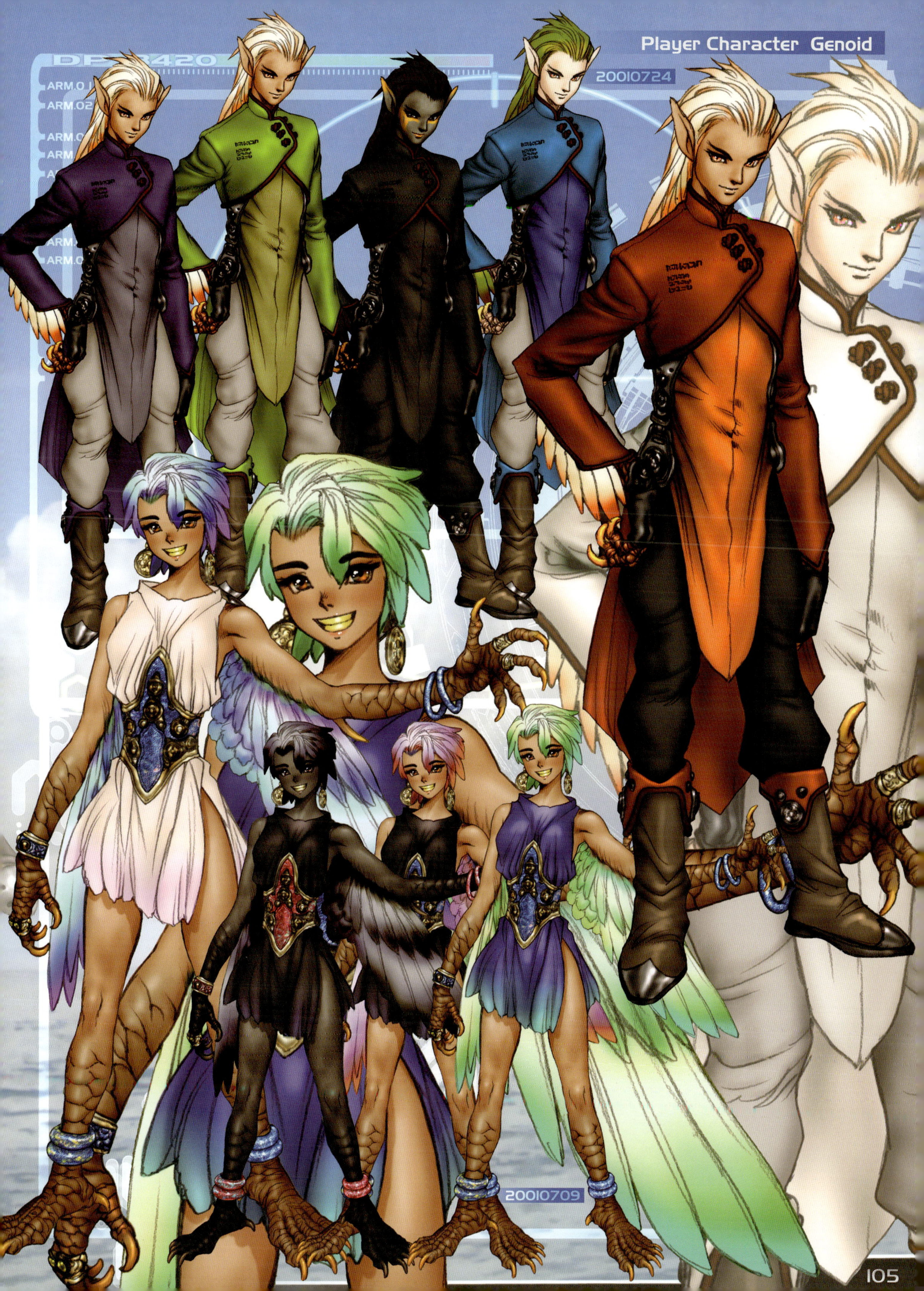
20010724
20010709

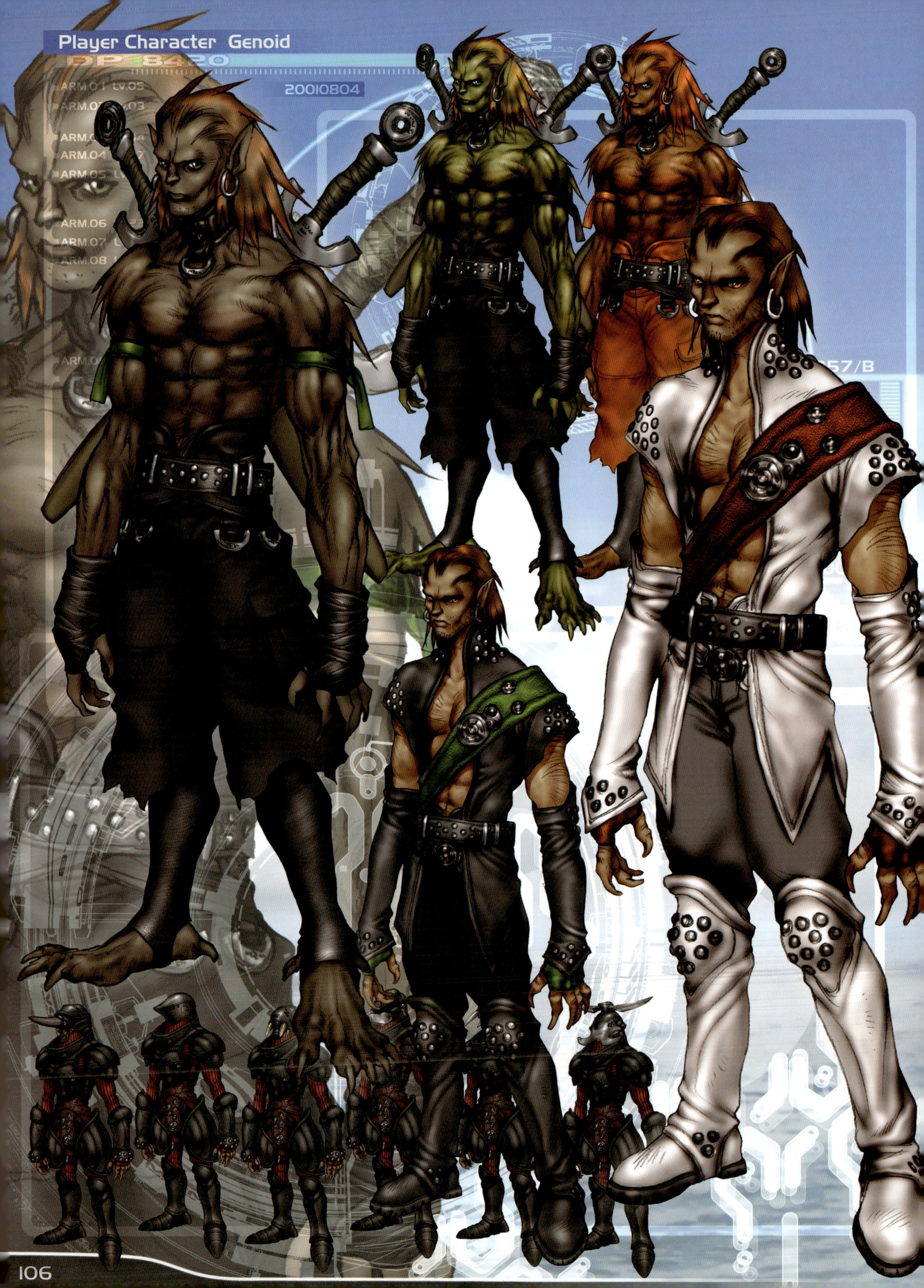
20010804

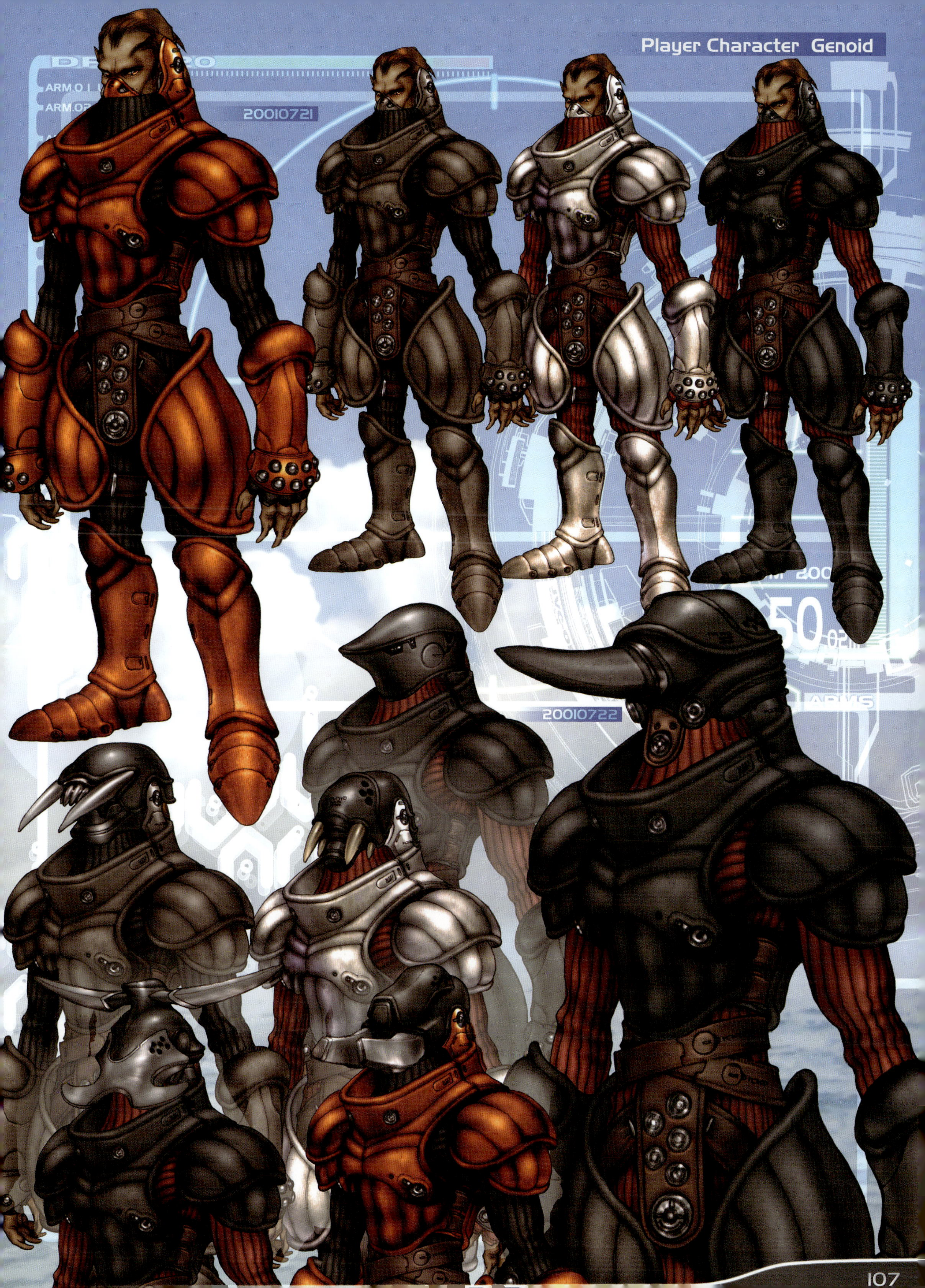
20010721
20010722

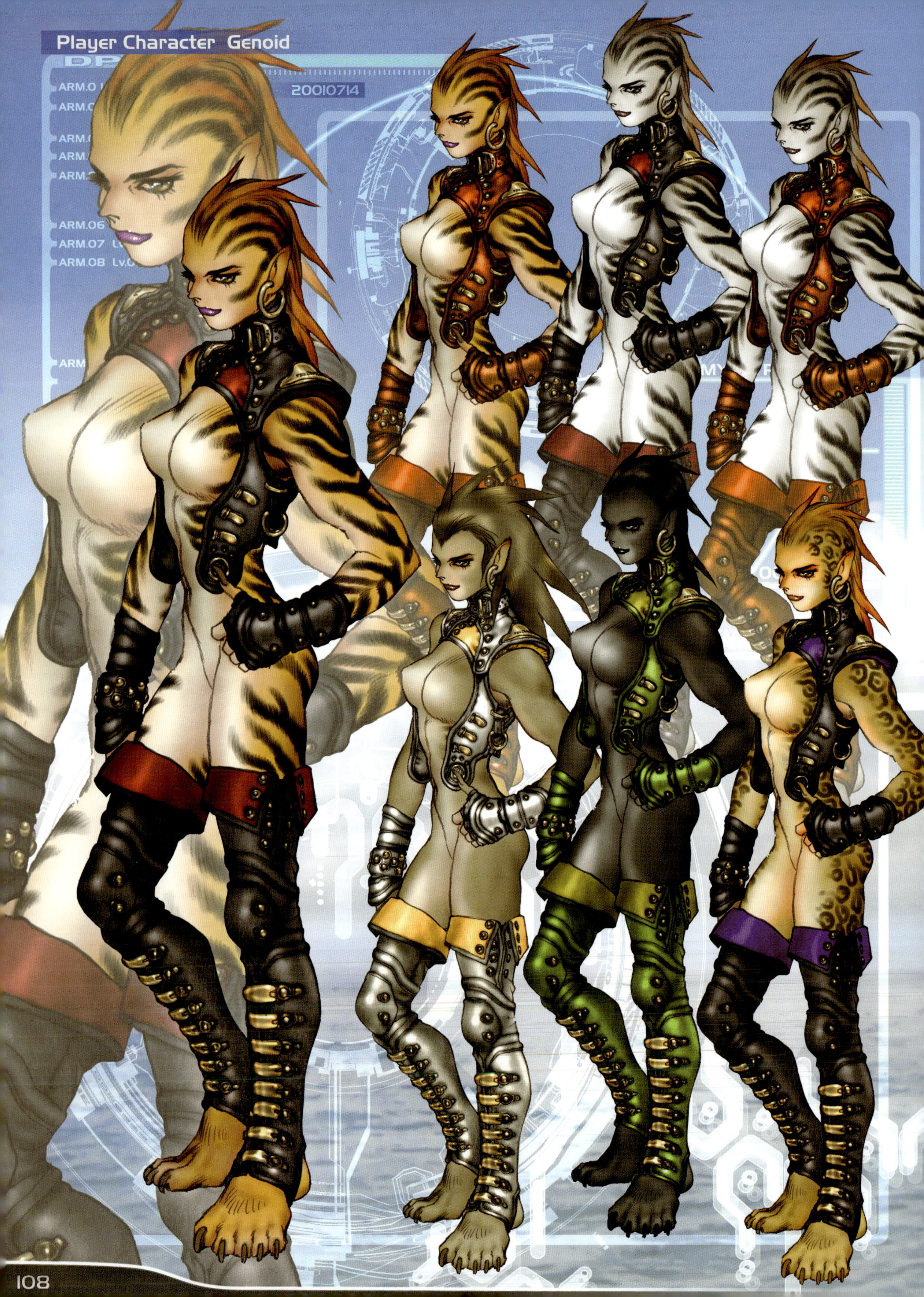

20010714
ARM.06
ARM.07
ARM.08

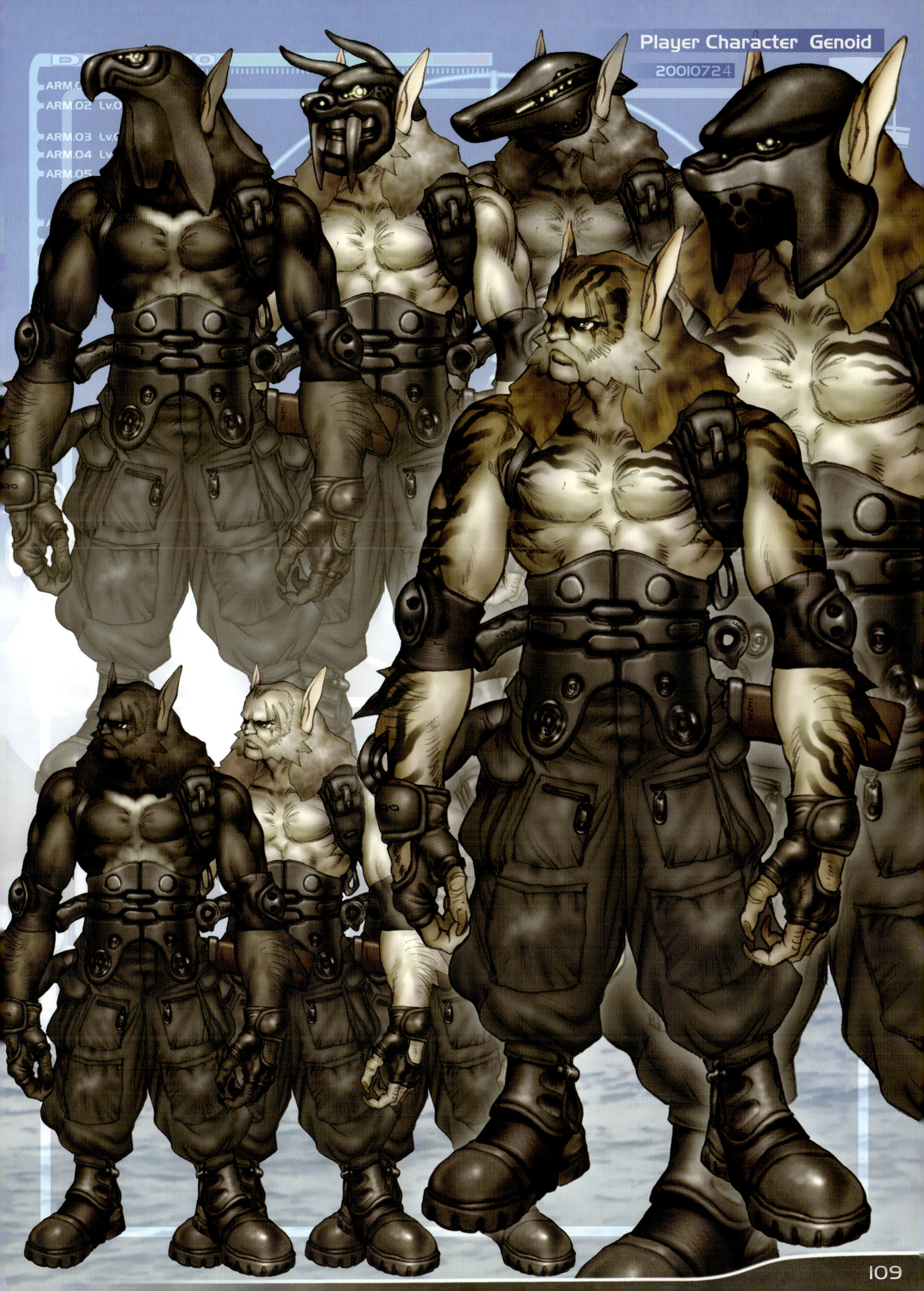
ARM.01
ARM.02 Lv.0
ARM.03 Lv.0
ARM.04 Lv.
ARM.05

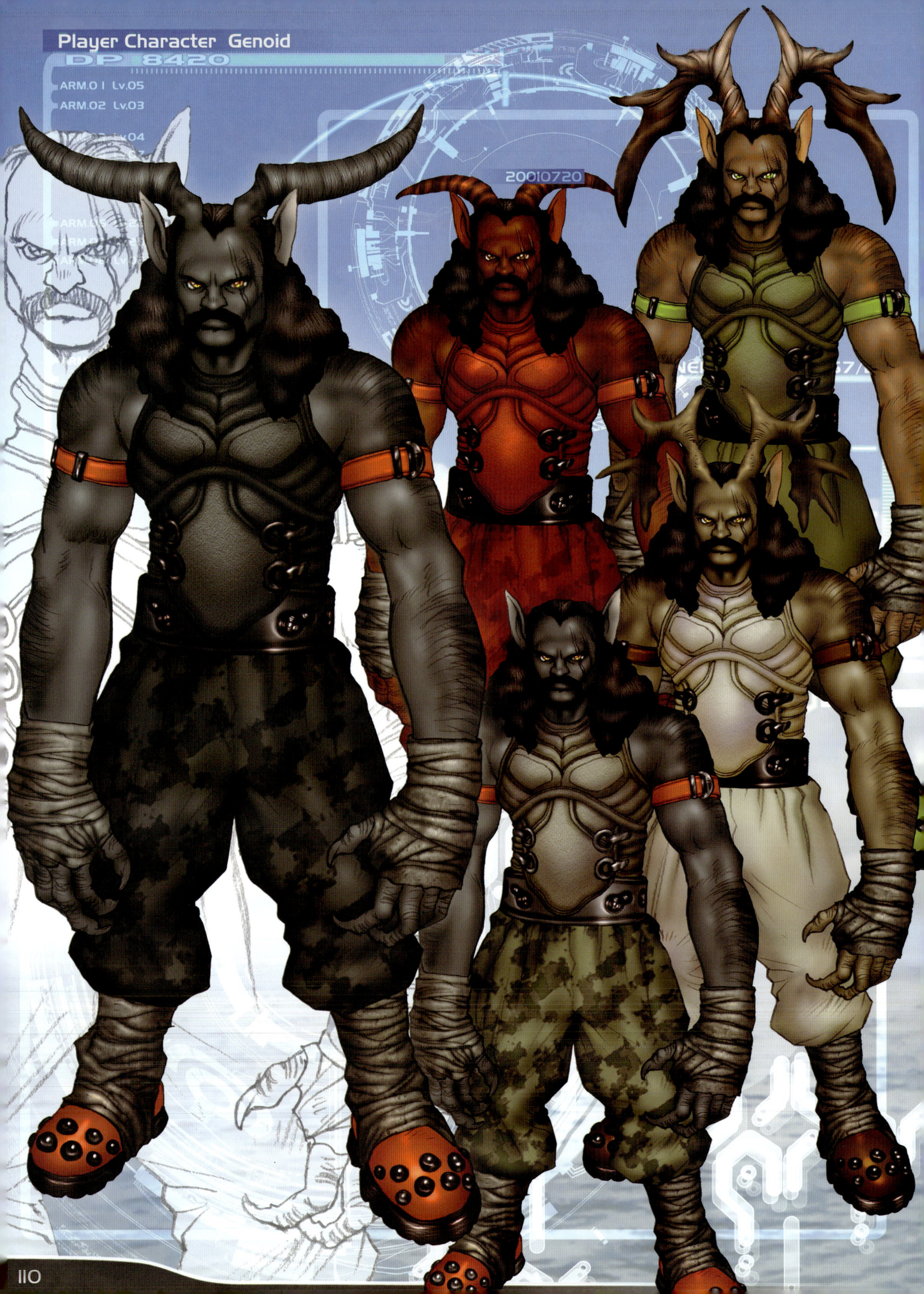
Player Character Genoid
DP 8420
ARM.01 Lv.05
ARM.02 Lv.03
20010720

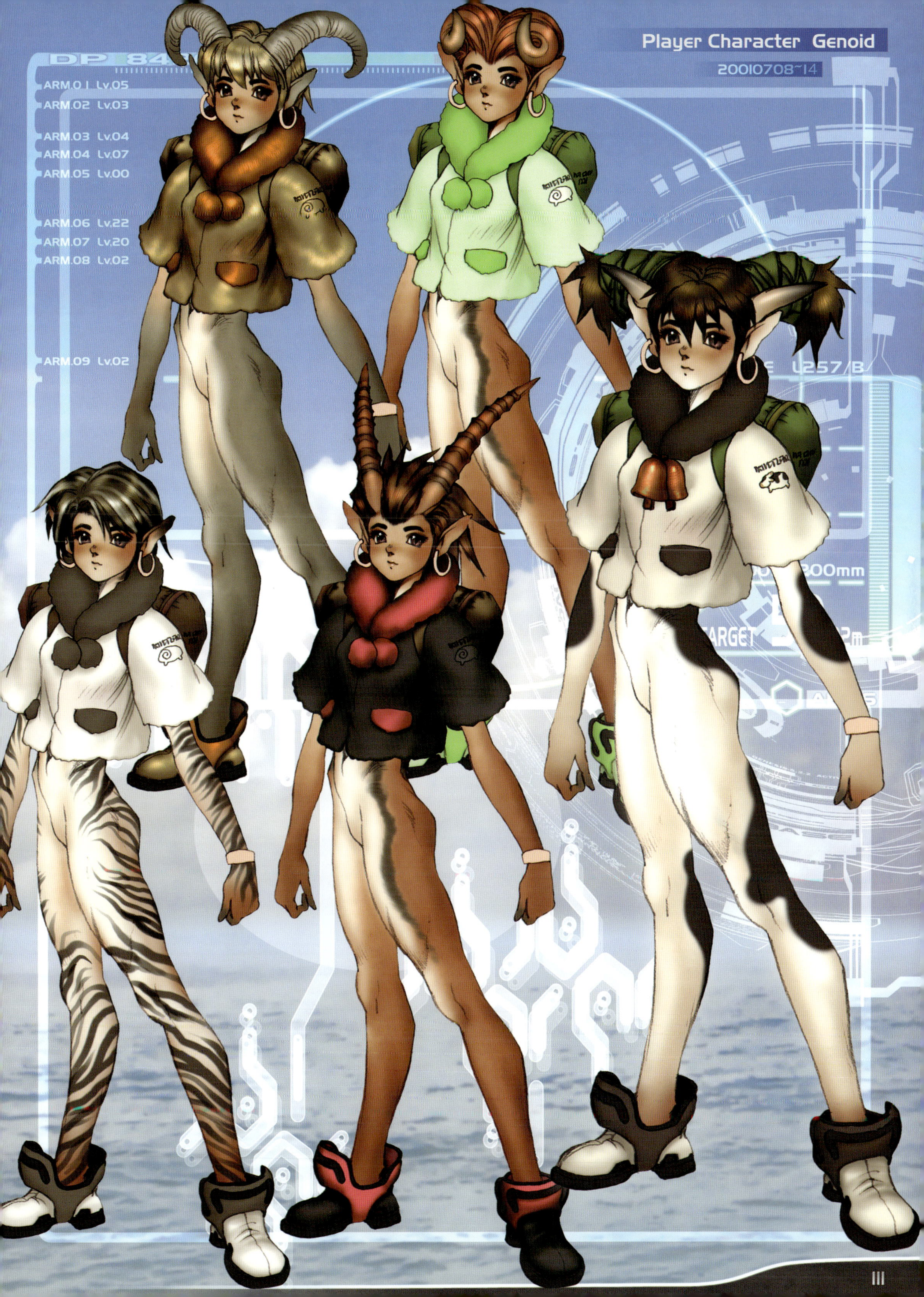
DP 84
ARM.01 Lv.05
ARM.02 Lv.03
ARM.03 Lv.04
ARM.04 Lv.07
ARM.05 Lv.00
ARM.06 Lv.22
ARM.07 Lv.20
ARM.08 Lv.02
ARM.09 Lv.02

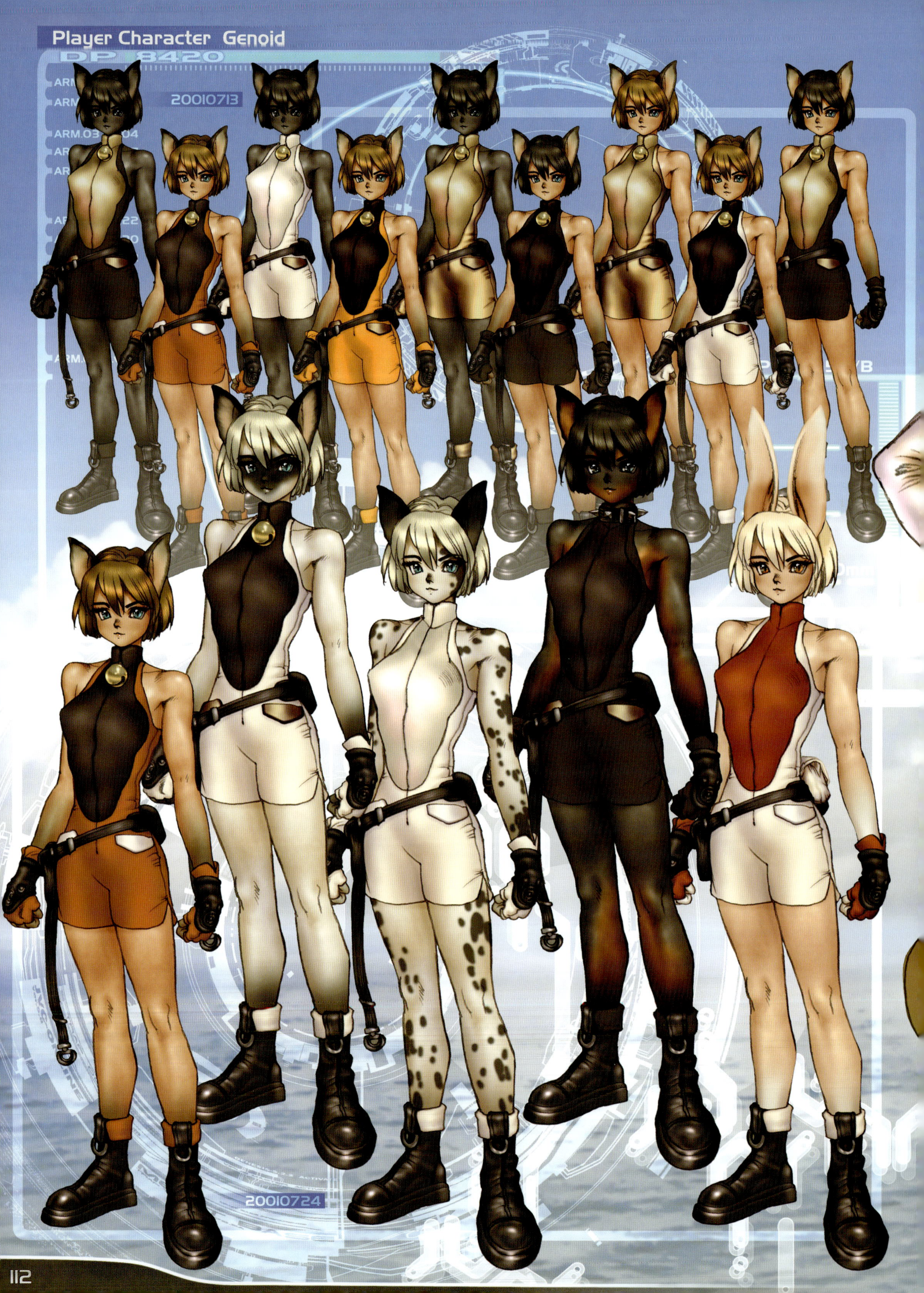
DP 8420
20010713
20010724

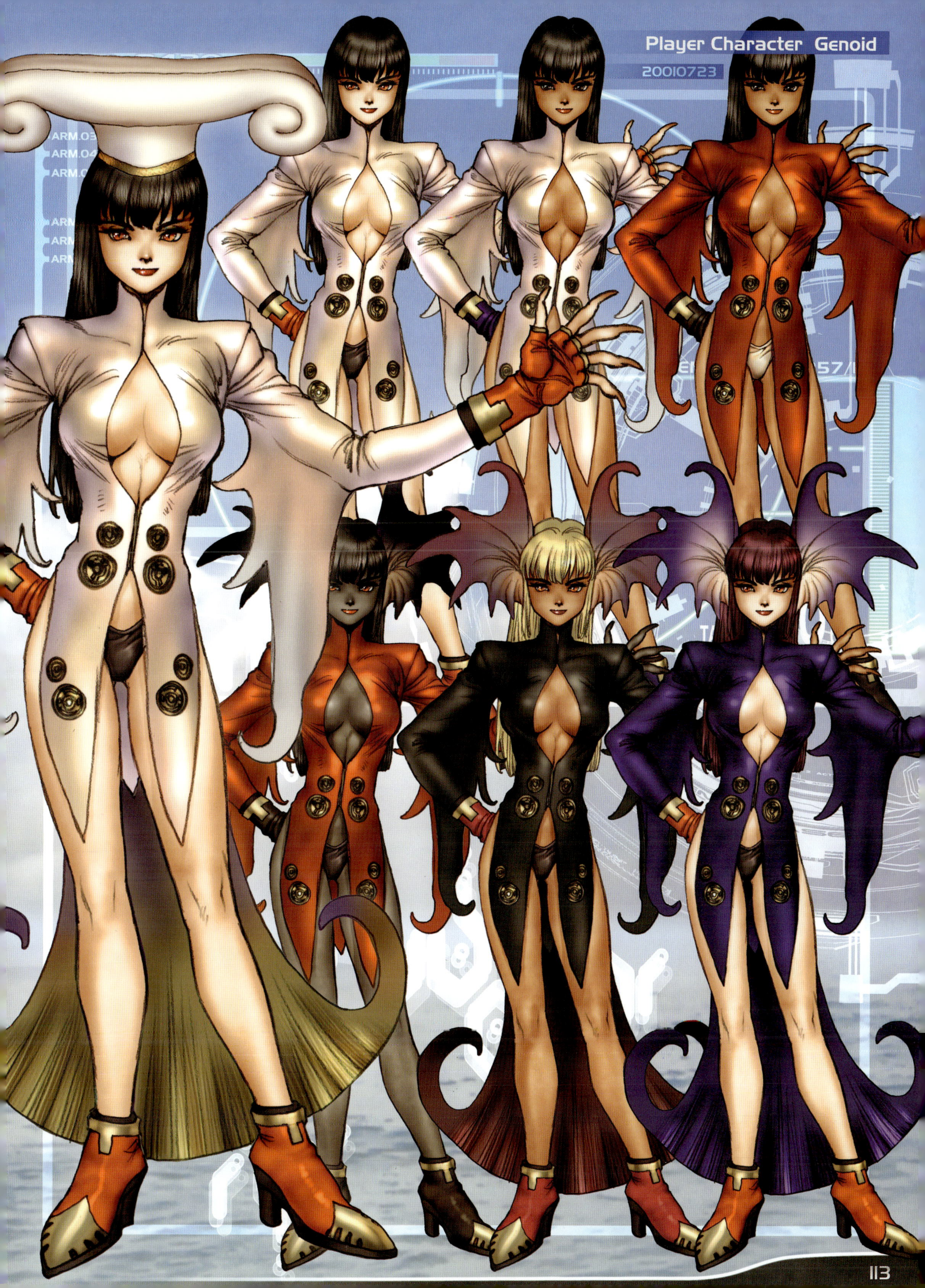
20010723

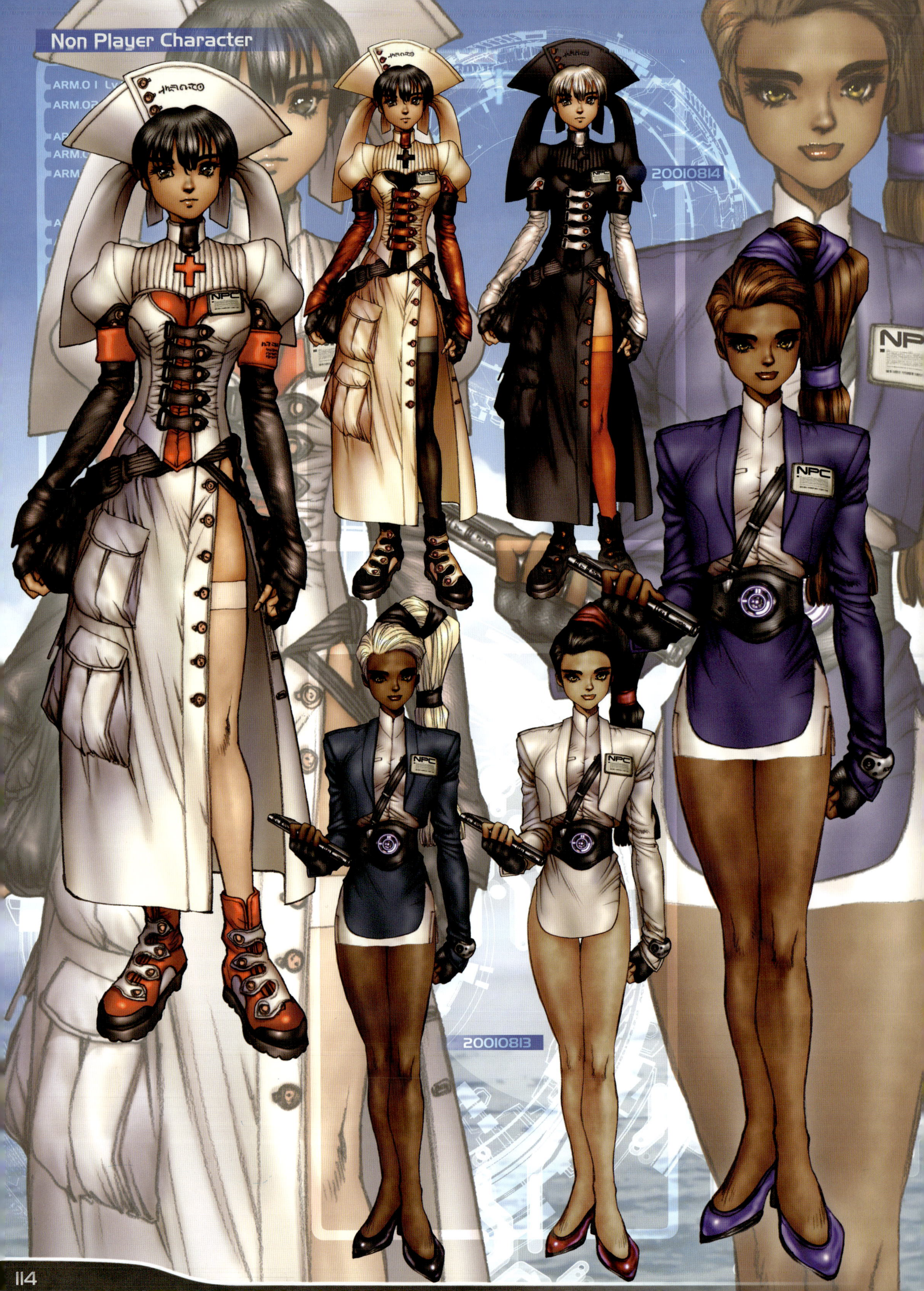
NPC
20010814
20010813

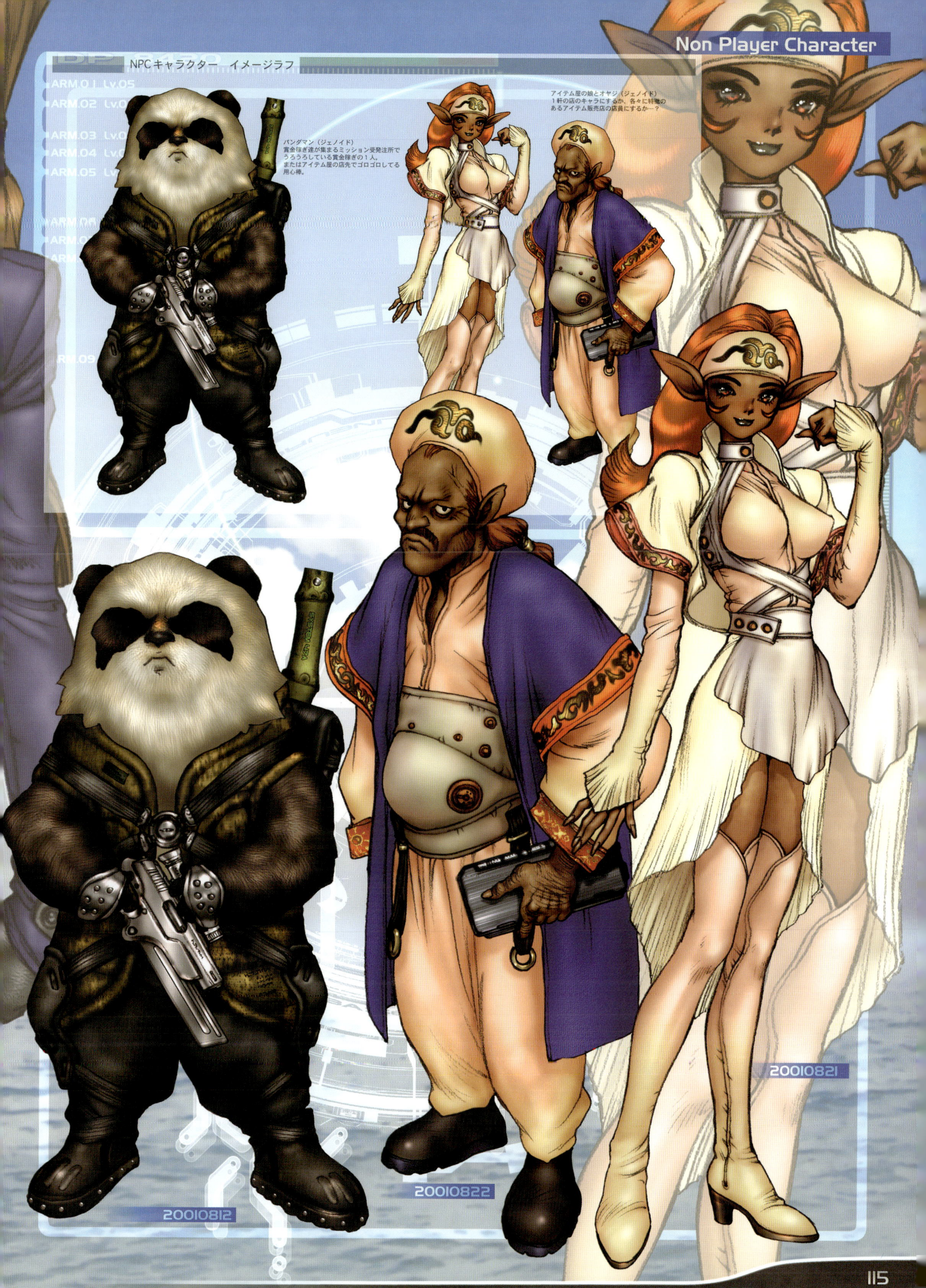

NPCキャラクター　イメージラフ
ARM.01 Lv.05
パンダマン（ジェノイド）
賞金稼ぎ達が集まるミッション受発注所でうろうろしている賞金稼ぎの１人。
またはアイテム屋の店先でゴロゴロしてる用心棒。
アイテム屋の娘とオヤジ（ジェノイド）
１軒の店のキャラにするか、各々に特徴のあるアイテム販売店の店員にするか…？
20010812
20010822
20010821

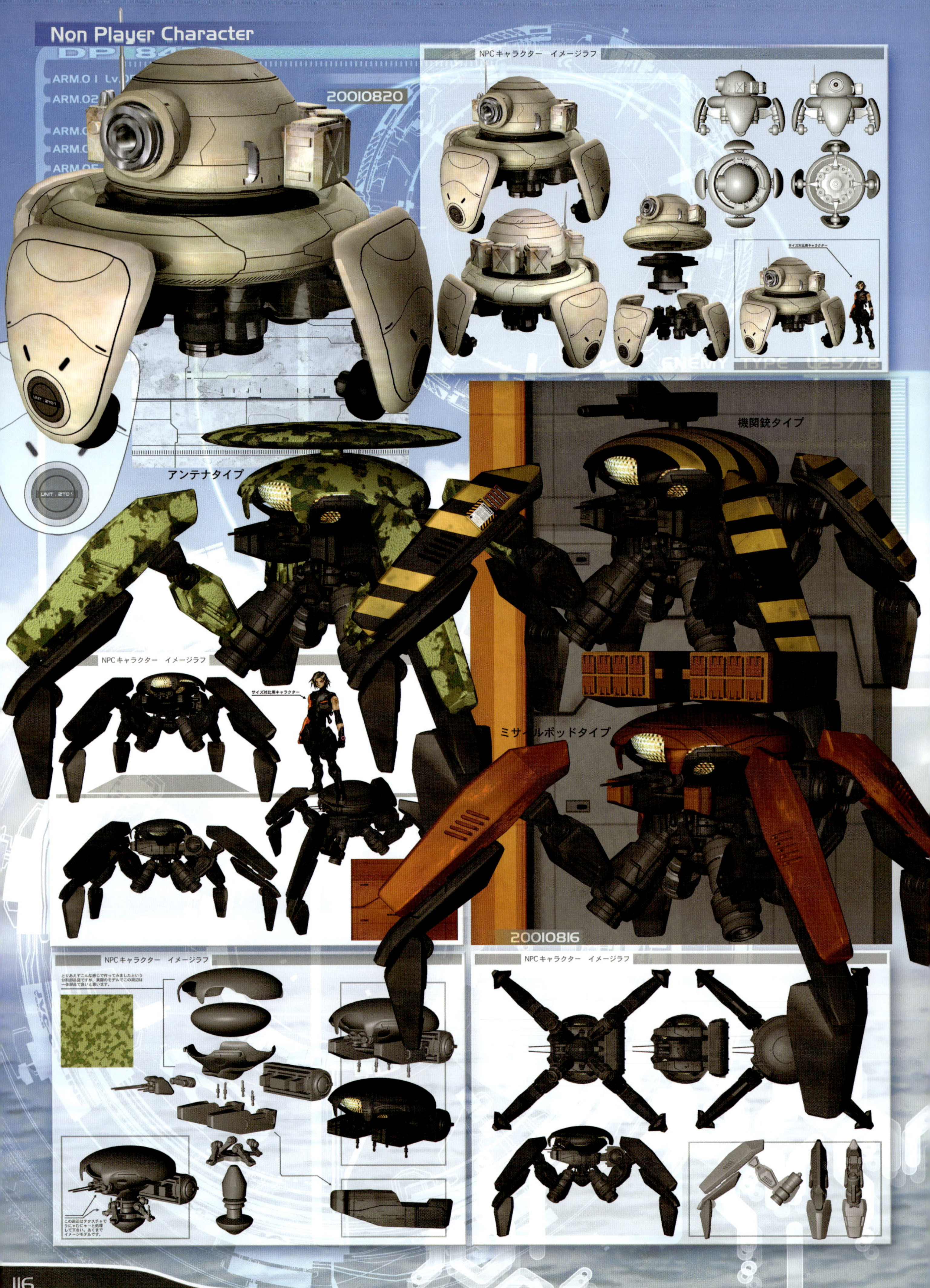
20010820
NPCキャラクター　イメージラフ
機関銃タイプ
アンテナタイプ
NPCキャラクター　イメージラフ
ミサイルポッドタイプ
20010816
NPCキャラクター　イメージラフ
NPCキャラクター　イメージラフ

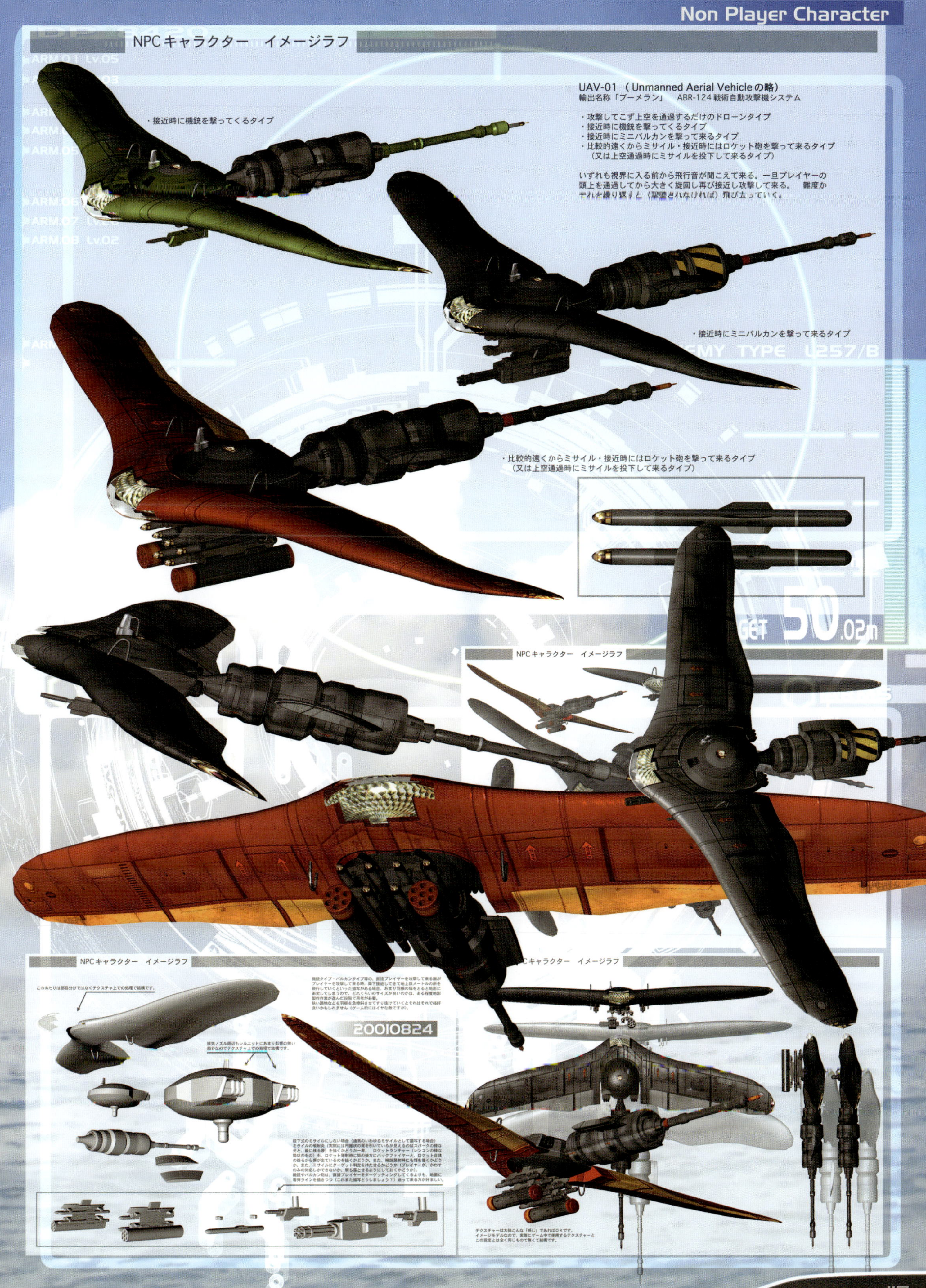
NPCキャラクター　イメージラフ
UAV-01 （Unmanned Aerial Vehicleの略）
輸出名称「ブーメラン」　ABR-124戦術自動攻撃機システム
・攻撃してこず上空を通過するだけのドローンタイプ
・接近時に機銃を撃ってくるタイプ
・接近時にミニバルカンを撃って来るタイプ
・比較的遠くからミサイル・接近時にはロケット砲を撃って来るタイプ
（又は上空通過時にミサイルを投下して来るタイプ）
いずれも視界に入る前から飛行音が聞こえて来る。一旦プレイヤーの頭上を通過してから大きく旋回し再び接近し攻撃して来る。　難度かそれを繰り返すと（撃墜されなければ）飛び去っていく。
・接近時に機銃を撃ってくるタイプ
・接近時にミニバルカンを撃って来るタイプ
・比較的遠くからミサイル・接近時にはロケット砲を撃って来るタイプ
（又は上空通過時にミサイルを投下して来るタイプ）
NPCキャラクター　イメージラフ
NPCキャラクター　イメージラフ
20010824
Cキャラクター　イメージラフ

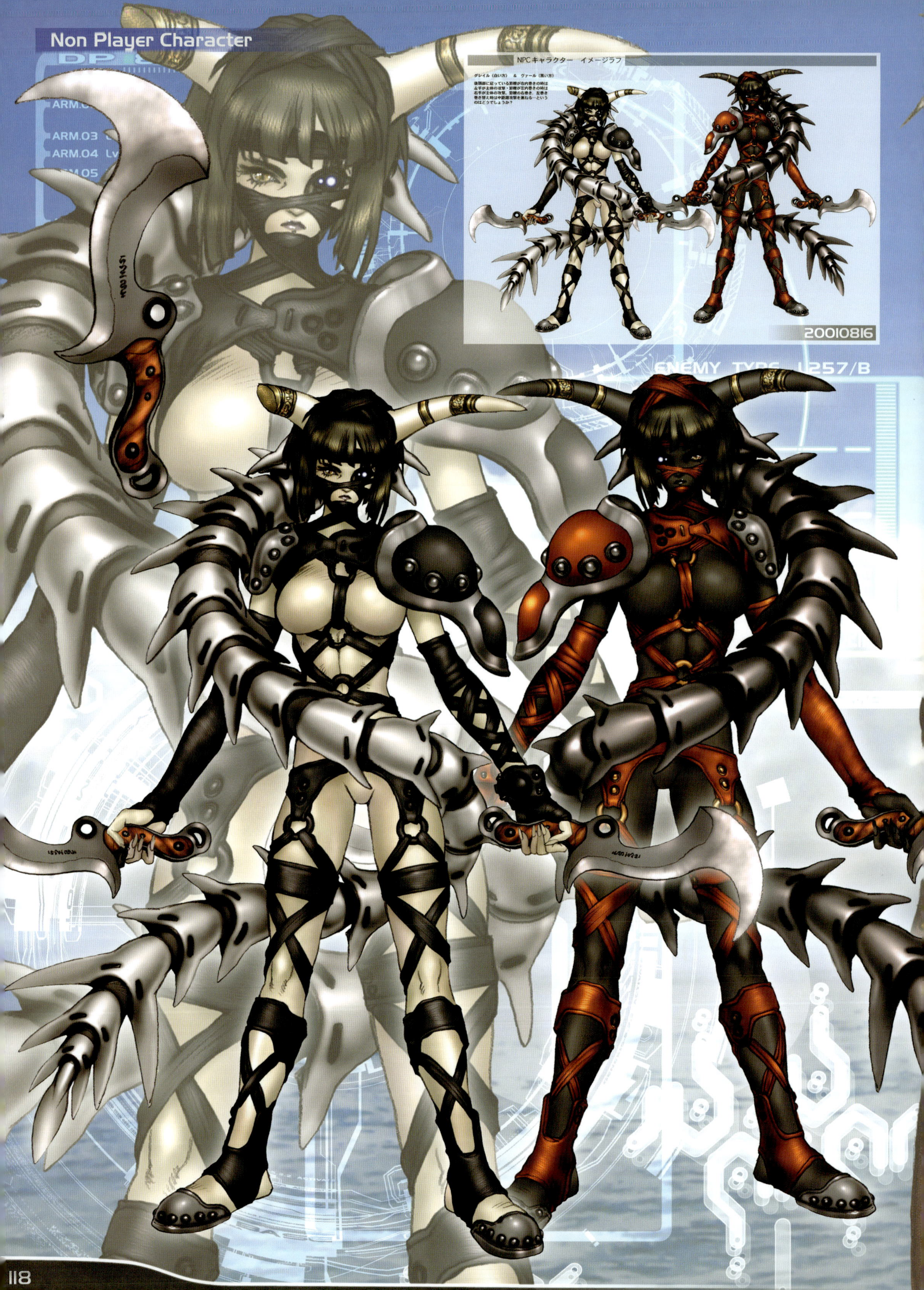
NPCキャラクター　イメージラフ
グレイル（白い方）　&　ヴァール（黒い方）
後頭部に冠っている節鞭が右内巻きの時は左手が主体の攻撃・節鞭が左内巻きの時は右手が主体の攻撃、節鞭の右巻き、左巻き巻き替え時は中距離攻撃を兼ねる…というのはどうでしょうか？
20010816
ARM.03
ARM.04 Lv

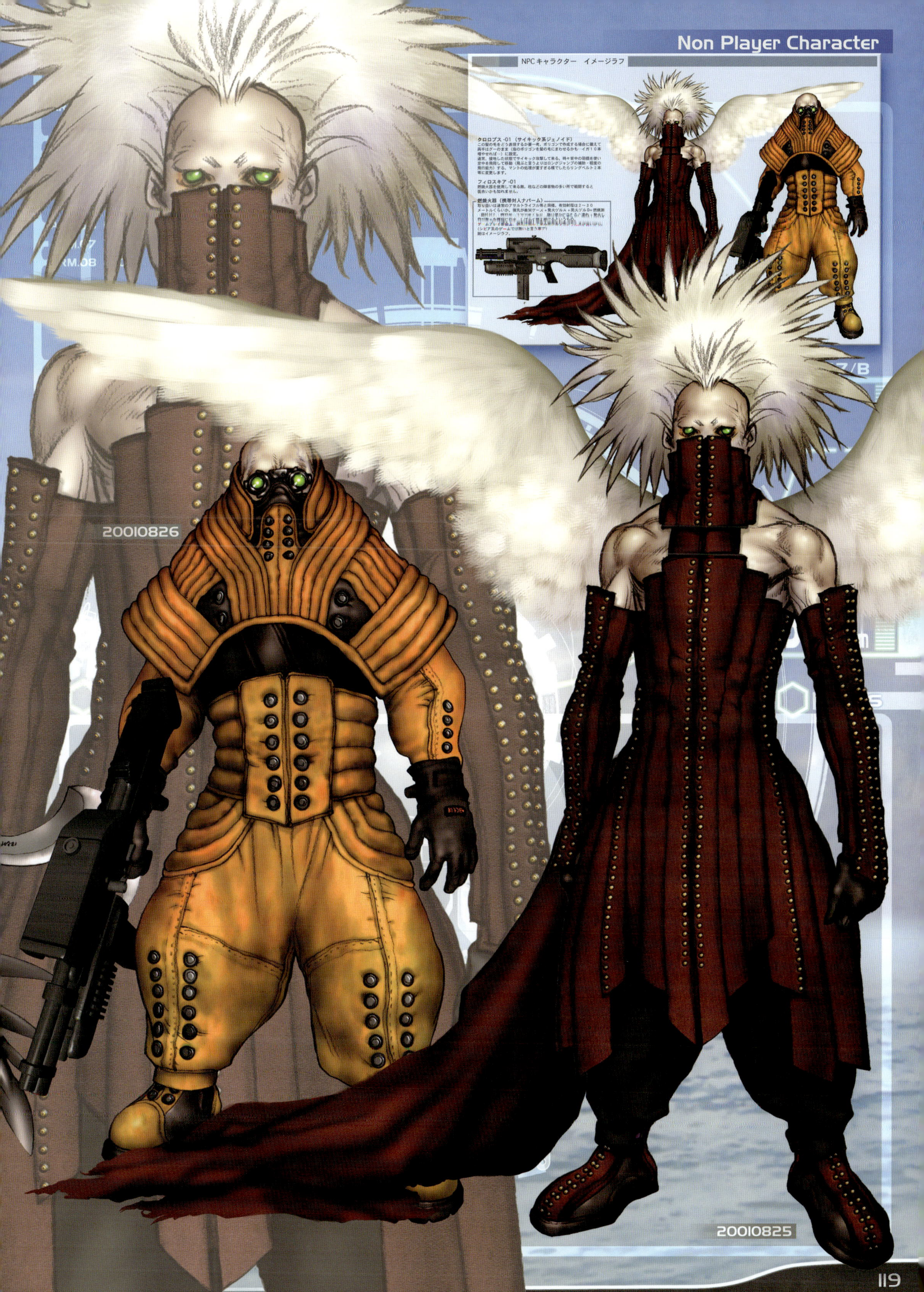
NPCキャラクター　イメージラフ
クロロプス -01（サイキック系ジェノイド）
この髪の毛をどう表現するか要一考。ポリゴンで作成する場合に備えて両手はグーのまま（指のポリゴンを髪の毛にまわせるかも…イガ10本増やせれば…）に設定。
通常、接地した状態でサイキック攻撃して来る。時々背中の羽根を使い空中を飛翔して移動（飛ぶと言うよりはロングジャンプの補助・程度の飛行能力）する。マントの処理が重すぎる様でしたらリングベルト2本等に変更します。
フィロスキア -01
燃焼火器を使用して来る敵。柱などの障害物の多い所で戦闘すると面白いかも知れません。
燃焼火器（携帯対人ナパーム）
取り扱いは通常のアサルトライフル等と同様。有効射程は2～30メートルくらいか。弾丸が衝突ケース＋発火ゲルA＋発火ゲルB＋燃焼剤 [illegible]
（シビア系のゲームでは無いと言う事で）
銃はイメージラフ。
20010826
20010825

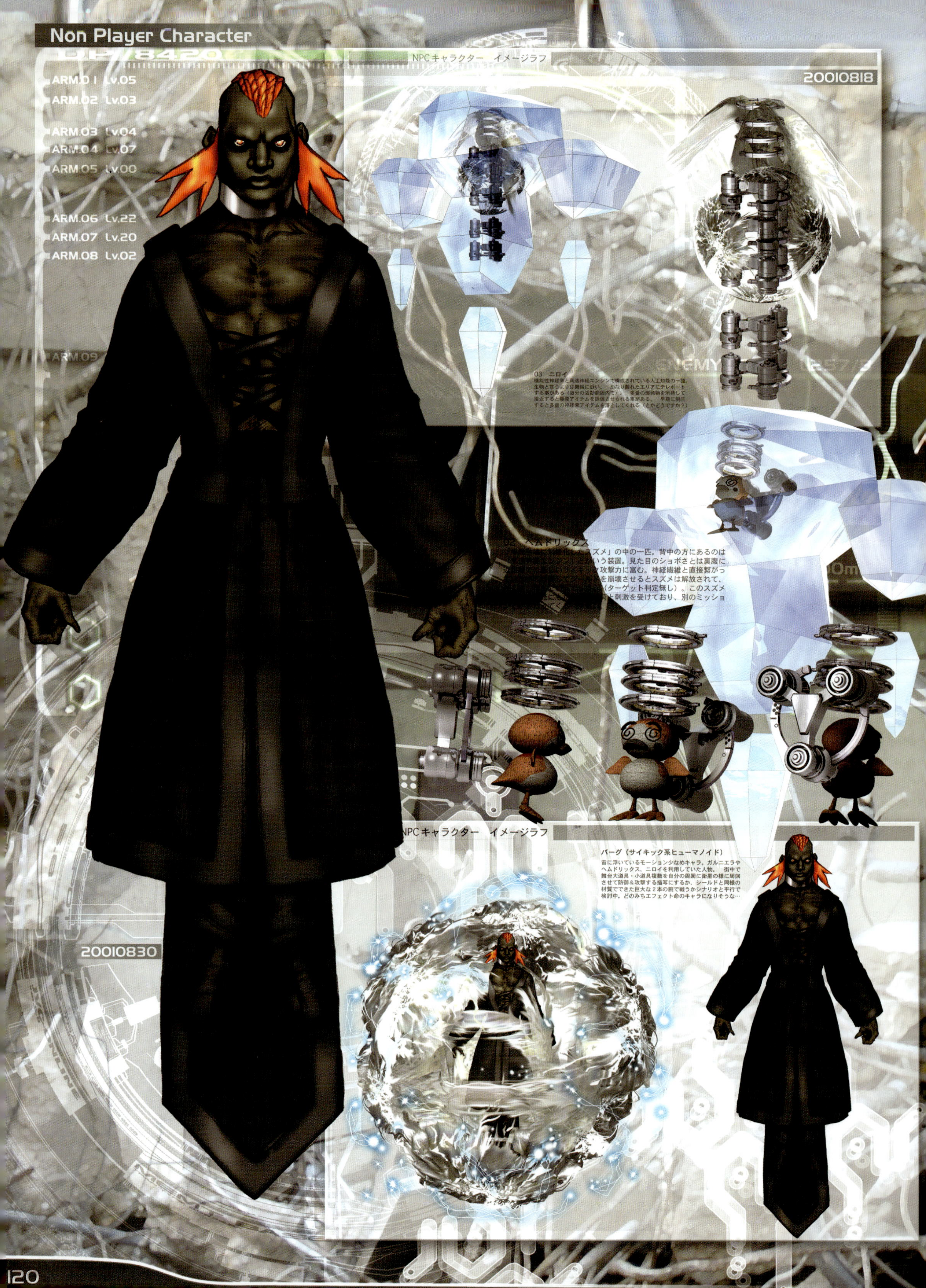
Non Player Character
ARM.01 Lv.05
ARM.02 Lv.03
ARM.03 Lv.04
ARM.04 Lv.07
ARM.05 Lv.00
ARM.06 Lv.22
ARM.07 Lv.20
ARM.08 Lv.02
ARM.09
NPCキャラクター　イメージラフ
20010818
03　ニロイ
機能性神経束と高速神経エンジンで構成されている人工知能の一種。
生物と言うよりは機械に近い。　かなり離れたエリアにテレポート
する事がある（自分の活動範囲内で）。　多量の爆発物を所持して
接近すると爆発アイテムを誘爆させられる事がある。　早期に制圧
すると多量の神経束アイテムを落としてくれる（とかどうですか？）
ENEMY
02　ヘムドリックス
ズメ」の中の一匹。背中の方にあるのは
いう装置。見た目のショボさとは裏腹に
攻撃力に富む。神経繊維と直接繋がっ
を崩壊させるとスズメは解放されて、
（ターゲット判定無し）。このスズメ
刺激を受けており、別のミッショ
NPCキャラクター　イメージラフ
バーグ（サイキック系ヒューマノイド）
宙に浮いているモーション少なめキャラ。ガルニエラや
ヘムドリックス、ニロイを利用していた人物。　街中で
舞台大道具・小道具複数を自分の周囲に衛星の様に周回
させて防御＆攻撃する描写にするか、シールドと同様の
材質でできた巨大な２本の腕で戦うかシナリオと平行で
検討中。どのみちエフェクト命のキャラになりそうな…
20010830

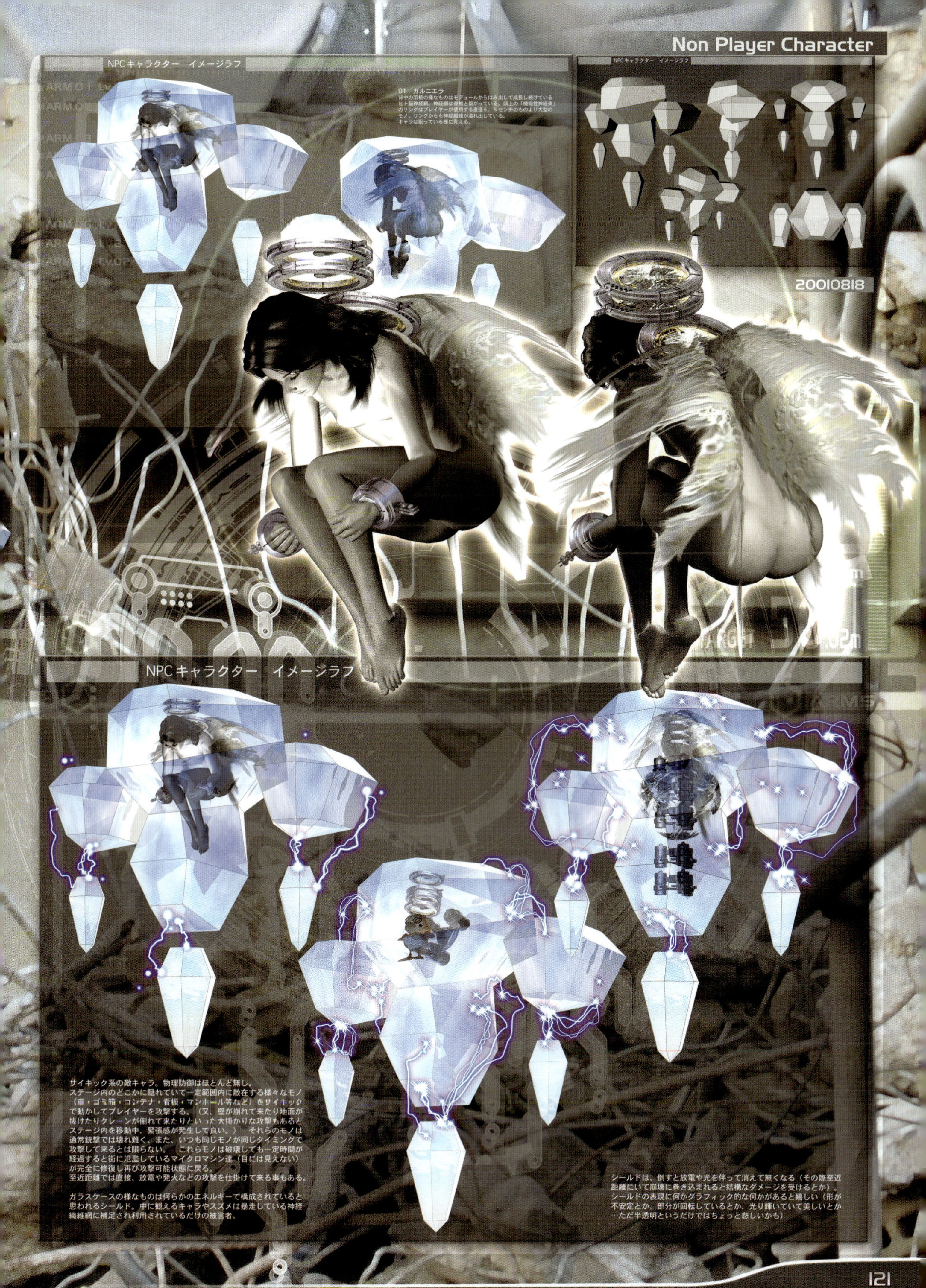

01　ガルニエラ
背中の羽根の様なものはモデュールからはみ出して成長し続けている
ヒト脳神経網。神経網は脊椎と繋がっている。頭上の「機能性神経束」
のリングはプレイヤーが使用する直径5、5センチのものより大型の
モノ。リングからも神経繊維が溢れ出している。
キャラは眠っている様に見える。

サイキック系の敵キャラ。物理防御はほとんど無し。
ステージ内のどこかに隠れていて一定範囲内に散在する様々なモノ（車・ゴミ箱・コンテナ・看板・マンホール等など）をサイキックで動かしてプレイヤーを攻撃する。（又、壁が崩れて来たり地面が抜けたりクレーンが倒れて来たりといった大掛かりな攻撃もあるとステージ内を移動中、緊張感が発生して良い。）　それらのモノは通常銃撃では壊れ難く、また、いつも同じモノが同じタイミングで攻撃して来るとは限らない。　これらモノは破壊しても一定時間が経過すると街に氾濫しているマイクロマシン達（目には見えない）が完全に修復し再び攻撃可能状態に戻る。
至近距離では直接、放電や発火などの攻撃を仕掛けて来る事もある。

ガラスケースの様なものは何らかのエネルギーで構成されていると思われるシールド。中に観えるキャラやスズメは暴走している神経繊維網に補足され利用されているだけの被害者。

シールドは、倒すと放電や光を伴って消えて無くなる（その際至近距離にいて崩壊に巻き込まれると結構なダメージを受けるとか）。
シールドの表現に何かグラフィック的な何かがあると嬉しい（形が不安定とか、部分が回転しているとか、光り輝いていて美しいとか…ただ半透明というだけではちょっと悲しいかも）

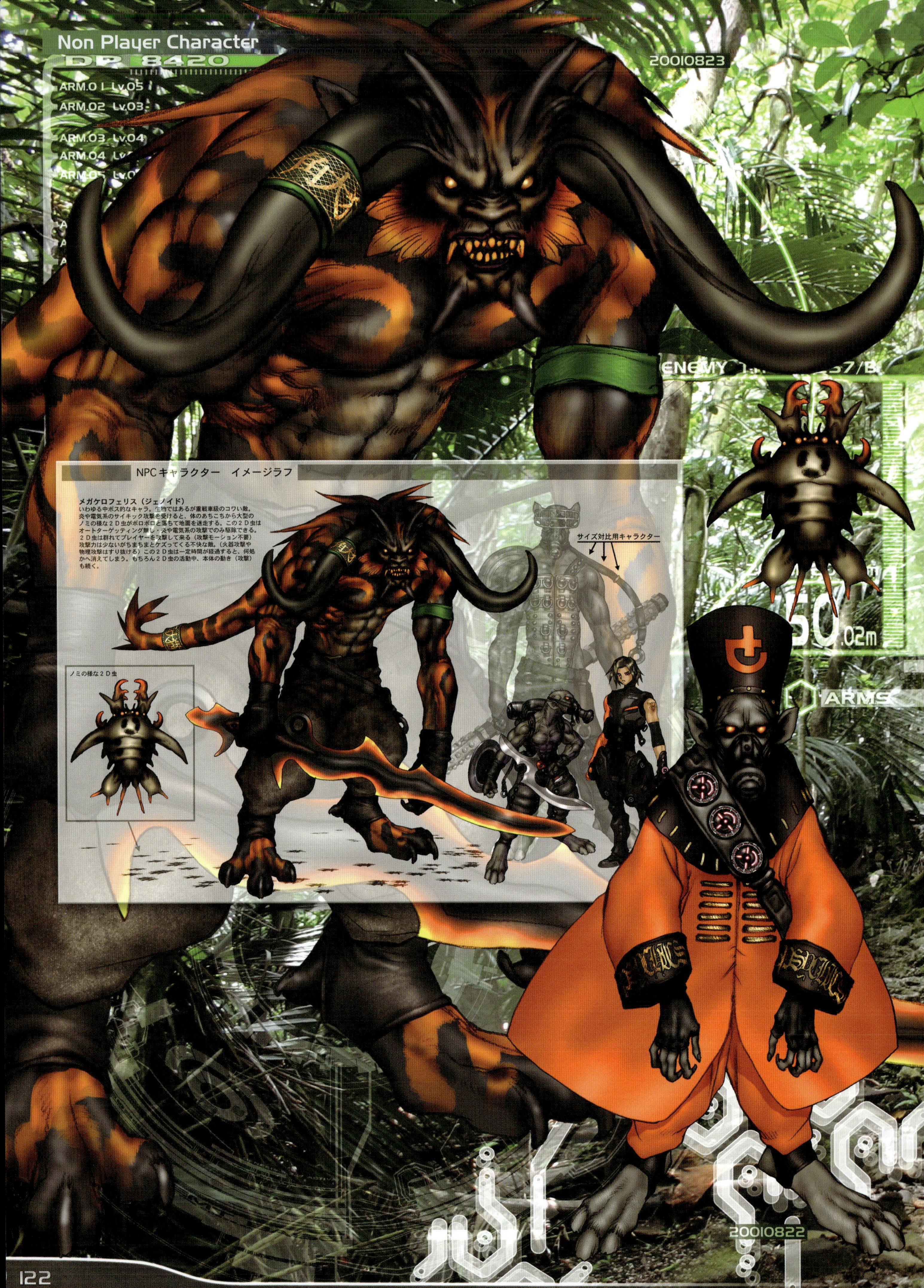
Non Player Character
20010823
ARM.01 Lv.05
ARM.02 Lv.03
ARM.03 Lv.04
ENEMY
NPCキャラクター　イメージラフ
メガケロフェリス（ジェノイド）
いわゆる中ボス的なキャラ。生物ではあるが重戦車級のコワい敵。炎や電気系のサイキック攻撃を受けると、体のあちこちから大型のノミの様な２Ｄ虫がボロボロと落ちて地面を迷走する。この２Ｄ虫はオートターゲッティング無し・炎や電気系の攻撃でのみ駆除できる。２Ｄ虫は群れてプレイヤーを攻撃して来る（攻撃モーション不要）攻撃力は少ないがちまちまとケズってくる不快な敵。（火器攻撃や物理攻撃はすり抜ける）この２Ｄ虫は一定時間が経過すると、何処かへ消えてしまう。もちろん２Ｄ虫の活動中、本体の動き（攻撃）も続く。
サイズ対比用キャラクター
ノミの様な２Ｄ虫
.02m
ARMS
20010822

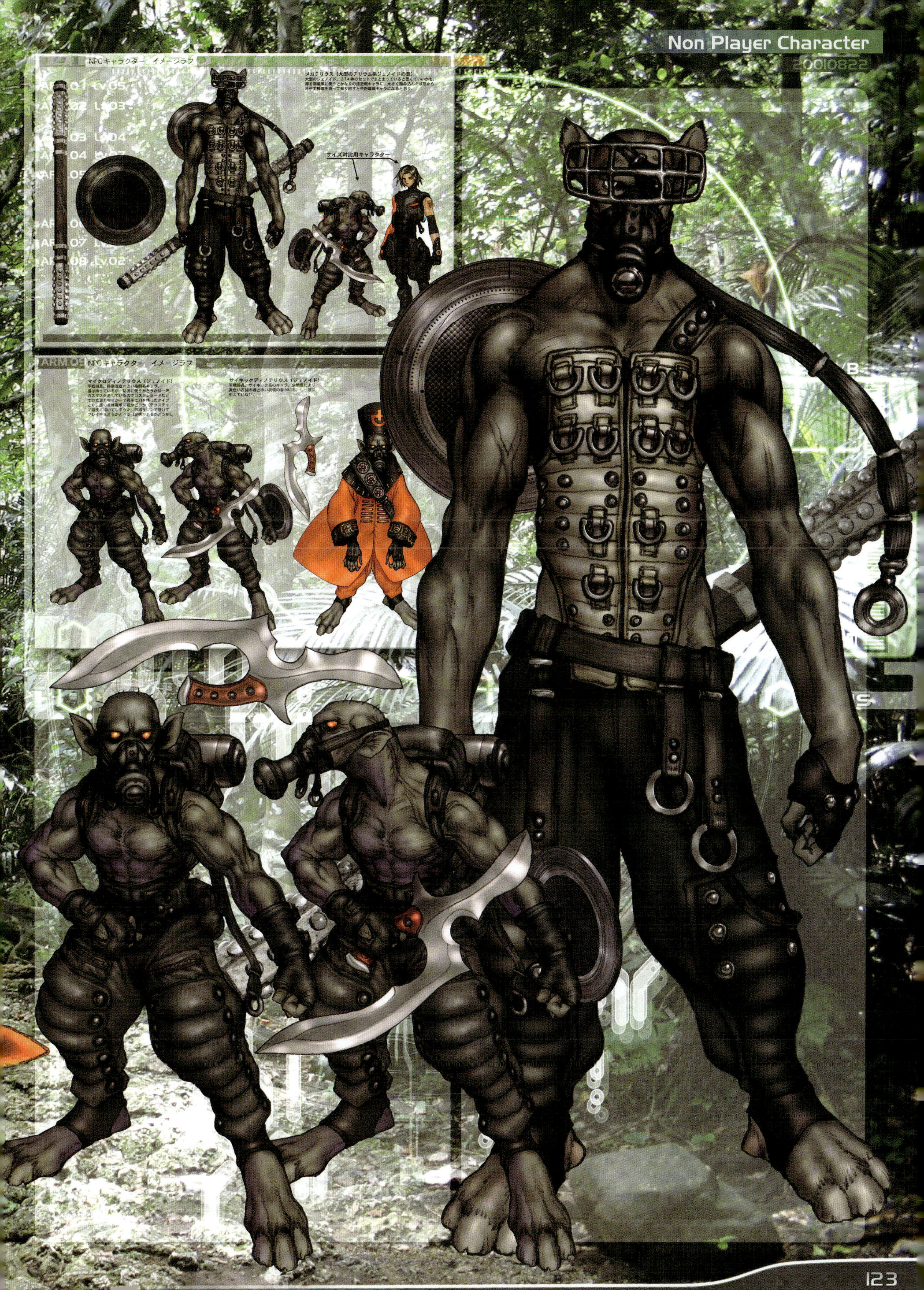
NPCキャラクター イメージラフ
サイズ対比用キャラクター
NPCキャラクター イメージラフ

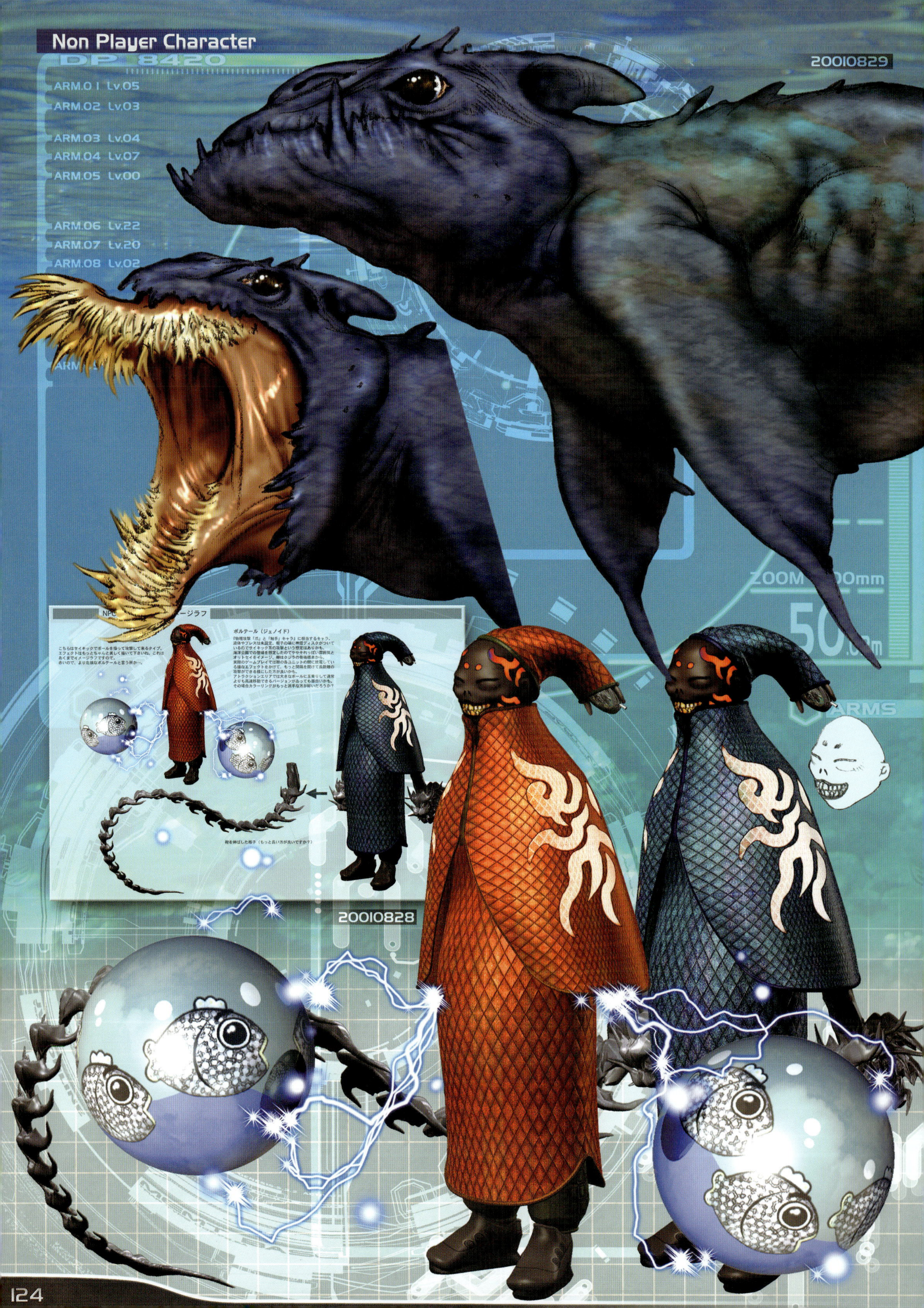
DP 8420
20010829
ARM.01 Lv.05
ARM.02 Lv.03
ARM.03 Lv.04
ARM.04 Lv.07
ARM.05 Lv.00
ARM.06 Lv.22
ARM.07 Lv.20
ARM.08 Lv.02
ZOOM
ARMS
NPC
ージラフ
こちらはサイキックでボールを操って攻撃して来るタイプ。
エフェクトはもっとちゃんと美しく描いて下さいね。これは
あくまでイメージラフですので。
赤いので、より危険なボルテールと言う所か…。
ボルテール（ジェノイド）
『物理攻撃「爪」と「触手」キャラ』に相当するキャラ。
液体やブレスは未設定。帽子の端に神経ディスクがついて
いるのでサイキック系の攻撃という想定はありかも。
海洋公園での登場を想定したのでややそれっぽい雰囲気と
オットセイをイメージ、腕はクジラの骨格標本から。
実際のゲームプレイでは腕の各ユニットの間に放電してい
る様なエフェクトをかけて、もっと間隔を開けて長距離の
攻撃ができる様にした方が良いかも。
アトラクションエリアでは大きなボールに玉乗りして通常
よりも高速移動できるバージョンがあっても面白いかも。
その場合カラーリングがもっと派手な方が好いだろうか？
腕を伸ばした様子（もっと長い方が良いですか？）
20010828

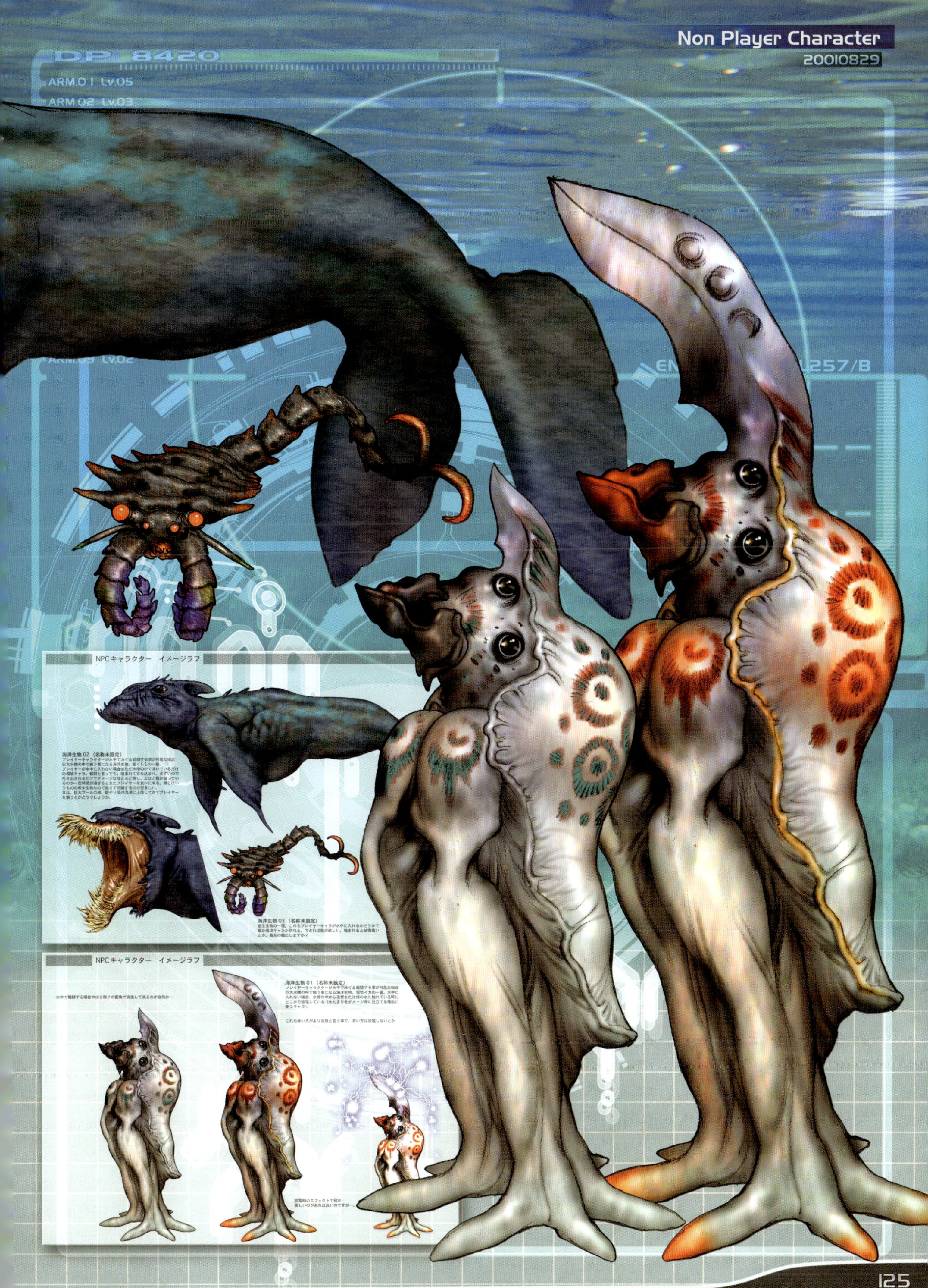
DP 8420
ARM.01 Lv.05
ARM.02 Lv.03
ARM.09 Lv.02
257/B
NPCキャラクター　イメージラフ
海洋生物 02（名称未設定）
プレイヤーキャラクターが水中で泳ぐ＆戦闘する事が可能な場合巨大水槽の中で戦う事になる海洋生物。歯くじらの一種。
プレイヤーが水中に入れない場合はただ水槽の中で泳いでいるだけの環境キャラ。戦闘と言っても、噛まれて呑み込まれ、まずいので吐き出されるだけでダメージはほとんど無し。よほど腹が減っているのか一定時間が過ぎるとまたプレイヤーを食べに来る。敵とはいうものの希少生物なので殺さず回避するのが望ましい。
又は、巨大プールの縁、餌やり場の浅瀬に上陸してきてプレイヤーを襲うとかどうでしょうか。
海洋生物 03（名称未設定）
底生生物の一種。これもプレイヤーキャラが水中に入れるかどうかで敵か環境キャラか別れる。できれば敵が欲しい。噛まれると結構痛いとか、毒系の敵にしますか？
NPCキャラクター　イメージラフ
水中で戦闘する場合やはり頭？の衝角で突進して来るのが自然か…
海洋生物 01（名称未設定）
プレイヤーキャラクターが水中で泳ぐ＆戦闘する事が可能な場合巨大水槽の中で戦う事になる海洋生物。電気イカの一種。水中に入れない場合、水槽の中から攻撃または床の水に触れている時にどこかで放電している（水たまりをダメージ床に仕立てる理由に使うキャラ）。
これも赤い方がより危険と言う事で、青い方は放電しないとか
放電時のエフェクトで何か美しいのがあれば良いのですが…。

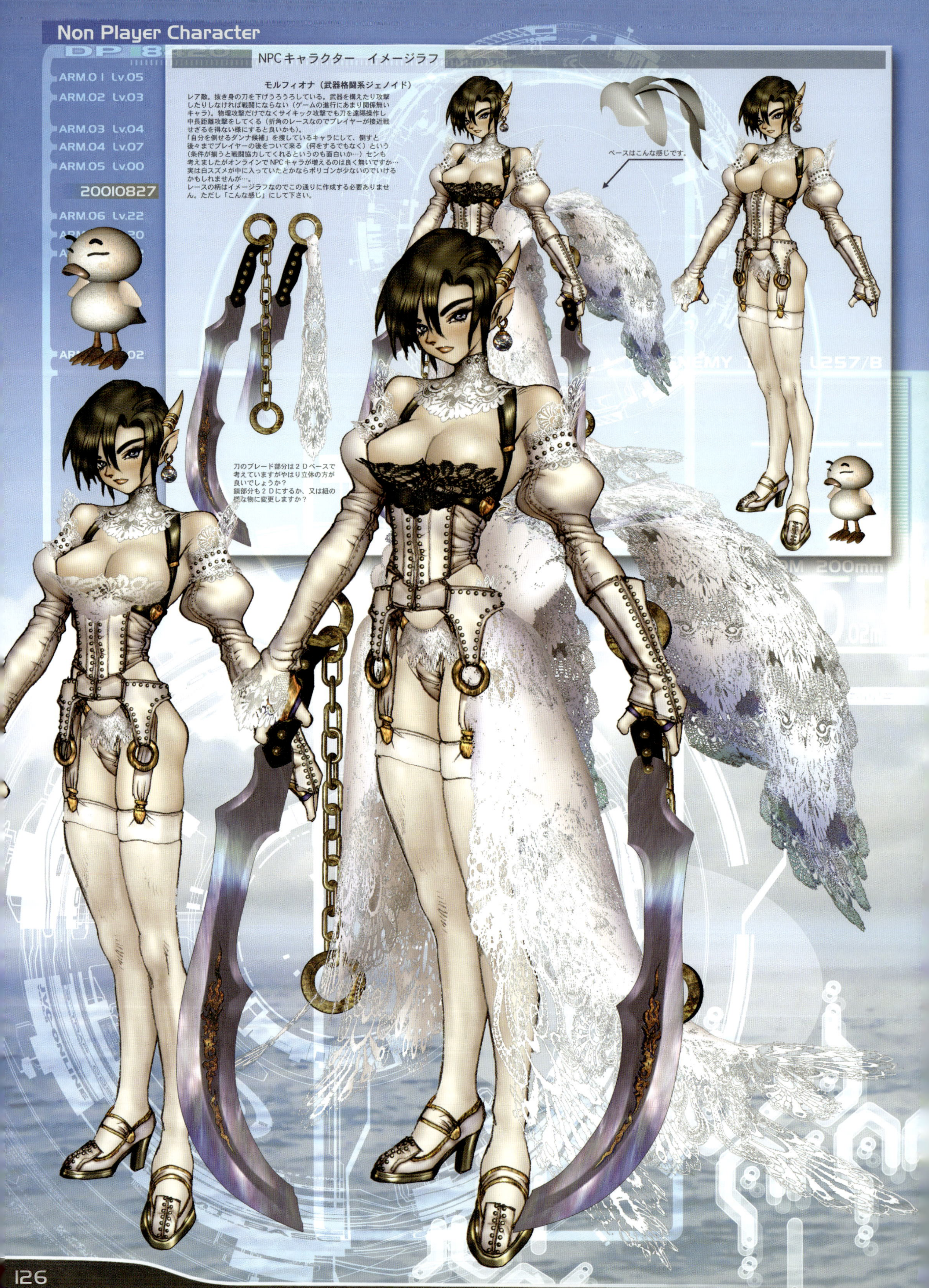
ARM.01 Lv.05
ARM.02 Lv.03
ARM.03 Lv.04
ARM.04 Lv.07
ARM.05 Lv.00
20010827
ARM.06 Lv.22
NPCキャラクター　イメージラフ
モルフィオナ（武器格闘系ジェノイド）
レア敵。抜き身の刀を下げうろうろしている。武器を構えたり攻撃したりしなければ戦闘にならない（ゲームの進行にあまり関係無いキャラ）。物理攻撃だけでなくサイキック攻撃でも刀を遠隔操作し中長距離攻撃をしてくる（折角のレースなのでプレイヤーが接近戦せざるを得ない様にすると良いかも）。
「自分を倒せるダンナ候補」を捜しているキャラにして、倒すと後々までプレイヤーの後をついて来る（何をするでもなく）という（条件が揃うと戦闘協力してくれるというのも面白いか…）センも考えましたがオンラインでNPCキャラが増えるのは良く無いですか…実は白スズメが中に入っていたとかならポリゴンが少ないのでいけるかもしれませんが…。
レースの柄はイメージラフなのでこの通りに作成する必要ありません。ただし「こんな感じ」にして下さい。
ベースはこんな感じです。
刀のブレード部分は２Ｄベースで考えていますがやはり立体の方が良いでしょうか？
鎖部分も２Ｄにするか、又は紐の様な物に変更しますか？

Cover

この仕事集で唯一の新作が表紙の中央のキャラクター。「C」のモルフィオナである。とはいえ衣装の模様は、講談社BOXさんの小説『Classical Fantasy Wityin』島田荘司先生著、第8話ハロゥウィンダンサーの挿し絵において背景部材の為に制作したテクスチャーを流用したものであったり、獅子型のビョウは『FIRE EMBLEM』のオグマの為に制作したものであるなど、完全な新作ではない。
ちなみにお気づきでない読者がいるといけないので（そうかな？）念のために書いておくと、この画集のカバーの裏側（内側）に、『C』のステージストーリーのサンプル文章を収録しておいた。きちんとしたストーリーなどではないが、こんな感じの物語進行でどうでしょうかという趣旨でゲーム会社に提出したものだ。いちおう「こういった作業もしましたよ」という記録の為。面積の都合上、読むのに適した文字サイズにできなかった点は申し訳ないのだが、よほど興味のある方はご覧頂いて結構です。そうでもないな～という方は、目が疲れるだけなのでご覧頂かなくても結構ですハイ。

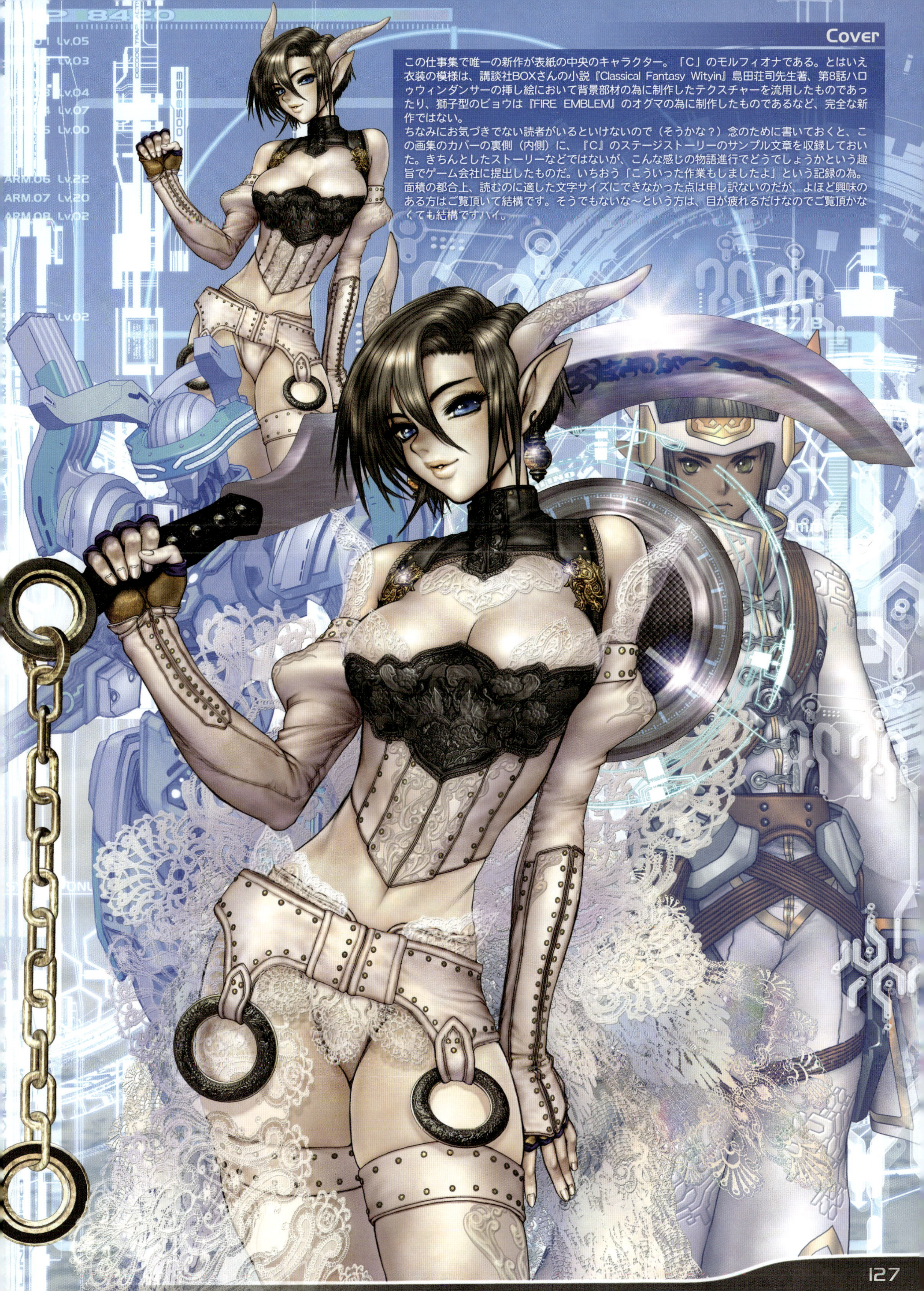

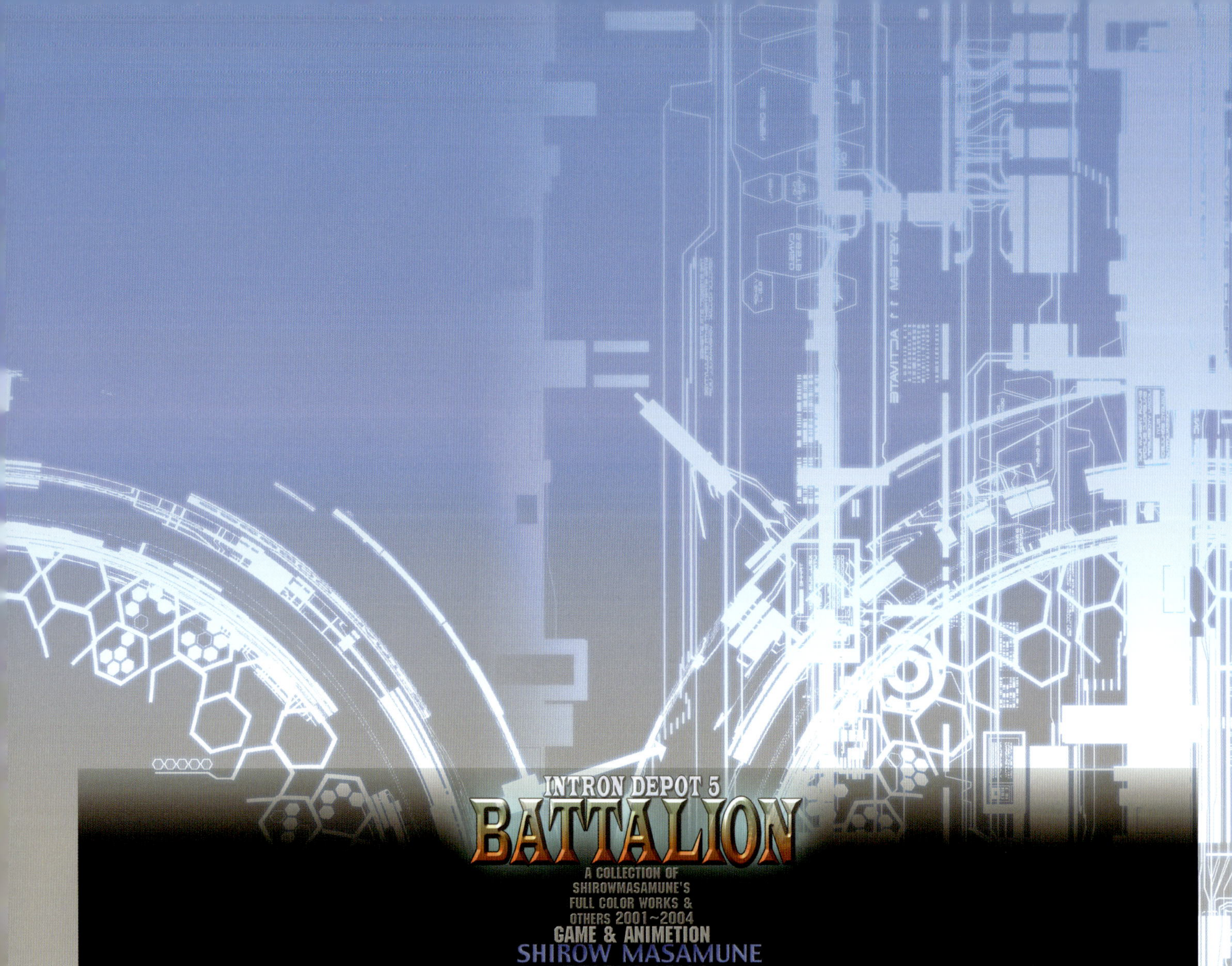

INTRON DEPOT 5
BATTALION
A COLLECTION OF SHIROWMASAMUNE'S FULL COLOR WORKS & OTHERS 2001~2004
GAME & ANIMETION
SHIROW MASAMUNE
SEISHINSHA

2012年 7月 24日　初版発行　First printing　July 24th 2012

著者　士郎正宗
発行者　青木治道
発行所　株式会社 青心社
〒550-0005大阪市西区西本町1-13-38
新興産ビル720
電話　06-6543-2718
FAX　06-6543-2719
振替　00930-7-21375
http://www.seishinsha-online.co.jp/

Auther : ©2012 Shirow Masamune
Publisher : Harumichi Aoki
Seishinsha Co., Ltd.
Shinkosan Bldg. 720
1-13-38 Nishi Honmachi
Nishi-ku ,Osaka 550-0005
http://www.seishinsha-online.co.jp/
Printing/binding : SHINANO PRINTING Co., Ltd.

落丁・乱丁本はご面倒ですが小社までご送付ください。送料負担にてお取替えいたします。

印刷・製本　シナノ印刷株式会社
ISBN978-4-87892-388-3 C0079